Das Haus, das in einem anderen Land stand

Fünf Lebensgeschichten

THOMAS HENSELER / SUSANNE BUDDENBERG

Das Haus, das in einem anderen Land stand

FÜNF LEBENSGESCHICHTEN

METROPOL

Nach der Buchvorlage „Torstraße 94“ von
Andreas Ulrich, erschienen im BeBra-Verlag.

Gefördert mit freundlicher Unterstützung der
Bundesstiftung zur Aufarbeitung der SED-Diktatur

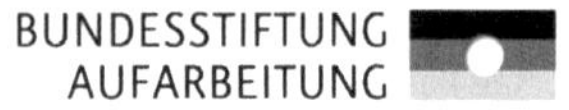

Künstlerisches Konzept und Realisierung: Zoom und Tinte Buddenberg und Henseler GbR
Satz und Grafik: Andreas Rupprecht
Umschlaggestaltung: Thomas Henseler & Andreas Rupprecht

Druck und Verarbeitung: Arta-Druck, Berlin

1. Auflage, November 2022

ISBN 978-3-86331-678-5

www.metropol-verlag.de

Inhalt

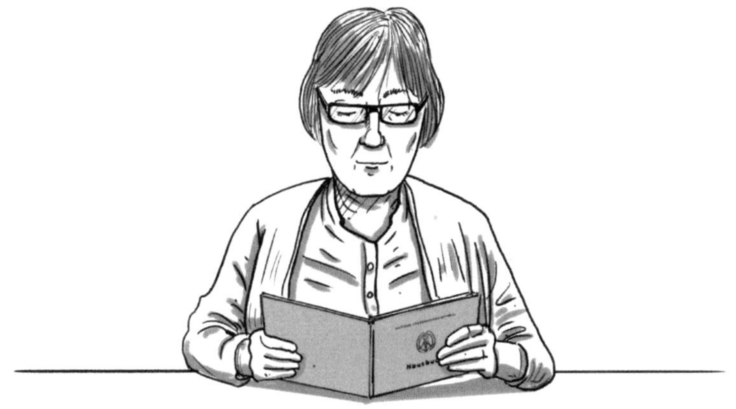

Alle Figuren haben einmal im Haus Torstraße 94 gelebt.

Prolog

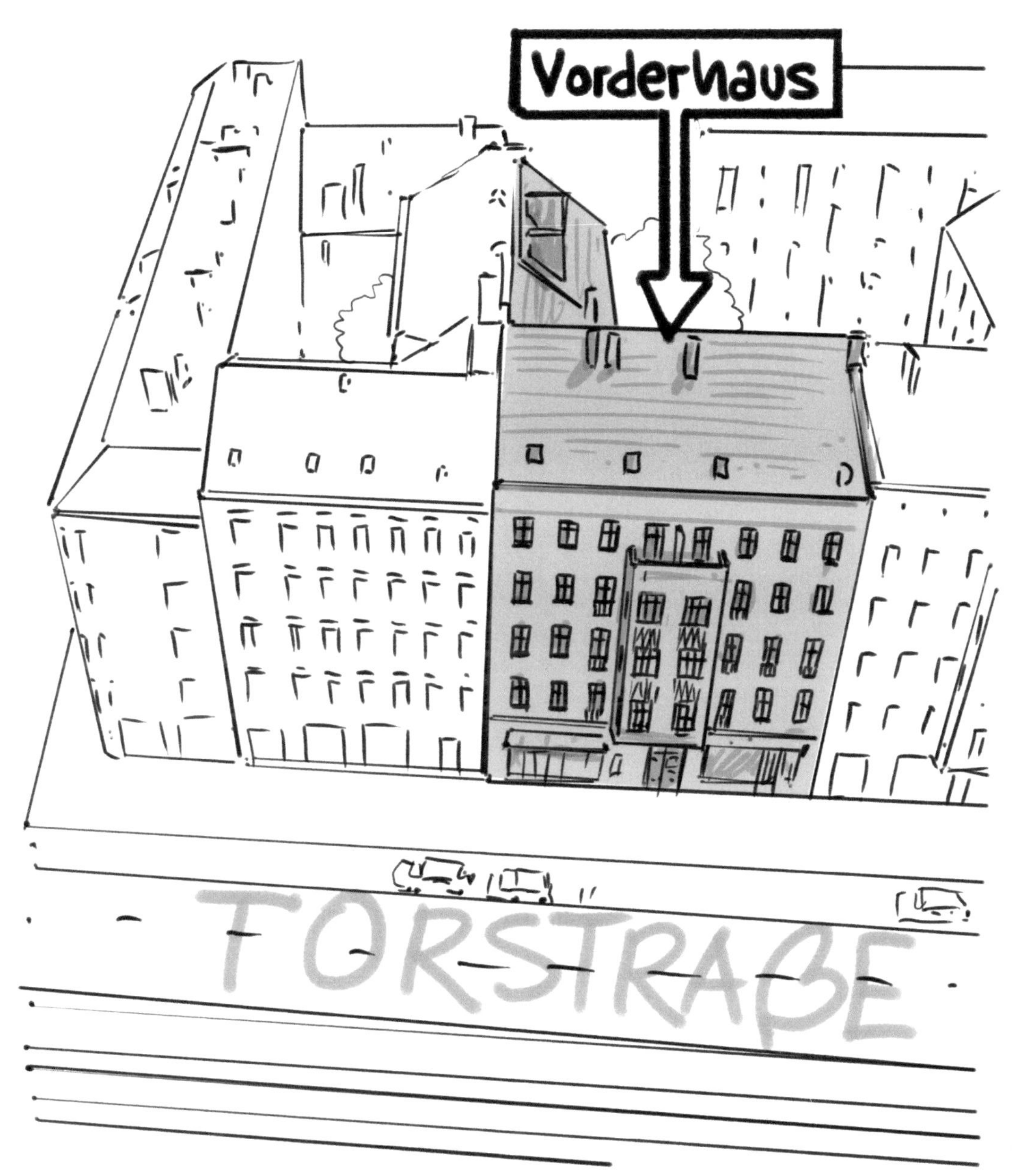

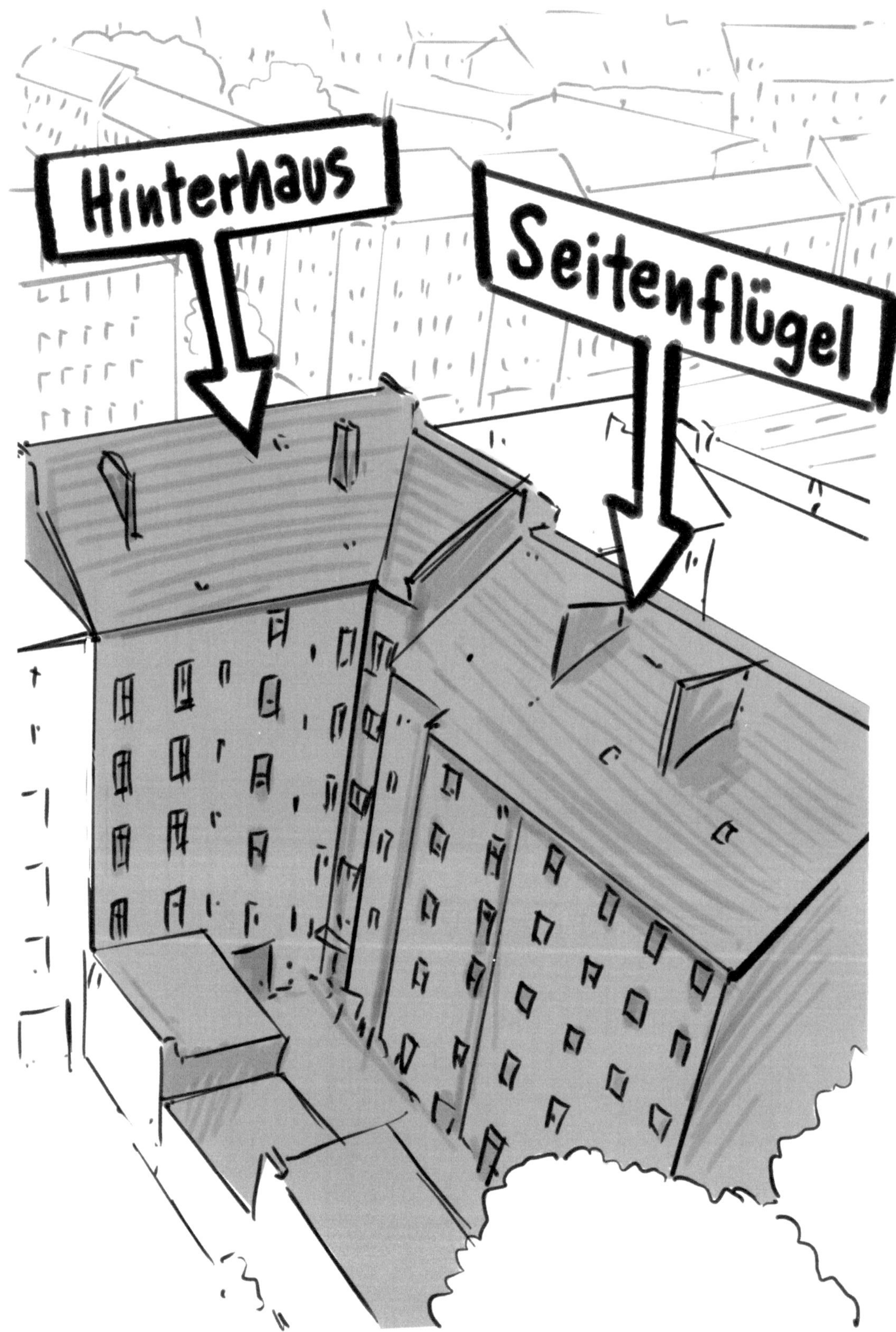
Hinterhaus
Seitenflügel

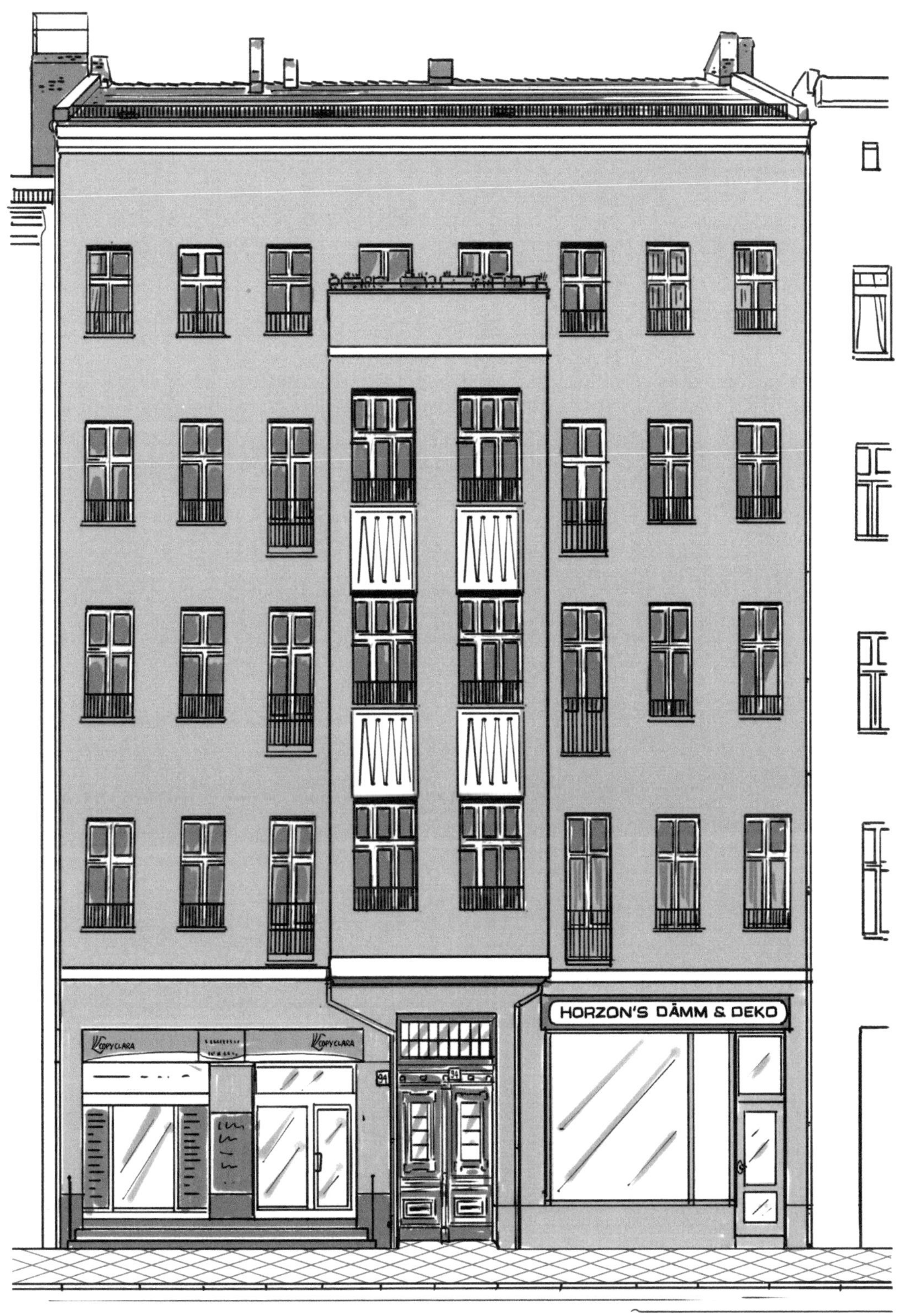
COPYCLARA
COPYCLARA
91
HORZON'S DÄMM & DEKO

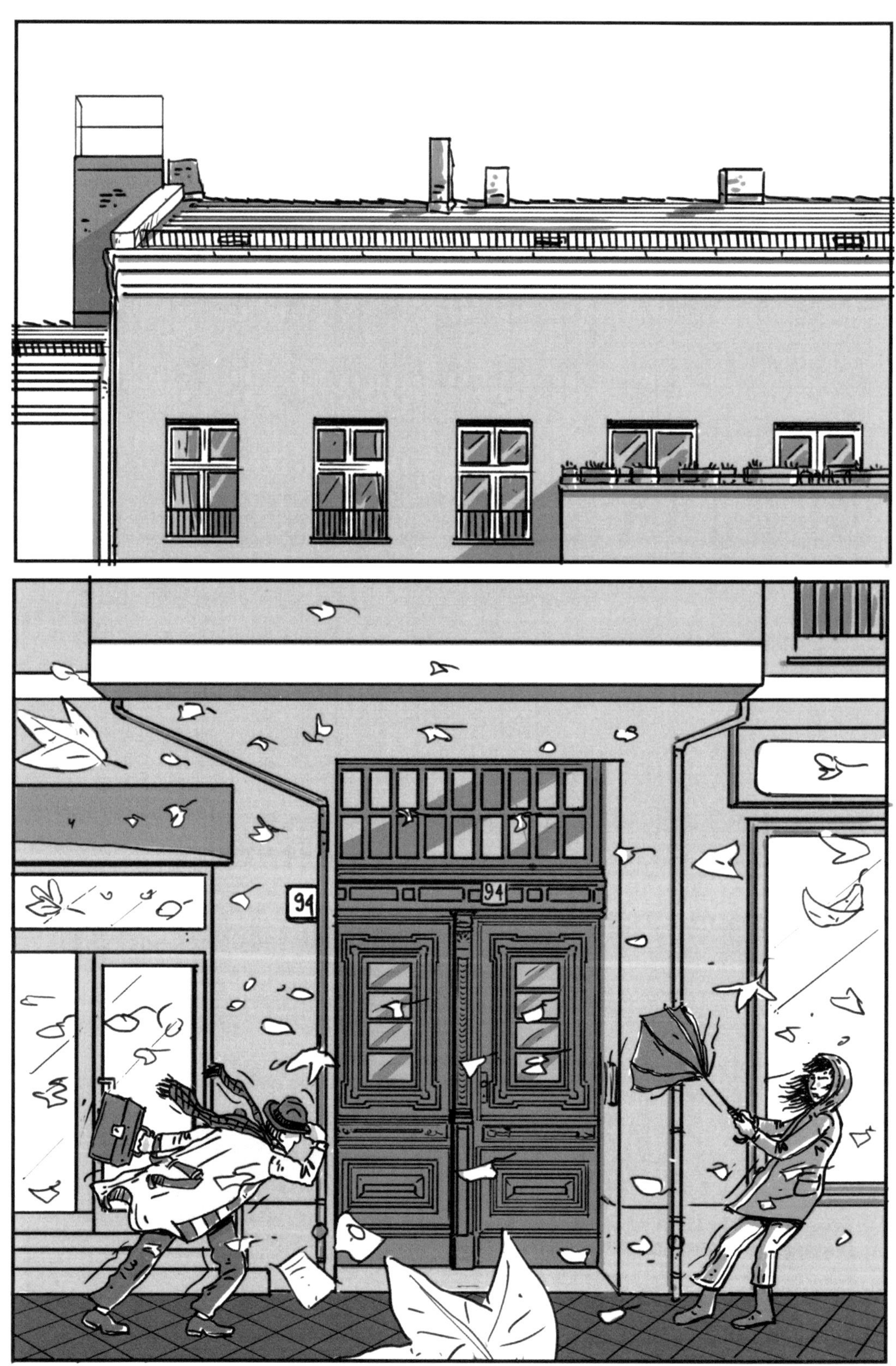
94
94

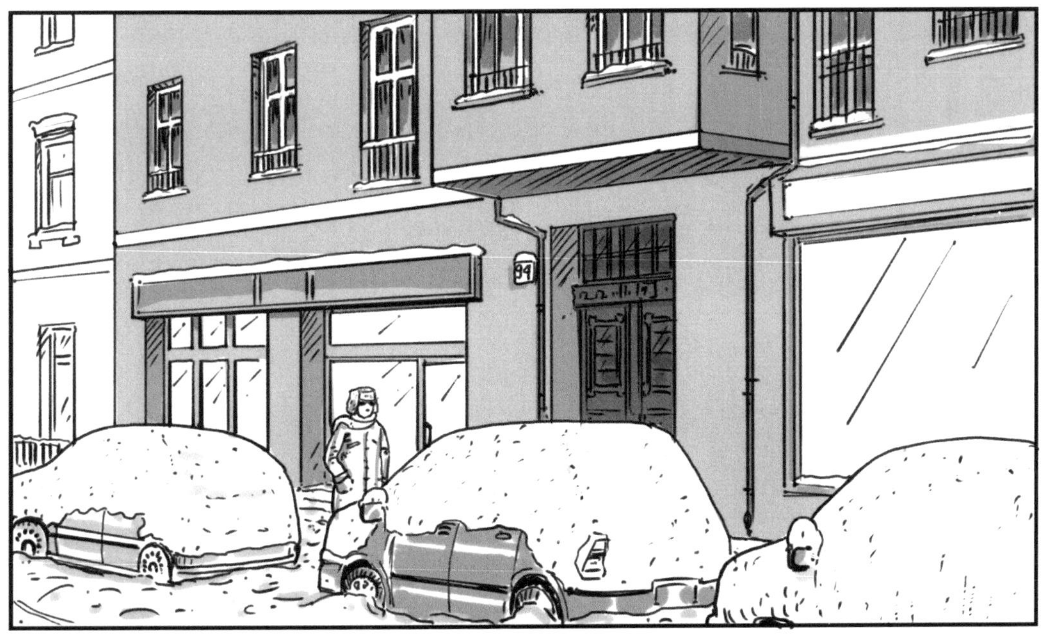
94

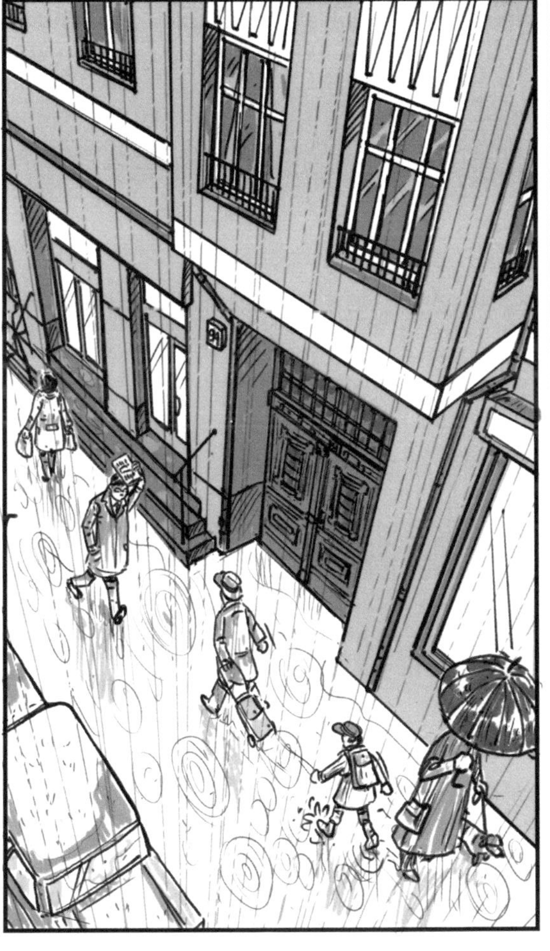
94

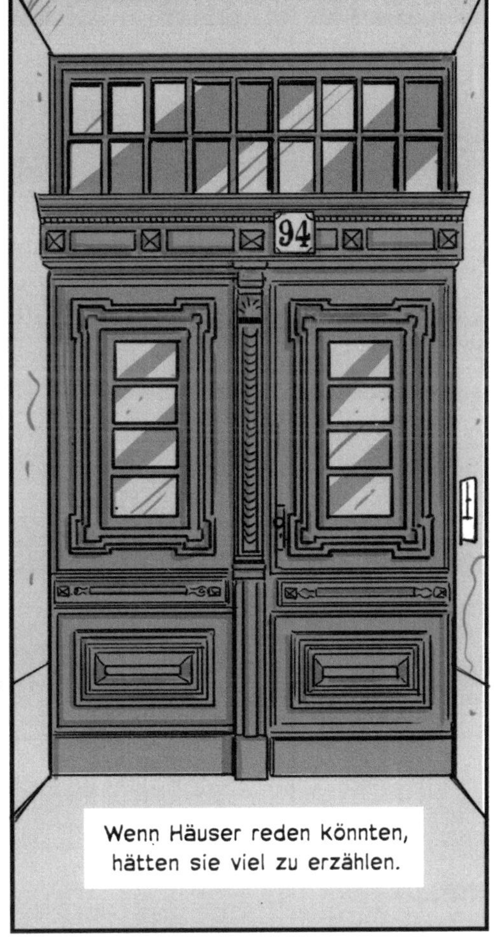
94
Wenn Häuser reden könnten,
hätten sie viel zu erzählen.

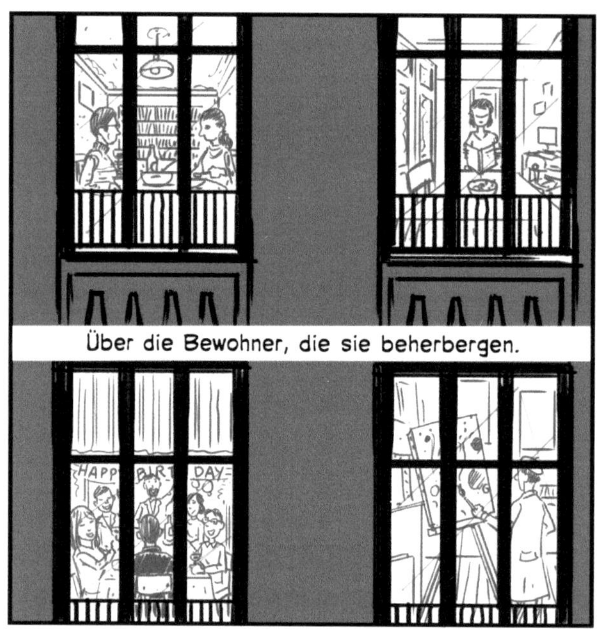
Über die Bewohner, die sie beherbergen.

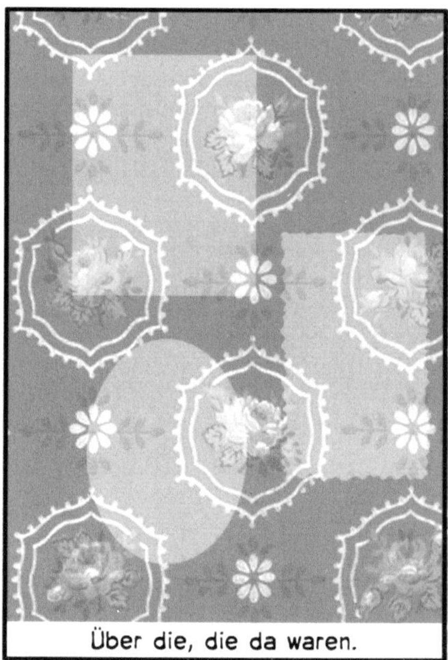
Über die, die da waren.

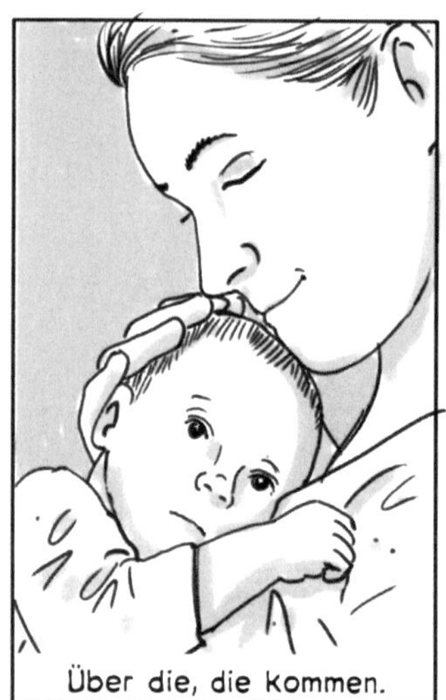
Über die, die kommen.

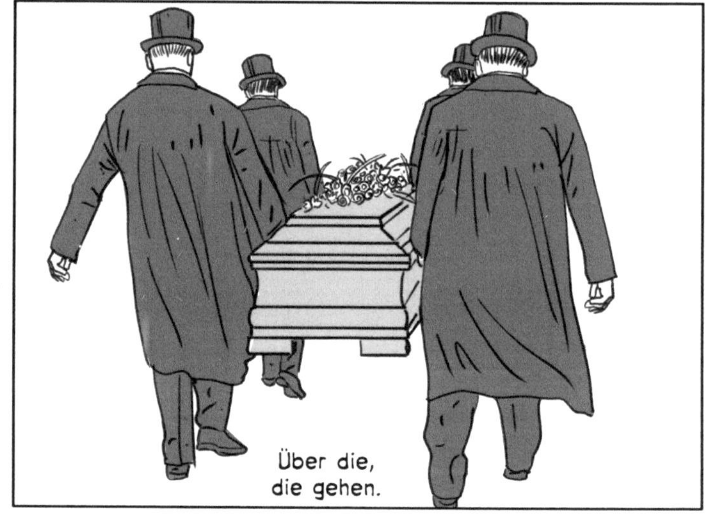
Über die,
die gehen.

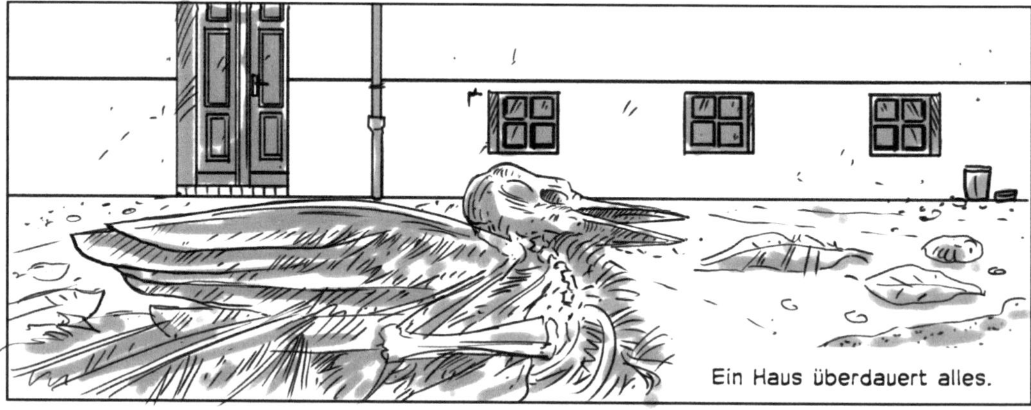
Ein Haus überdauert alles.

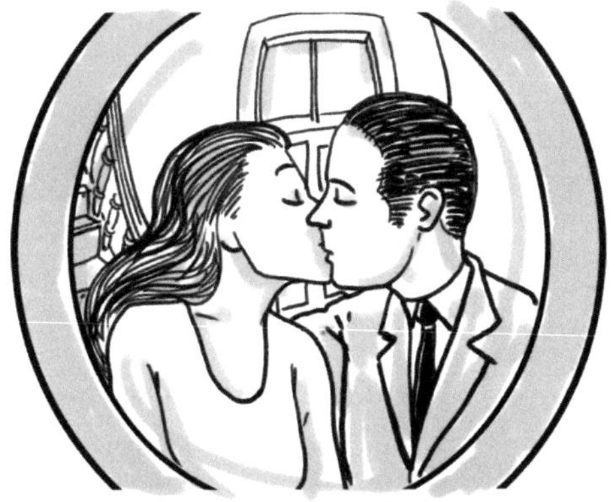

Es ist ein stummer Beobachter.

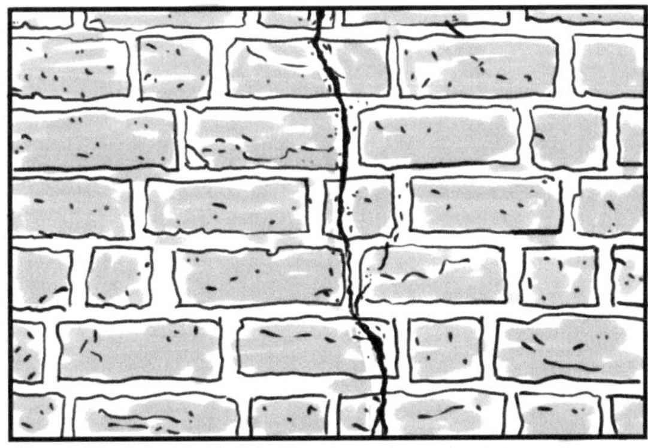

Es klagt nicht. Es beschwert sich nicht.

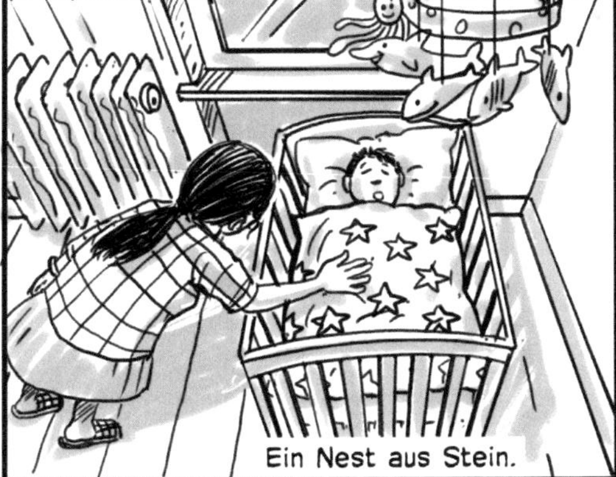

Lothringer Straße 63

Wilhelm-Pieck-Straße 94

Torstraße 94

Hier steh ich nun, die Nummer 94,
zwischen den anderen Häusern in einer Straße,
die zweimal den Namen gewechselt hat.

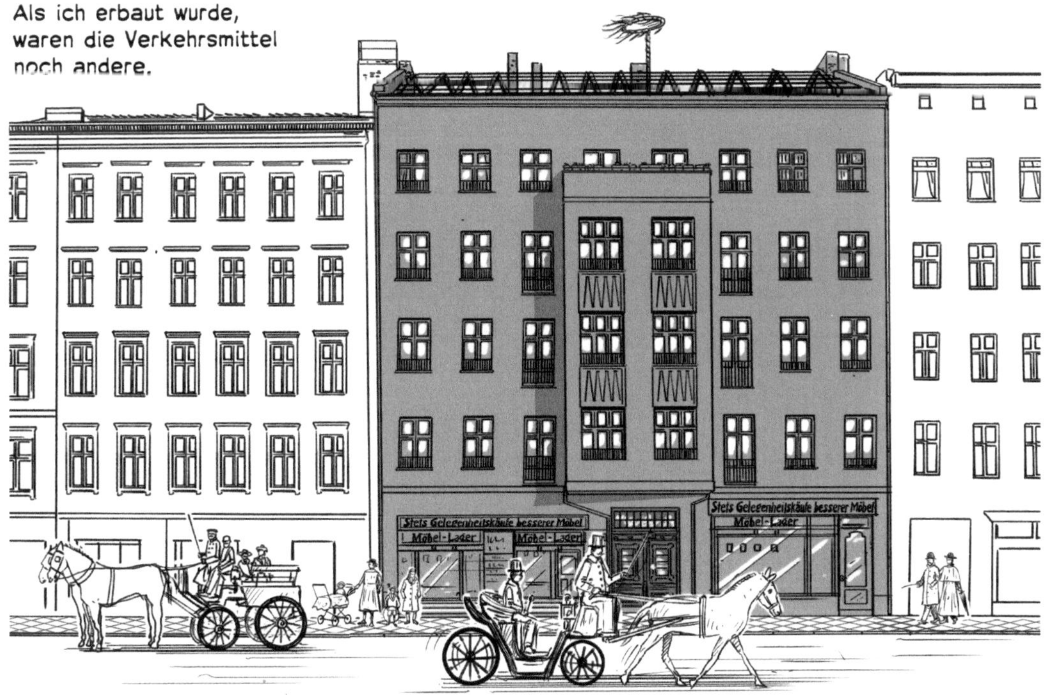

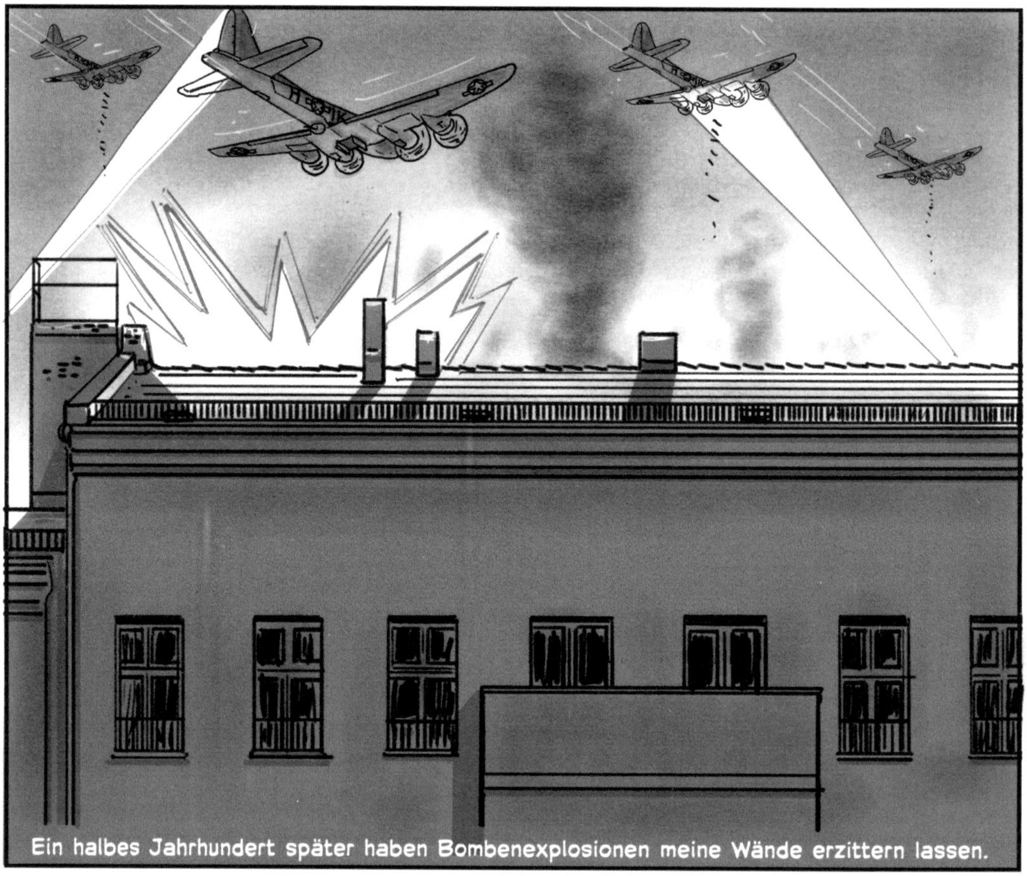

Ein halbes Jahrhundert später haben Bombenexplosionen meine Wände erzittern lassen.

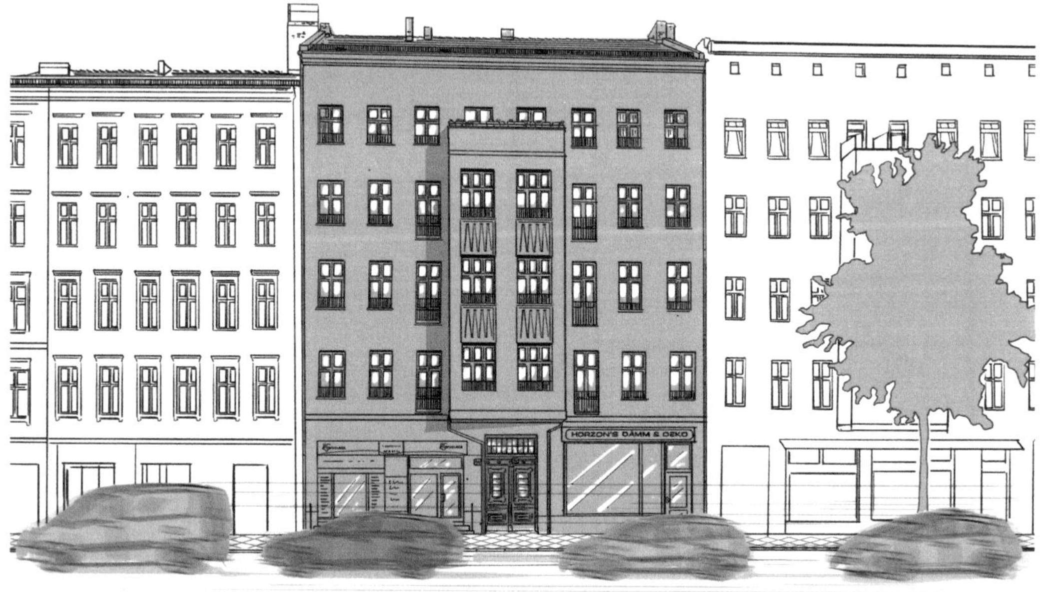

Heute fährt ein endloser Strom von Autos an meiner Fassade auf und ab.

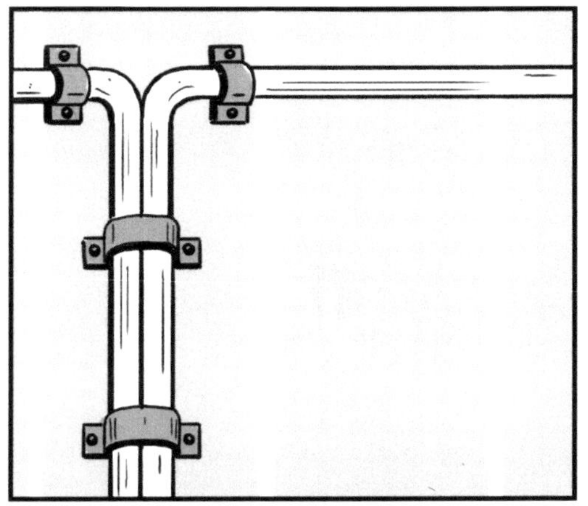

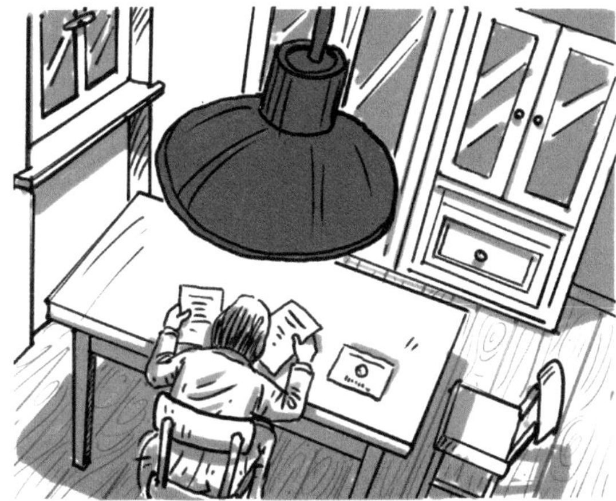

Leitungen ziehen sich wie Blutbahnen durch mein Gemäuer, die den Bewohnern Licht und Wärme spenden.

Im Vorderhaus in den großen, teuren Wohnungen immer die Familien mit Kindern.

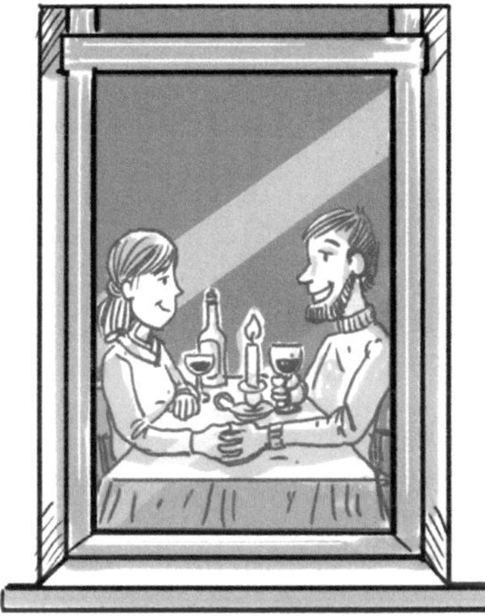

Im billigen Seitenflügel die Einzelgänger und jungen Liebenden.

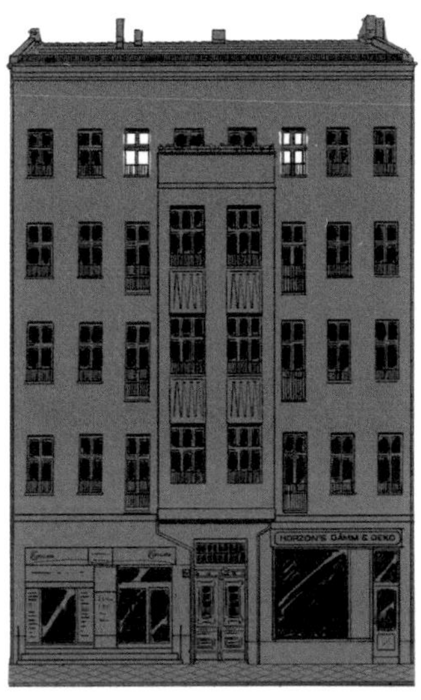

Meine Miene nach außen ist unbeweglich. Was hinter meinen Mauern passiert, darüber bewahre ich Stillschweigen. Das weiß nur ich.

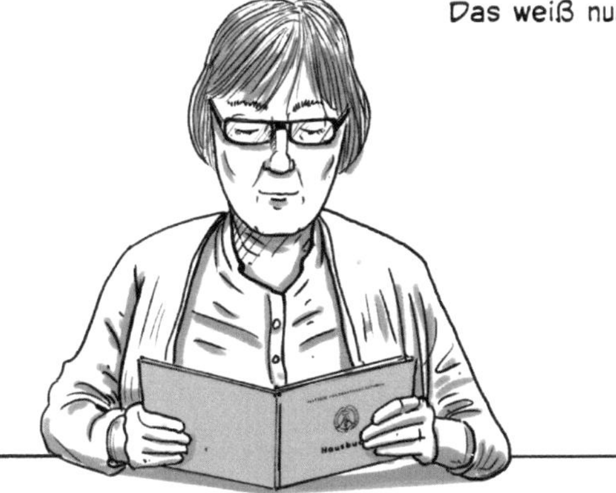

Obwohl ... nicht ganz. Frau Morgenstern hat in einem Buch die Namen der Mieter von sieben Jahrzehnten verzeichnet. Es ist soetwas wie mein Gedächtnis ...

DEUTSCHE DEMOKRATISCHE REPUBLIK

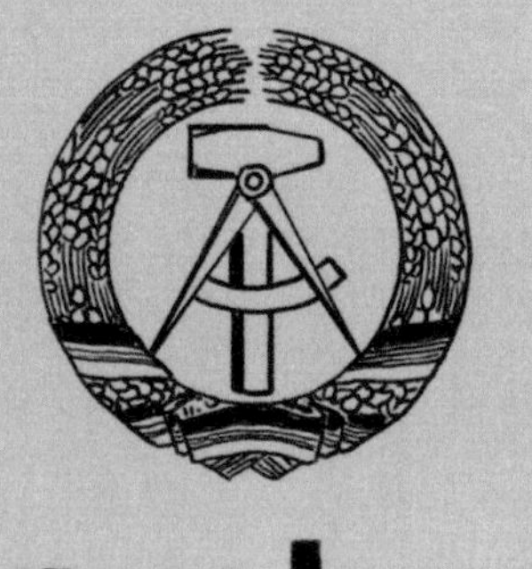

Hausbuch

Hausbuch der Wilhelm-Pieck-Straße 94:

Nur mit Tinte und lesbar ausfüllen!

Name	Vorname	Geburts-datum	Geburtsort	Zur Zeit ausgeübte Tätigkeit
Ulrich	Karl-Heinz	8.7.25	Berlin	Buchhalter
Ulrich	Helga	16.1.31	Berlin	Hausfrau
Ulrich	Jürgen	21.11.53	Berlin	Sohn
Ulrich	Jutta	17.6.55	Berlin	Tochter
Ulrich	Andreas	7.3.60	Berlin	Sohn
Ulrich	Claudia	21.7.61	Berlin	Tochter

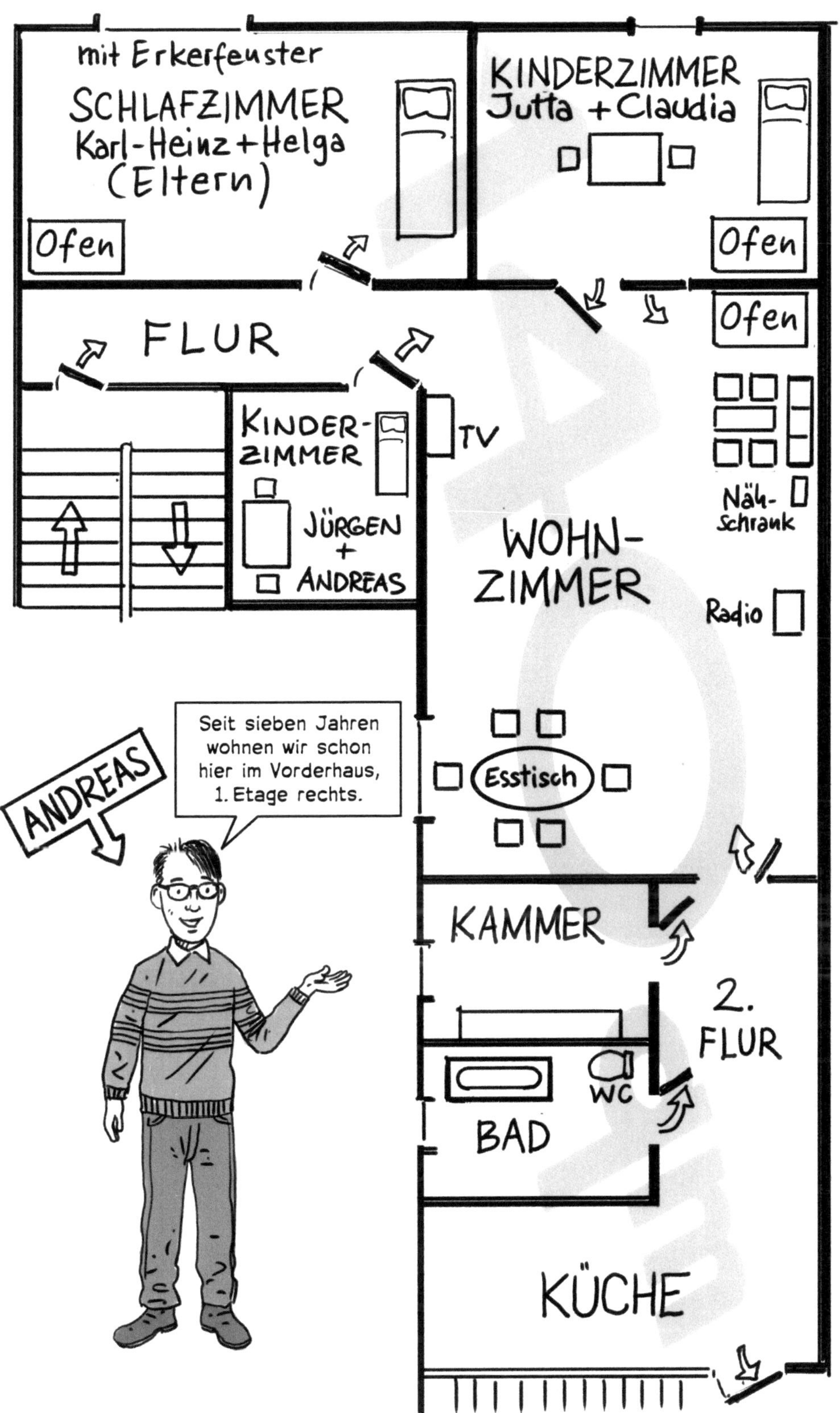
mit Erkerfenster
SCHLAFZIMMER
Karl-Heinz + Helga
(Eltern)
Ofen
KINDERZIMMER
Jutta + Claudia
Ofen
Ofen
FLUR
KINDER-
ZIMMER
JÜRGEN
+
ANDREAS
TV
Näh-
Schrank
WOHN-
ZIMMER
Radio
ANDREAS
Seit sieben Jahren wohnen wir schon hier im Vorderhaus, 1. Etage rechts.
Esstisch
KAMMER
2.
FLUR
WC
BAD
KÜCHE

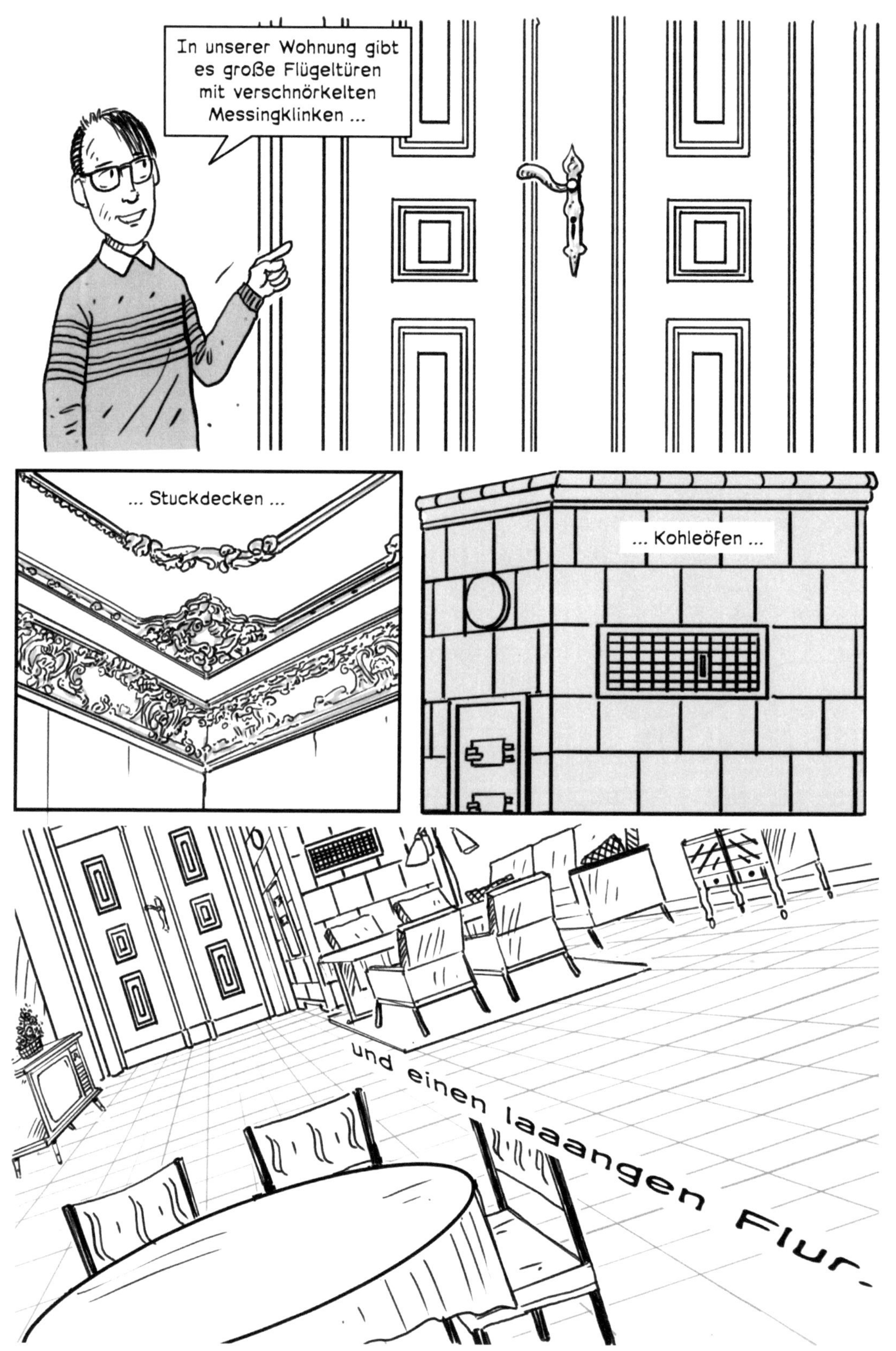
In unserer Wohnung gibt es große Flügeltüren mit verschnörkelten Messingklinken ...
... Stuckdecken ...
... Kohleöfen ...
und einen laaaangen Flur-

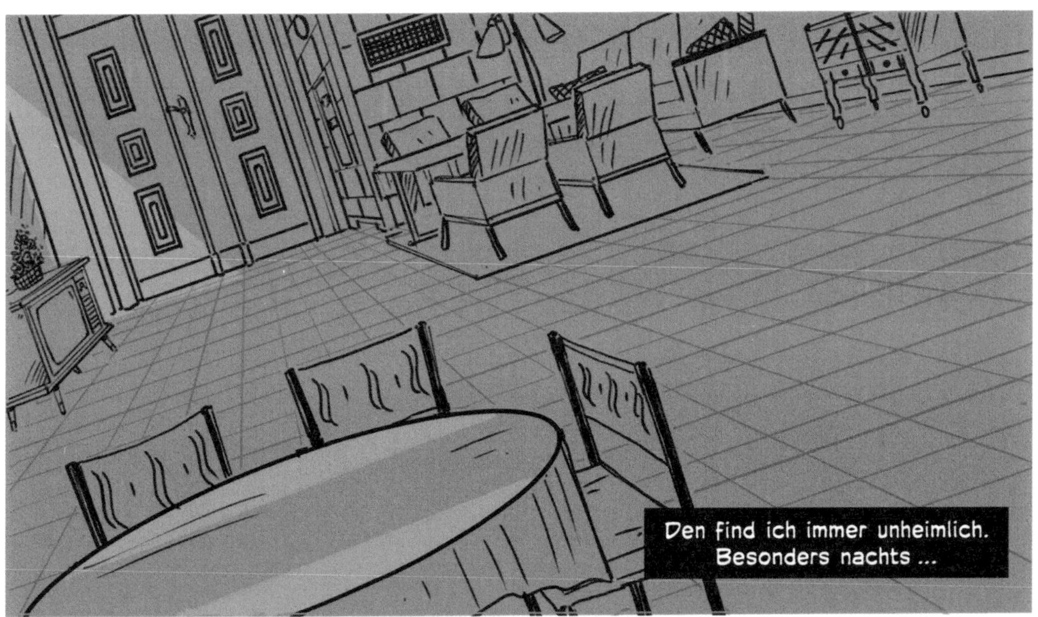
Den find ich immer unheimlich.
Besonders nachts ...

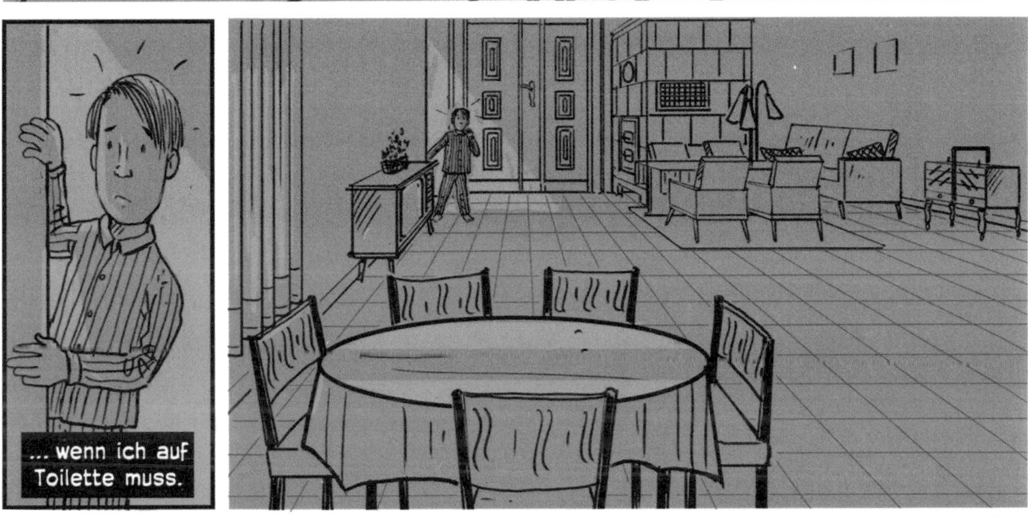
... wenn ich auf
Toilette muss.

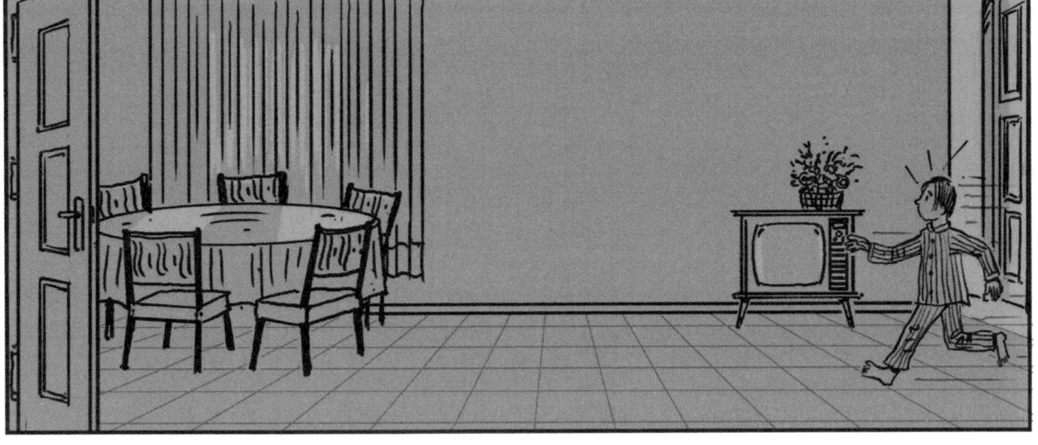

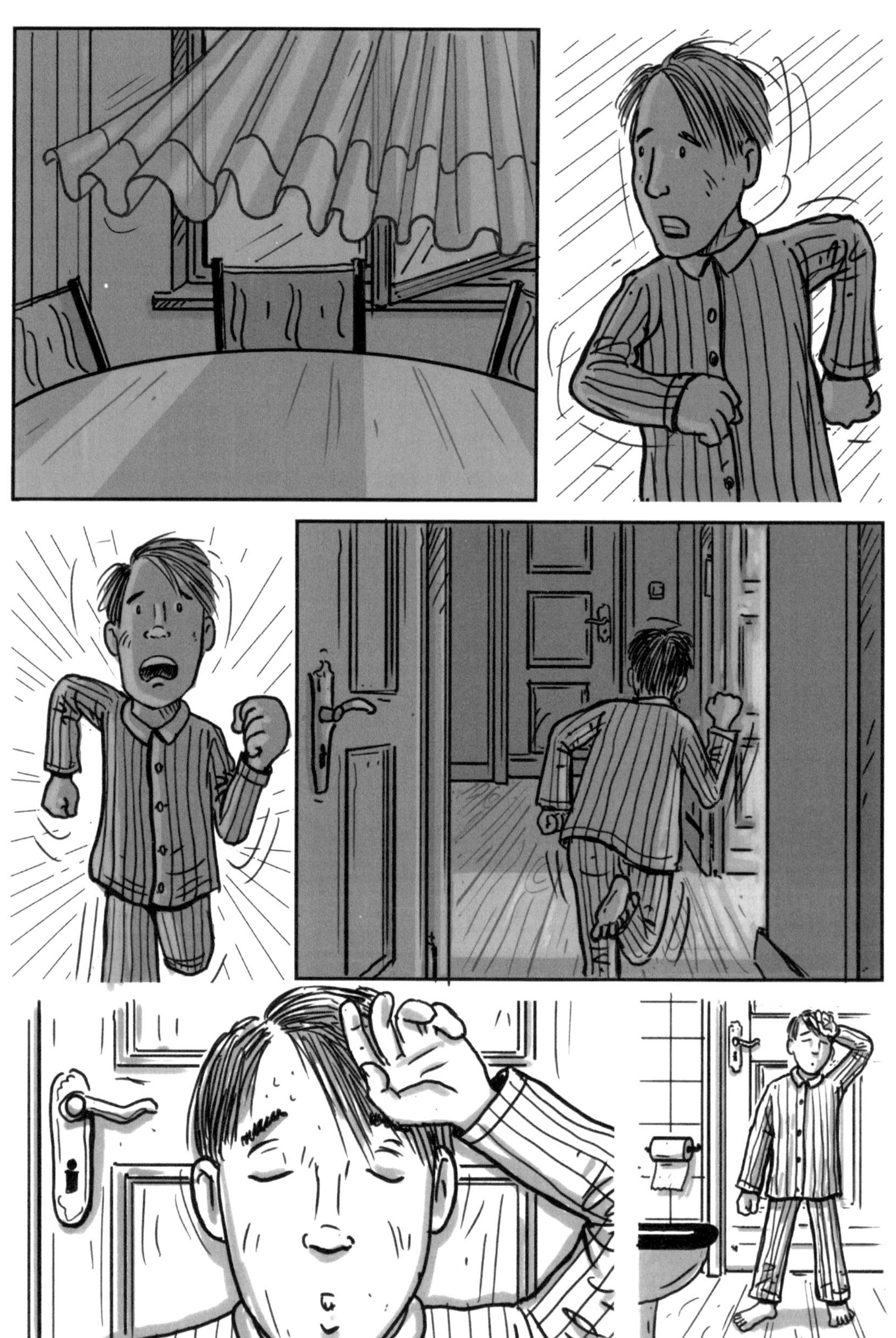

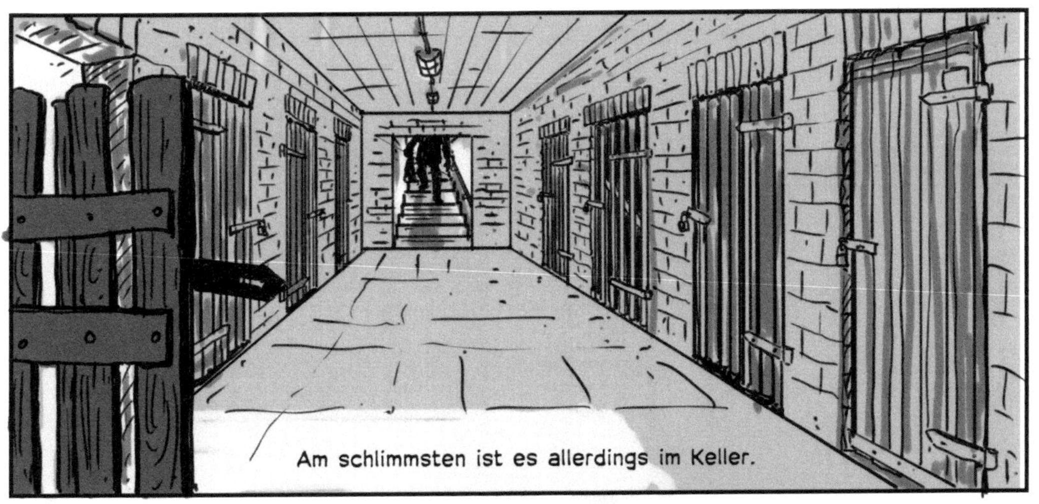

Ich begleite meinen Vater, während er mehrmals in der Woche einen riesigen Sack Kohlenbriketts hinauf in die erste Etage schleppt.

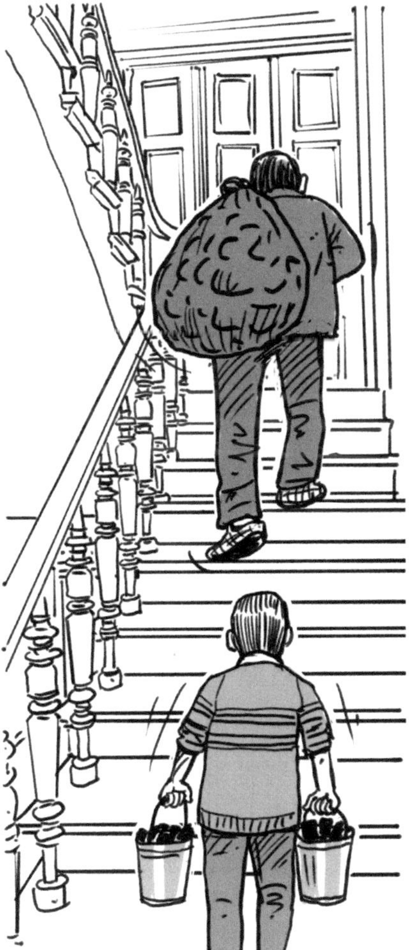

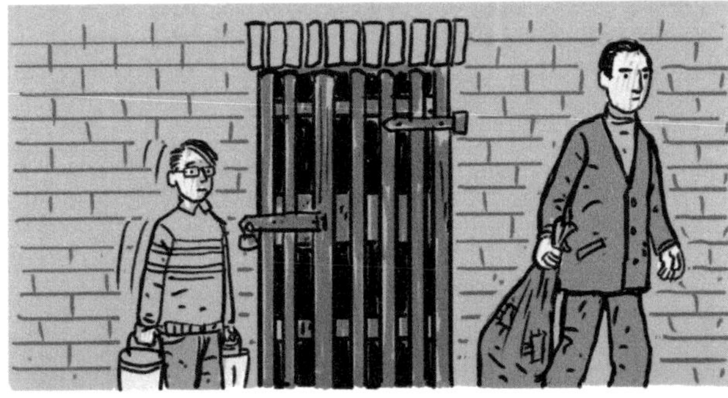

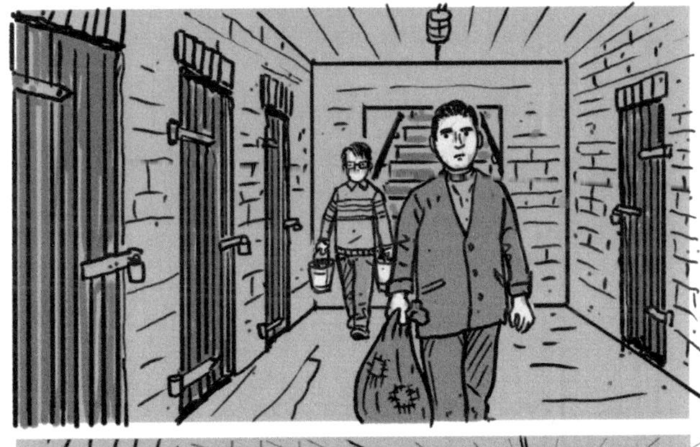

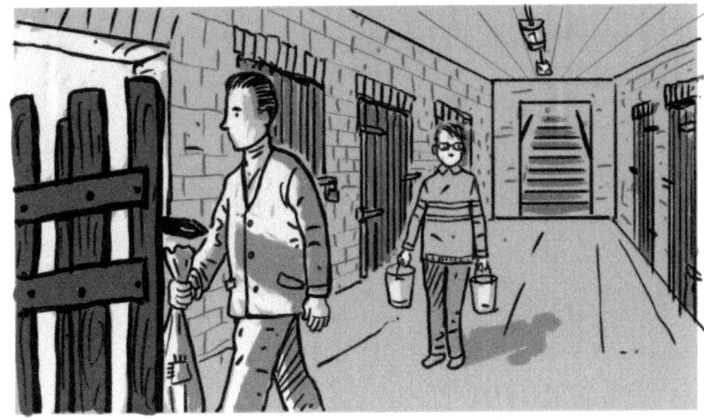

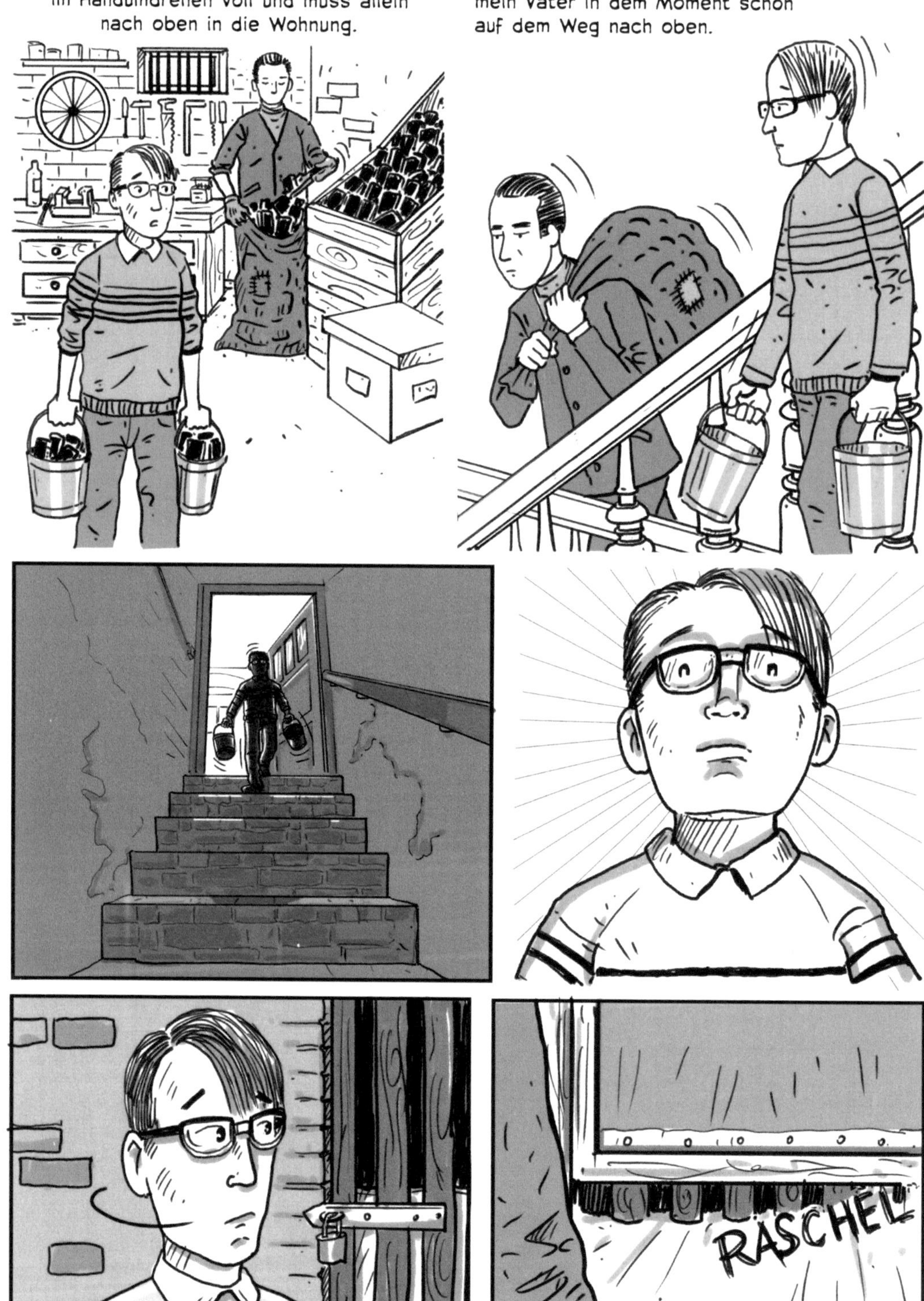
Während mein Vater noch den riesigen Sack vollpackt, hab ich meine Eimerchen im Handumdrehen voll und muss allein nach oben in die Wohnung.
Mit den leeren Eimern geht es dann runter in den Keller. Wenn ich Pech habe, ist mein Vater in dem Moment schon auf dem Weg nach oben.
RASCHEL

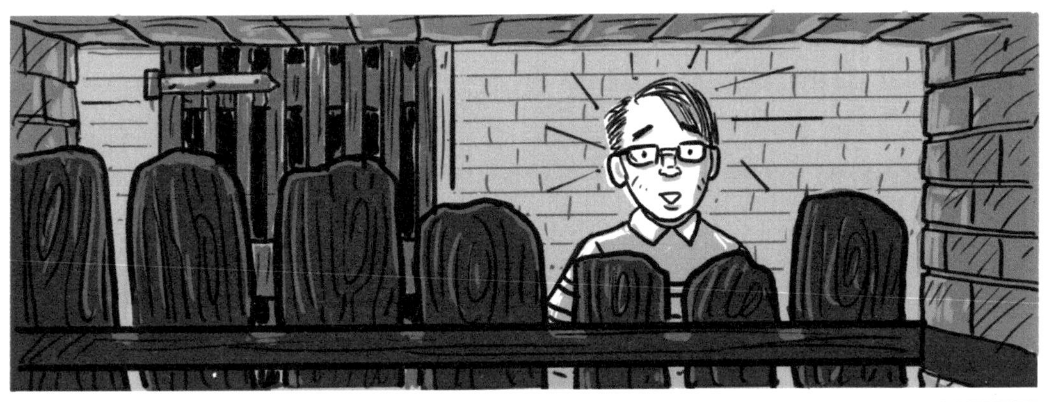
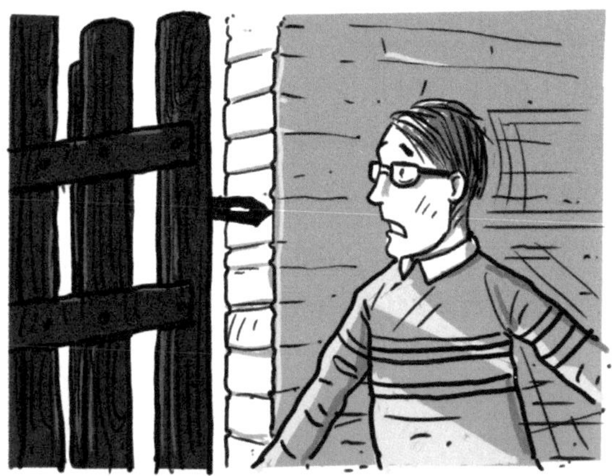
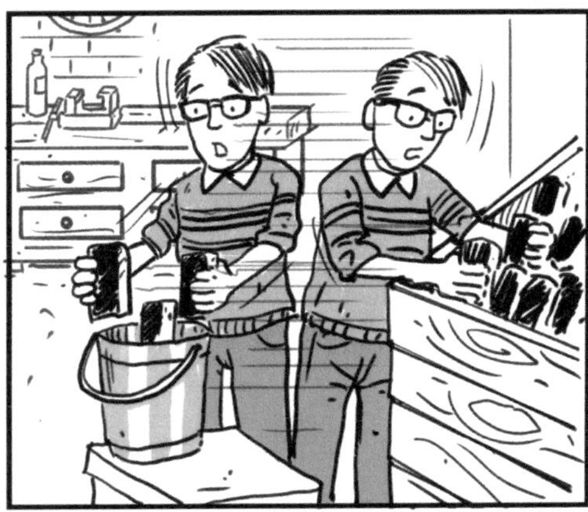
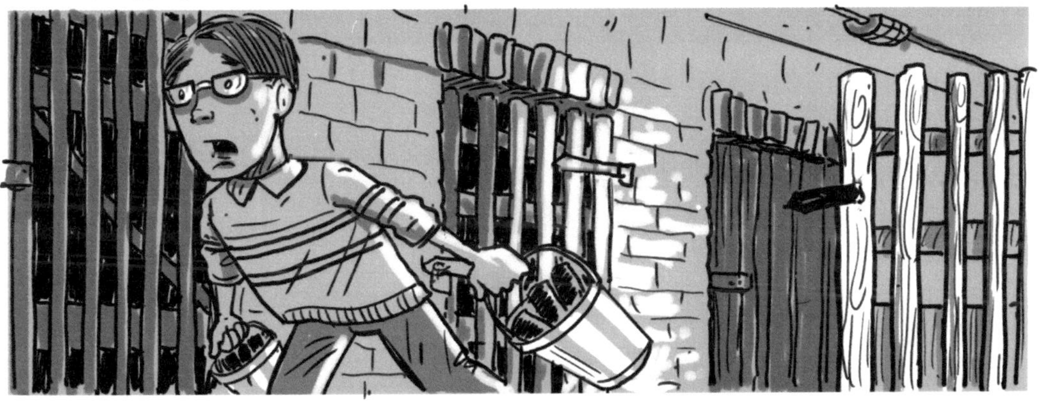
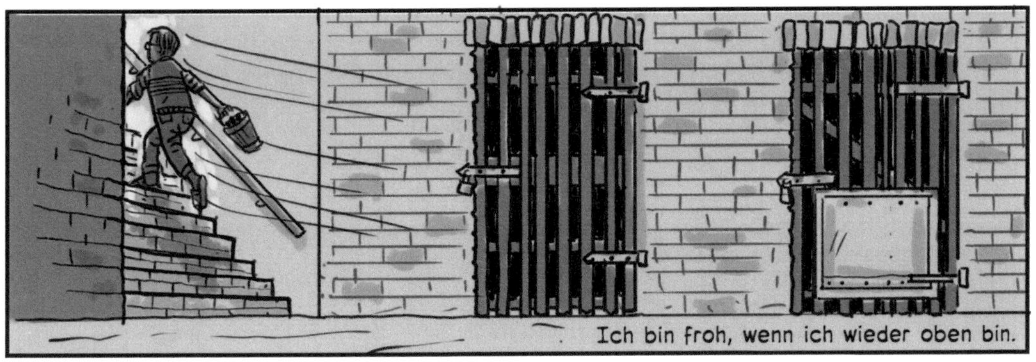
Ich bin froh, wenn ich wieder oben bin.

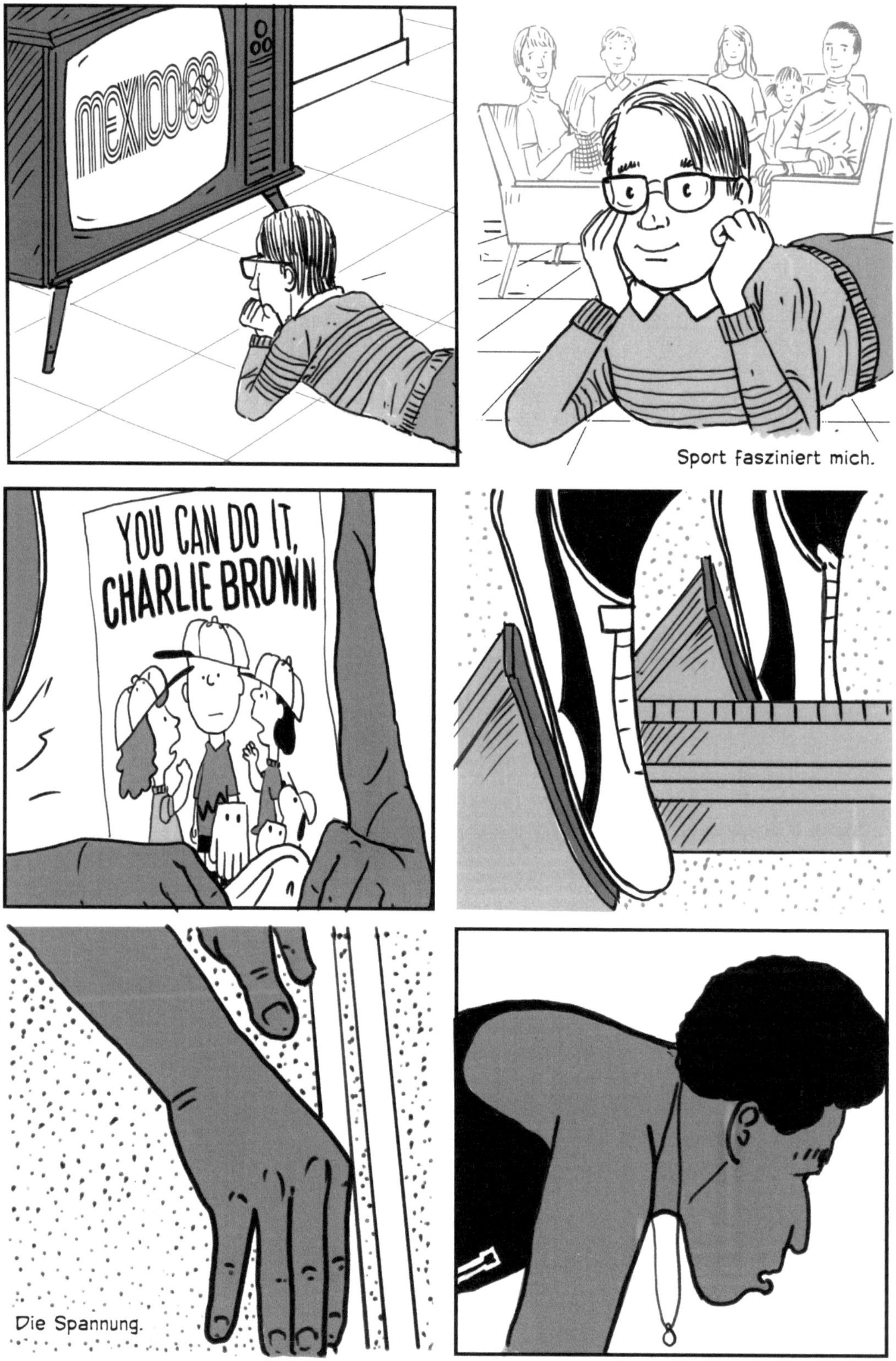

MEXICO 68

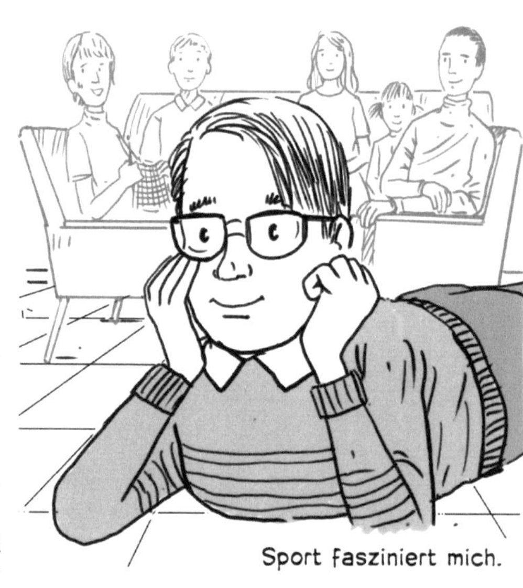

YOU CAN DO IT, CHARLIE BROWN

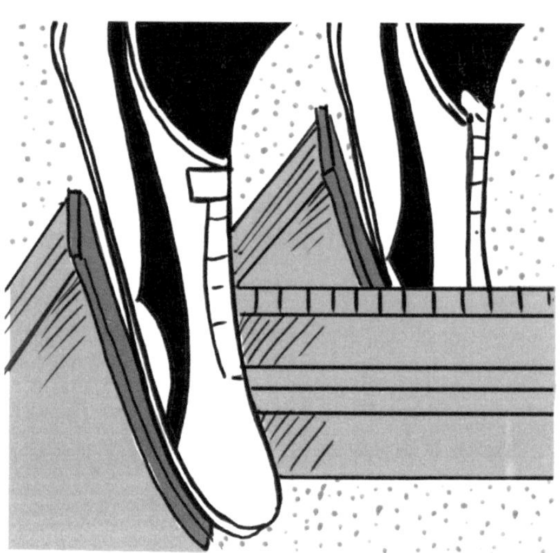

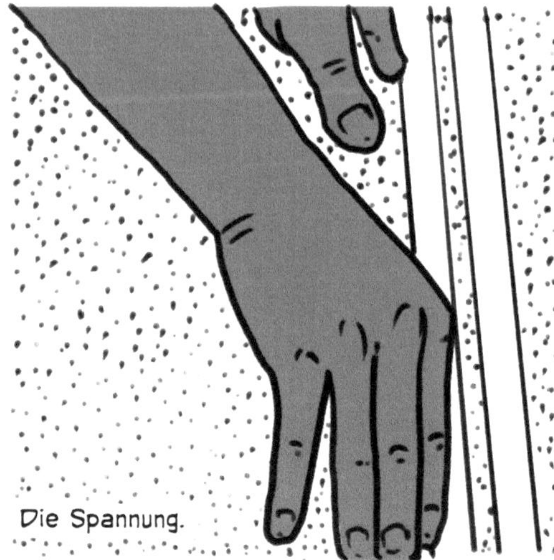

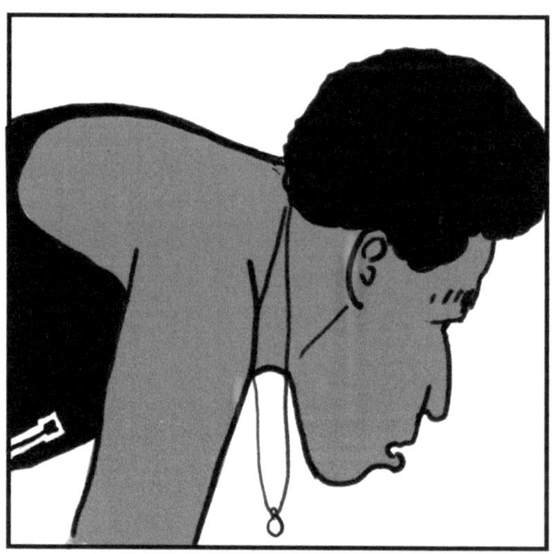

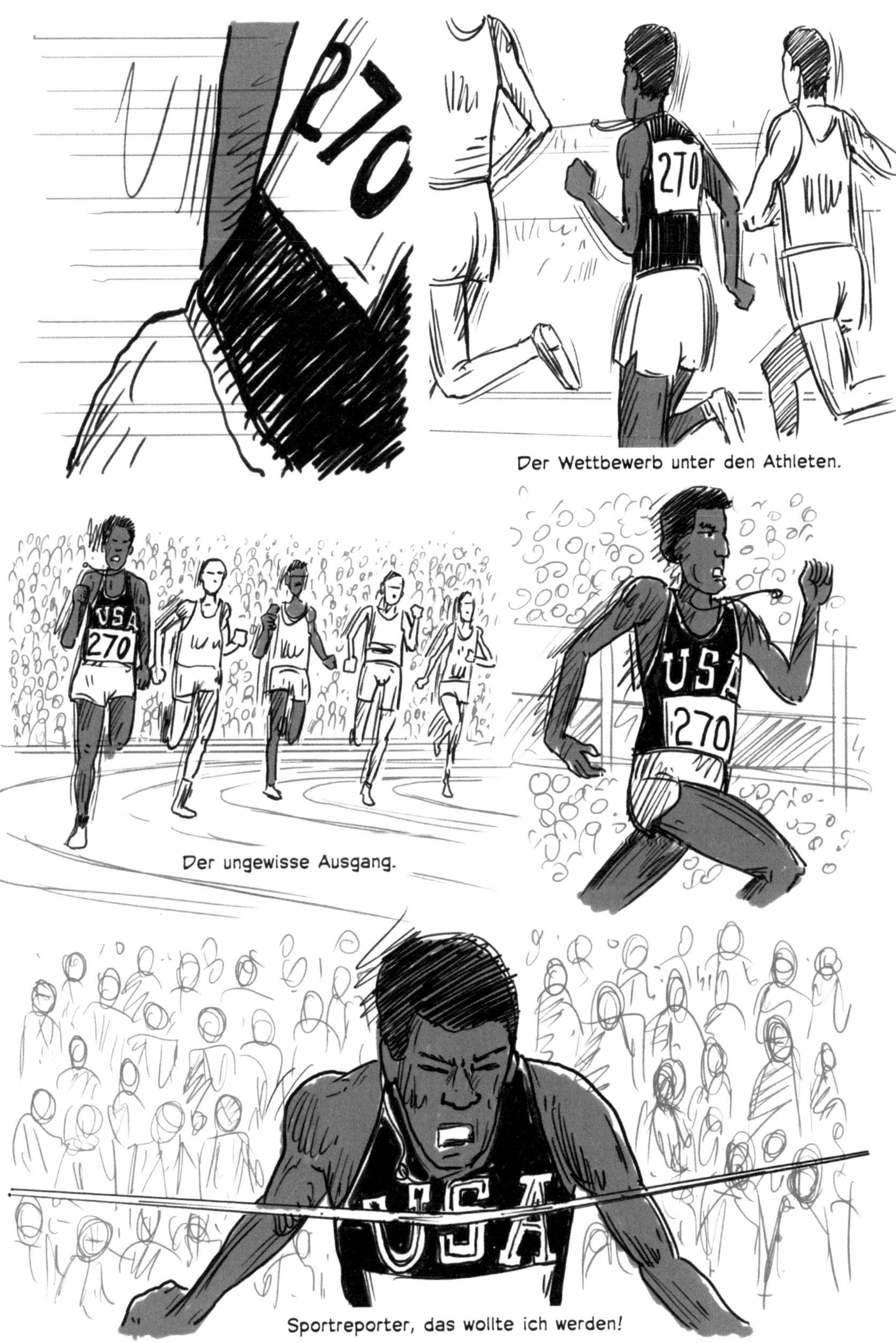
270
270
Der Wettbewerb unter den Athleten.
USA
270
Der ungewisse Ausgang.
USA
270
USA
Sportreporter, das wollte ich werden!

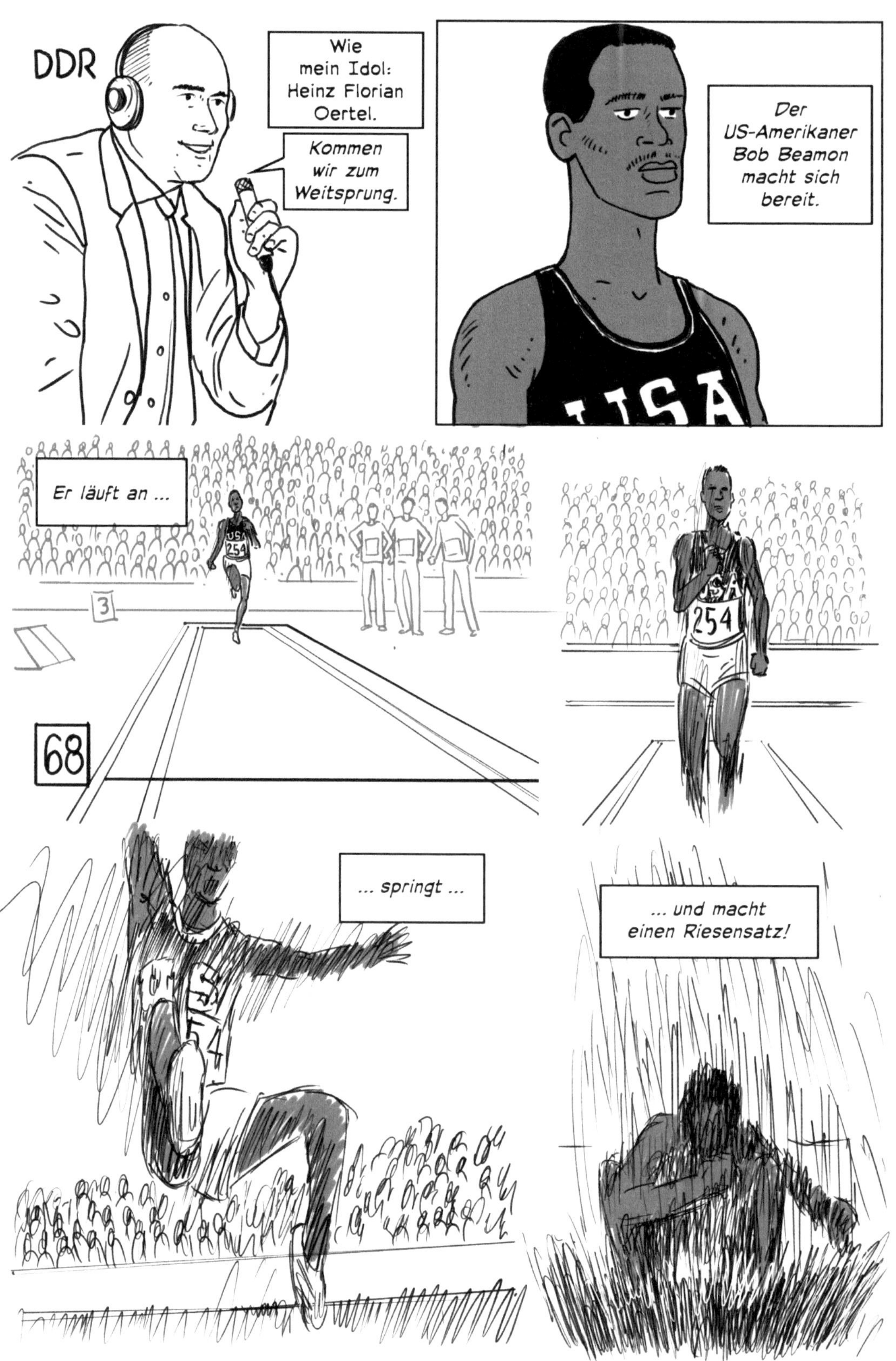
DDR
Wie mein Idol: Heinz Florian Oertel.
Kommen wir zum Weitsprung.
Der US-Amerikaner Bob Beamon macht sich bereit.
Er läuft an ...
3
68
254
... springt ...
... und macht einen Riesensatz!

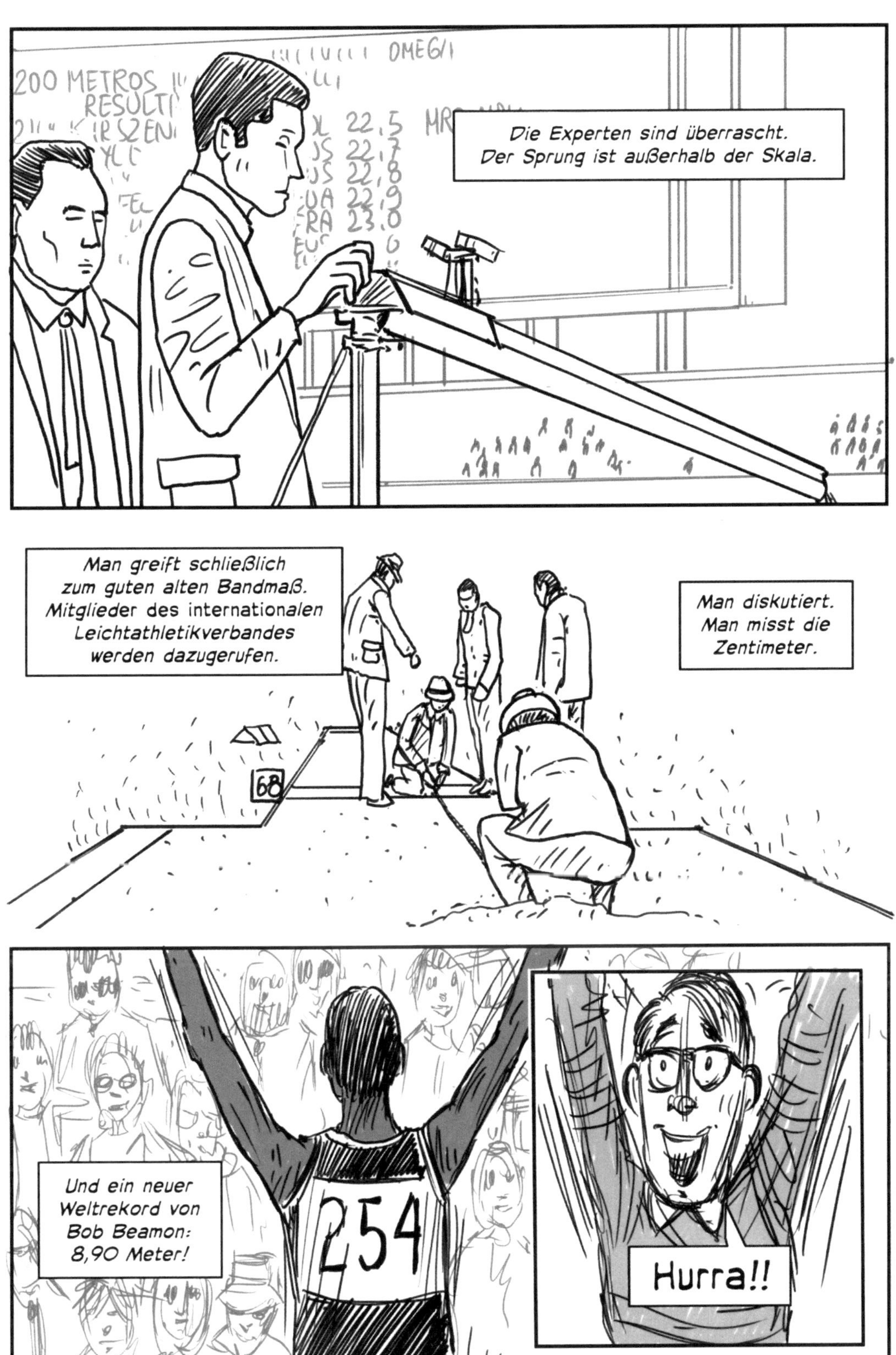
Die Experten sind überrascht.
Der Sprung ist außerhalb der Skala.
Man greift schließlich zum guten alten Bandmaß. Mitglieder des internationalen Leichtathletikverbandes werden dazugerufen.
Man diskutiert. Man misst die Zentimeter.
Und ein neuer Weltrekord von Bob Beamon: 8,90 Meter!
Hurra!!

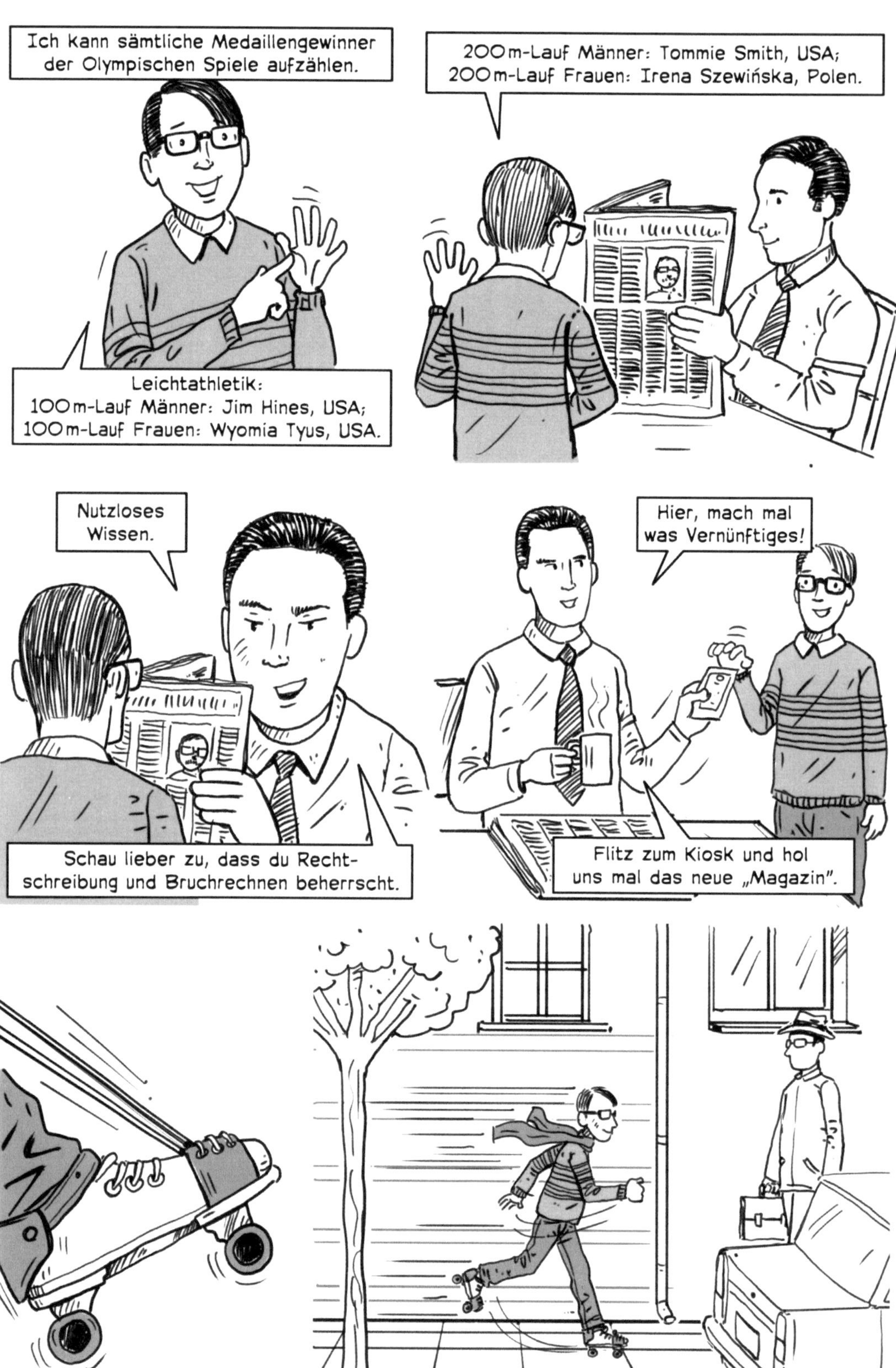
Ich kann sämtliche Medaillengewinner der Olympischen Spiele aufzählen.
Leichtathletik: 100 m-Lauf Männer: Jim Hines, USA; 100 m-Lauf Frauen: Wyomia Tyus, USA.
200 m-Lauf Männer: Tommie Smith, USA; 200 m-Lauf Frauen: Irena Szewińska, Polen.
Nutzloses Wissen.
Schau lieber zu, dass du Rechtschreibung und Bruchrechnen beherrscht.
Hier, mach mal was Vernünftiges!
Flitz zum Kiosk und hol uns mal das neue „Magazin".

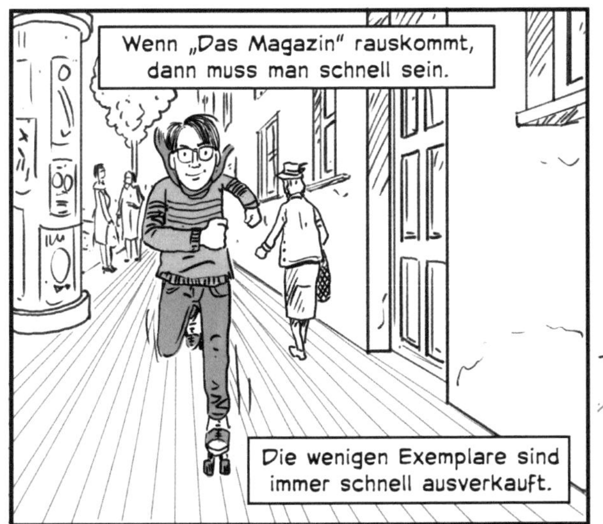
Wenn „Das Magazin" rauskommt, dann muss man schnell sein.
Die wenigen Exemplare sind immer schnell ausverkauft.

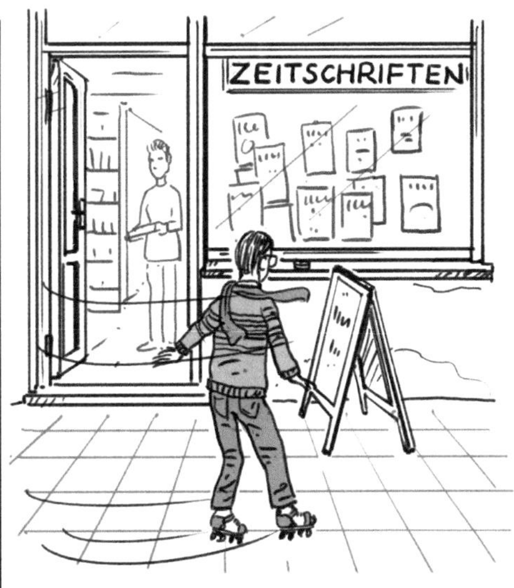
ZEITSCHRIFTEN

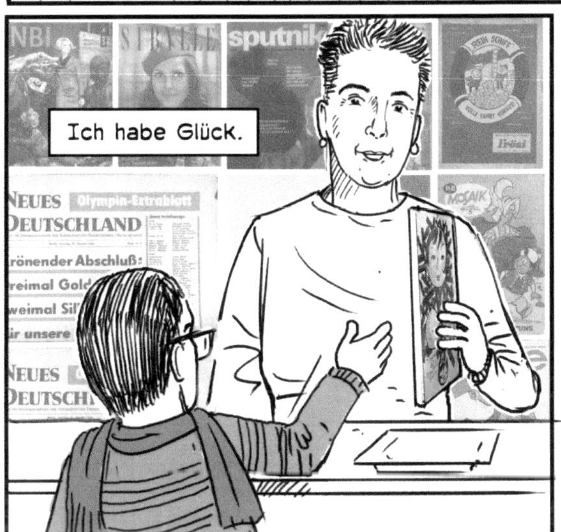
Ich habe Glück.
sputnik
NEUES DEUTSCHLAND
Olympia-Extrablatt
MOSAIK

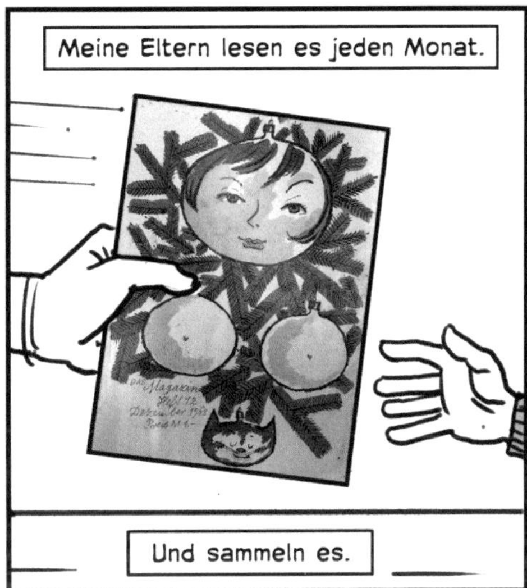
Meine Eltern lesen es jeden Monat.
Und sammeln es.

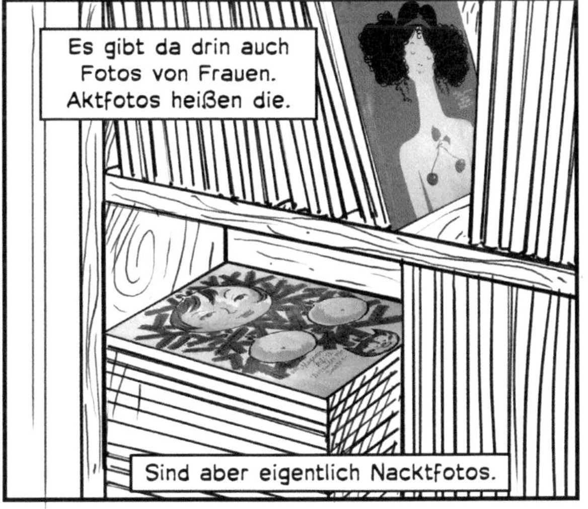
Es gibt da drin auch Fotos von Frauen. Aktfotos heißen die.
Sind aber eigentlich Nacktfotos.

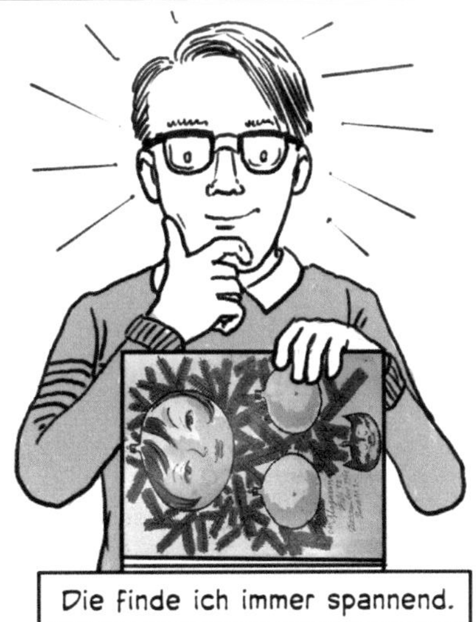
Die finde ich immer spannend.

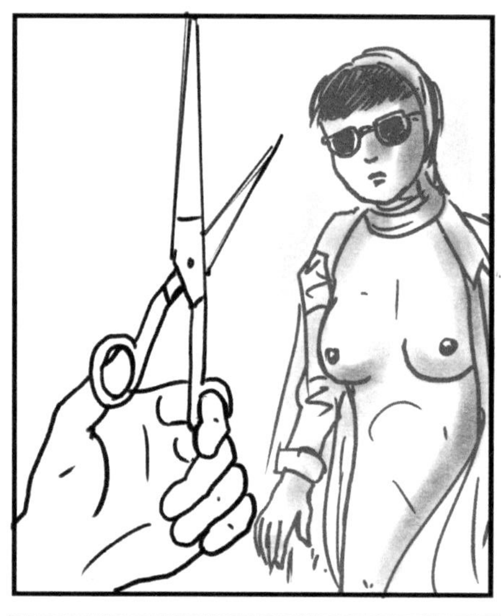
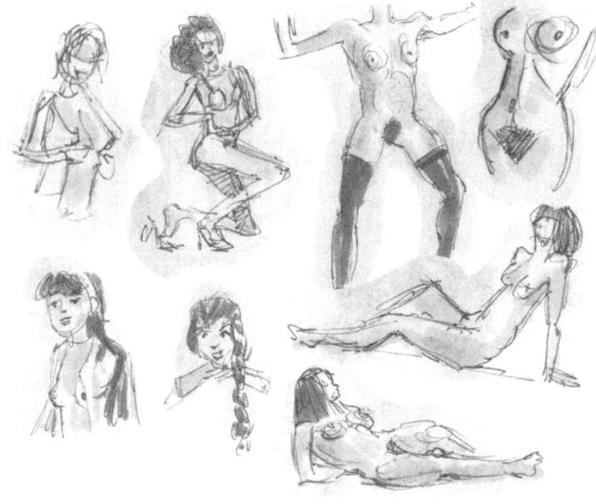
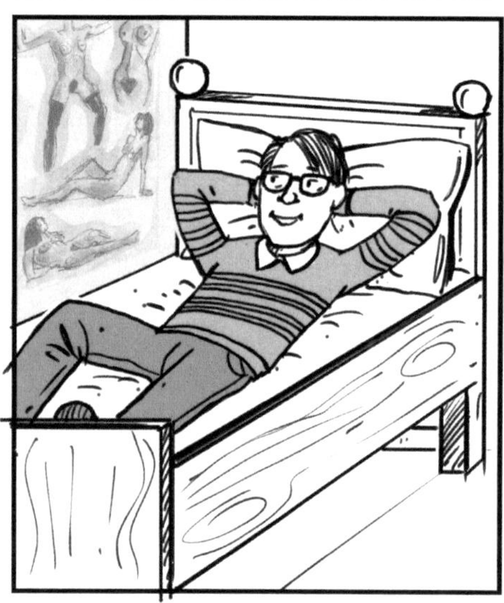
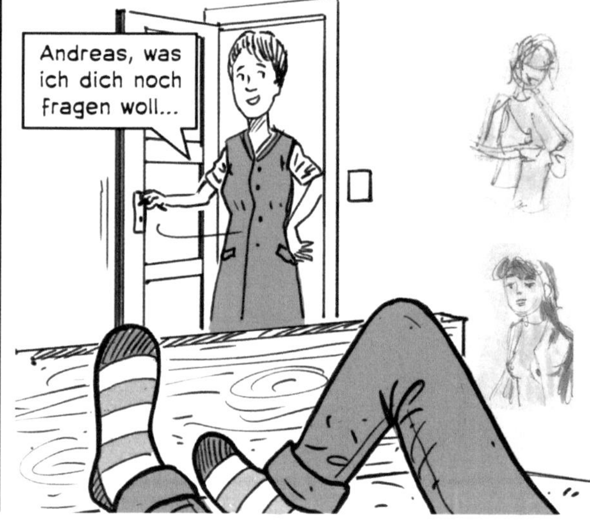
Andreas, was ich dich noch fragen woll...
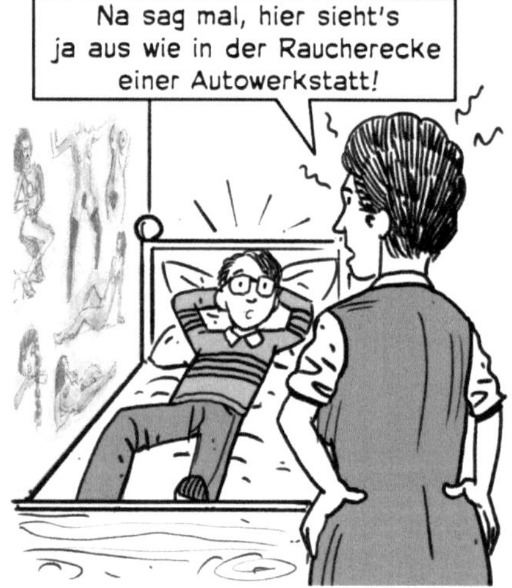
Na sag mal, hier sieht's ja aus wie in der Raucherecke einer Autowerkstatt!
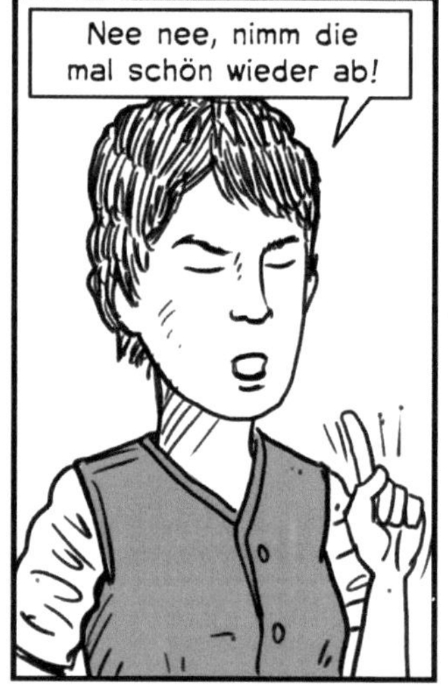
Nee nee, nimm die mal schön wieder ab!
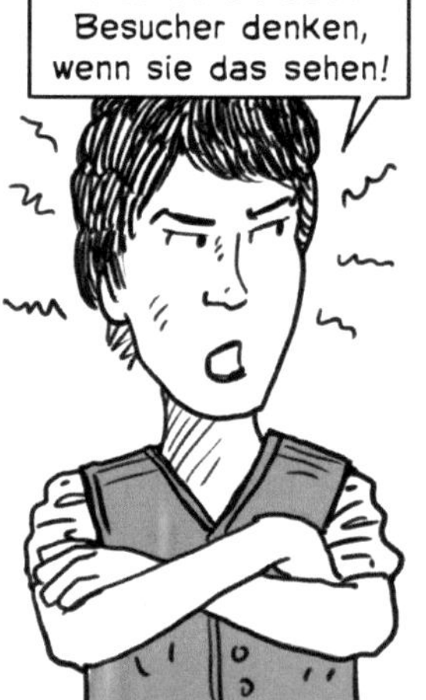
Was sollen denn Besucher denken, wenn sie das sehen!

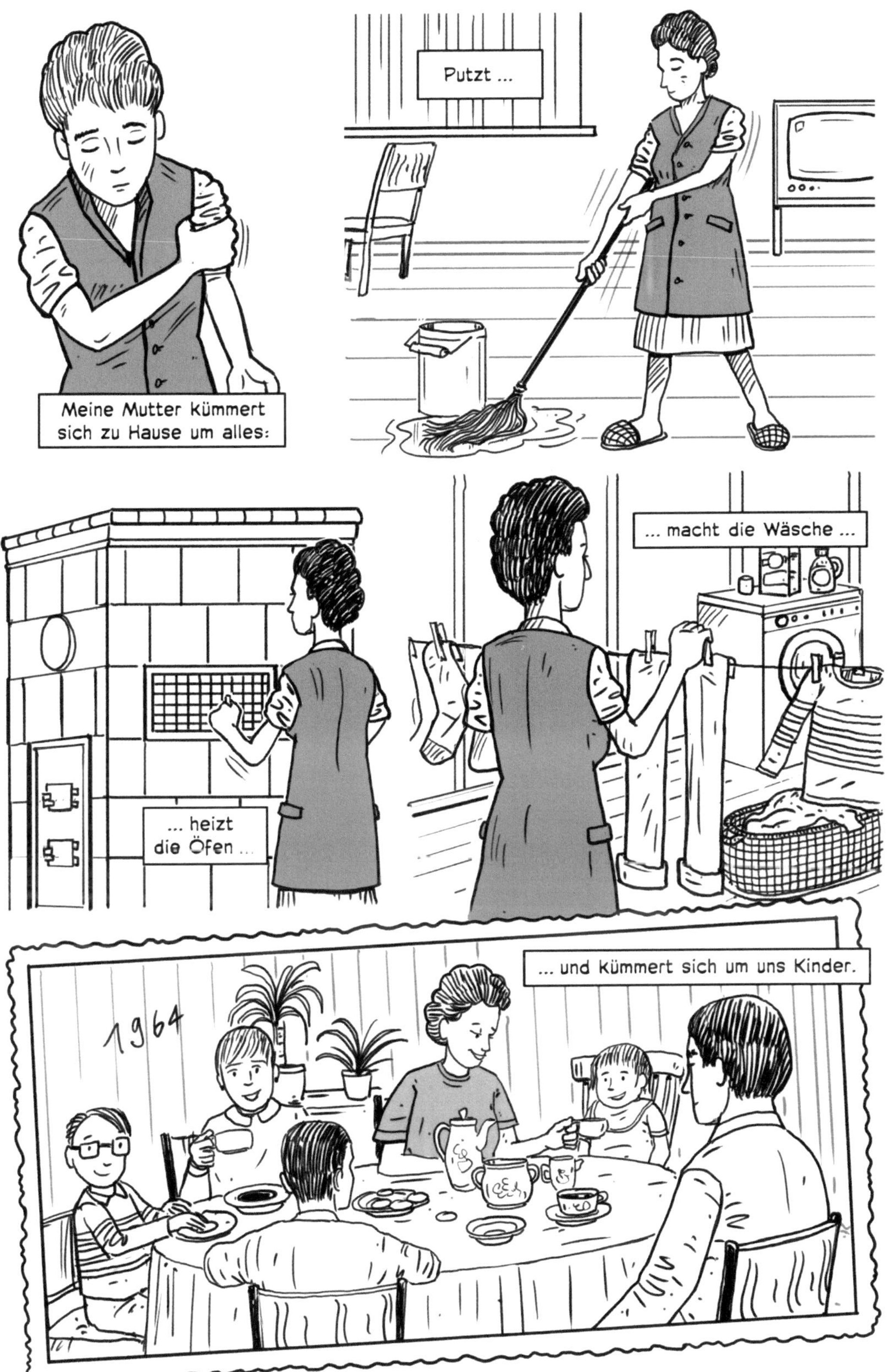
Meine Mutter kümmert sich zu Hause um alles:
Putzt ...
... heizt die Öfen ...
... macht die Wäsche ...
... und kümmert sich um uns Kinder.
1964

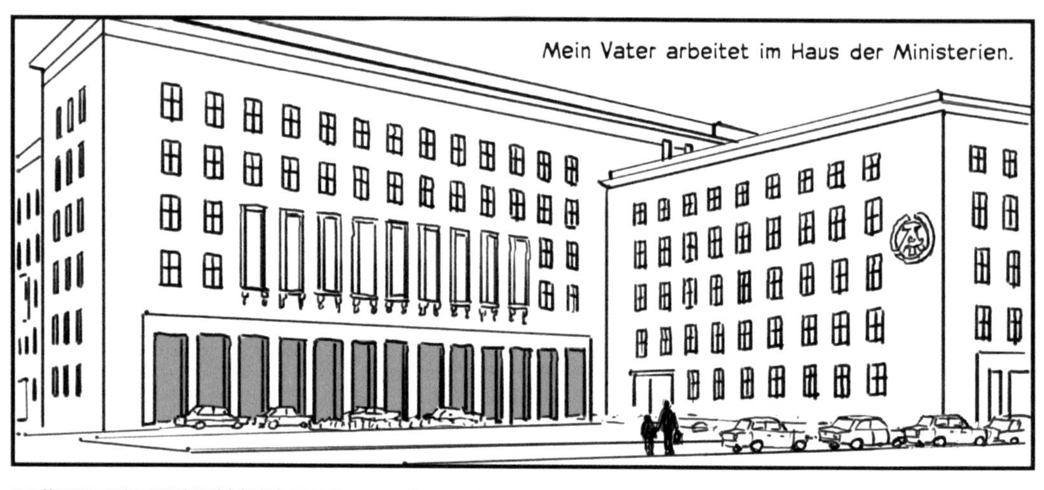

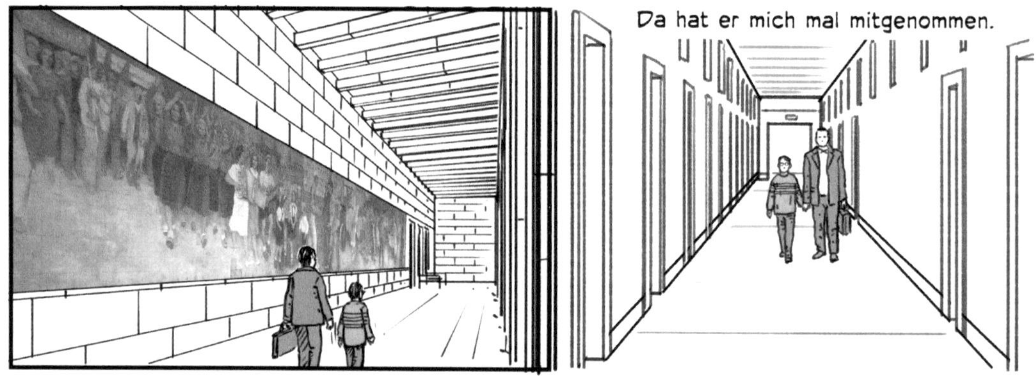

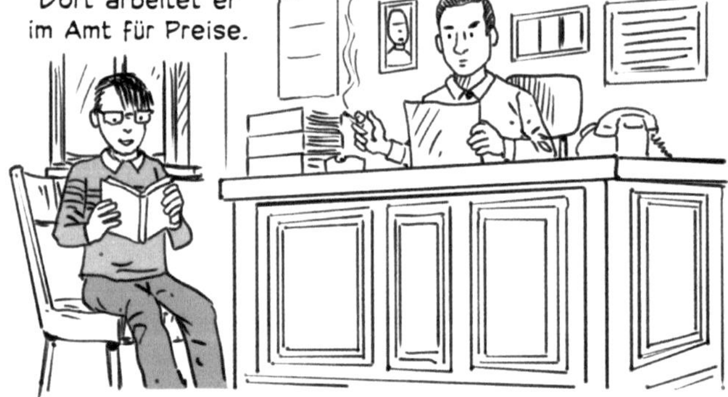

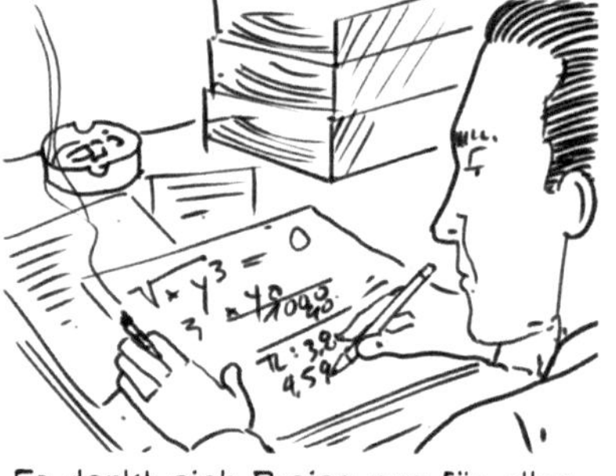

Bockwurst mit Brötchen 1963: 85 Pfennig

Bockwurst mit Brötchen 1964: 85 Pfennig

Bockwurst mit Brötchen 1965: 85 Pfennig

Bockwurst mit Brötchen 1966: 85 Pfennig

Bockwurst mit Brötchen 1967: 85 Pfennig

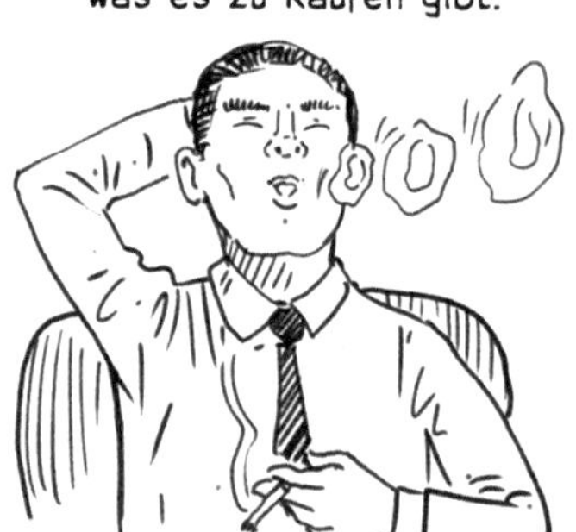

Die Arbeit muss furchtbar wichtig und anstrengend sein.

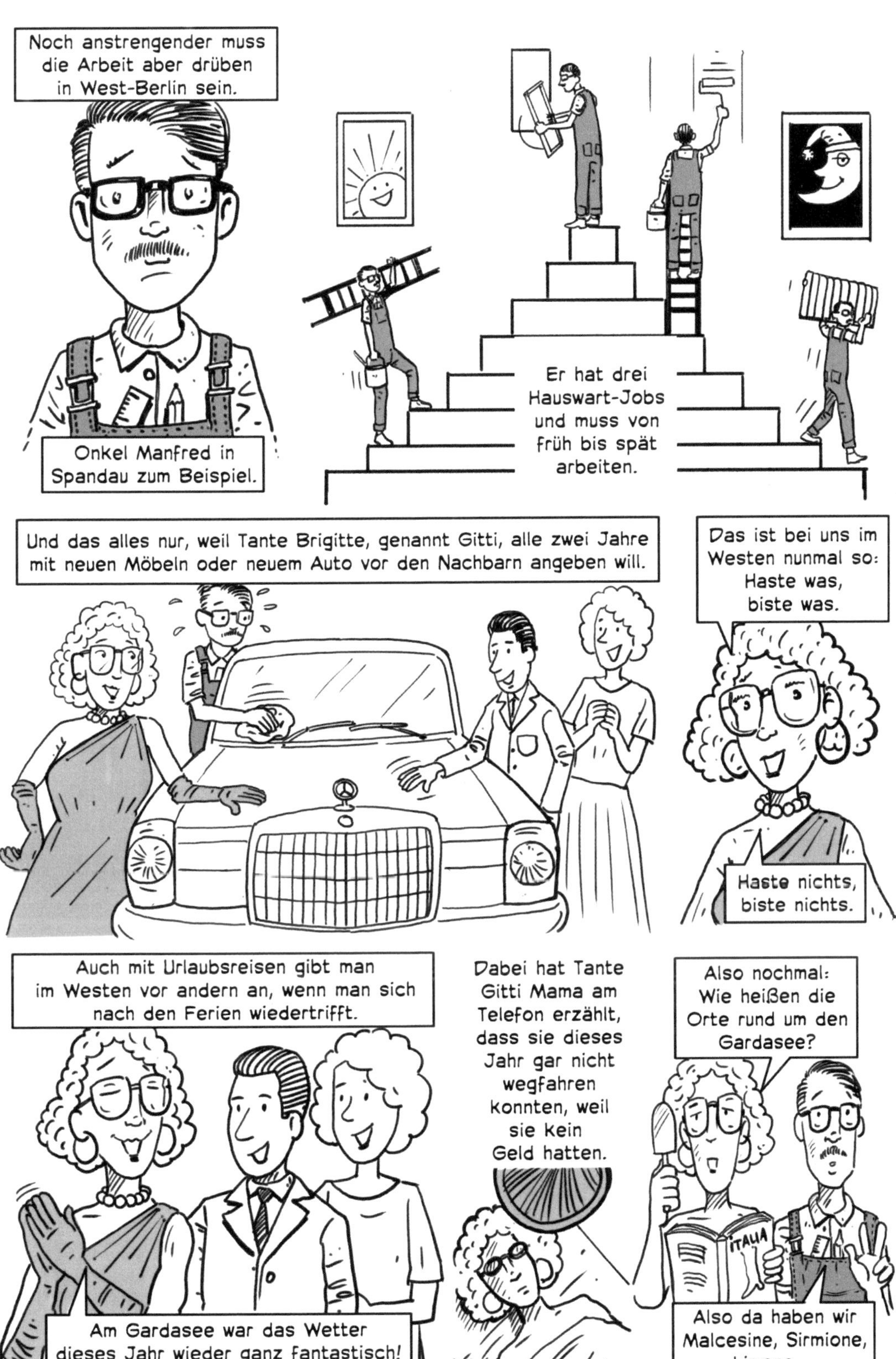
Noch anstrengender muss die Arbeit aber drüben in West-Berlin sein.
Onkel Manfred in Spandau zum Beispiel.
Er hat drei Hauswart-Jobs und muss von früh bis spät arbeiten.
Und das alles nur, weil Tante Brigitte, genannt Gitti, alle zwei Jahre mit neuen Möbeln oder neuem Auto vor den Nachbarn angeben will.
Das ist bei uns im Westen nunmal so: Haste was, biste was.
Haste nichts, biste nichts.
Auch mit Urlaubsreisen gibt man im Westen vor andern an, wenn man sich nach den Ferien wiedertrifft.
Am Gardasee war das Wetter dieses Jahr wieder ganz fantastisch!
Dabei hat Tante Gitti Mama am Telefon erzählt, dass sie dieses Jahr gar nicht wegfahren konnten, weil sie kein Geld hatten.
Also nochmal: Wie heißen die Orte rund um den Gardasee?
ITALIA
Also da haben wir Malcesine, Sirmione, Limone ...

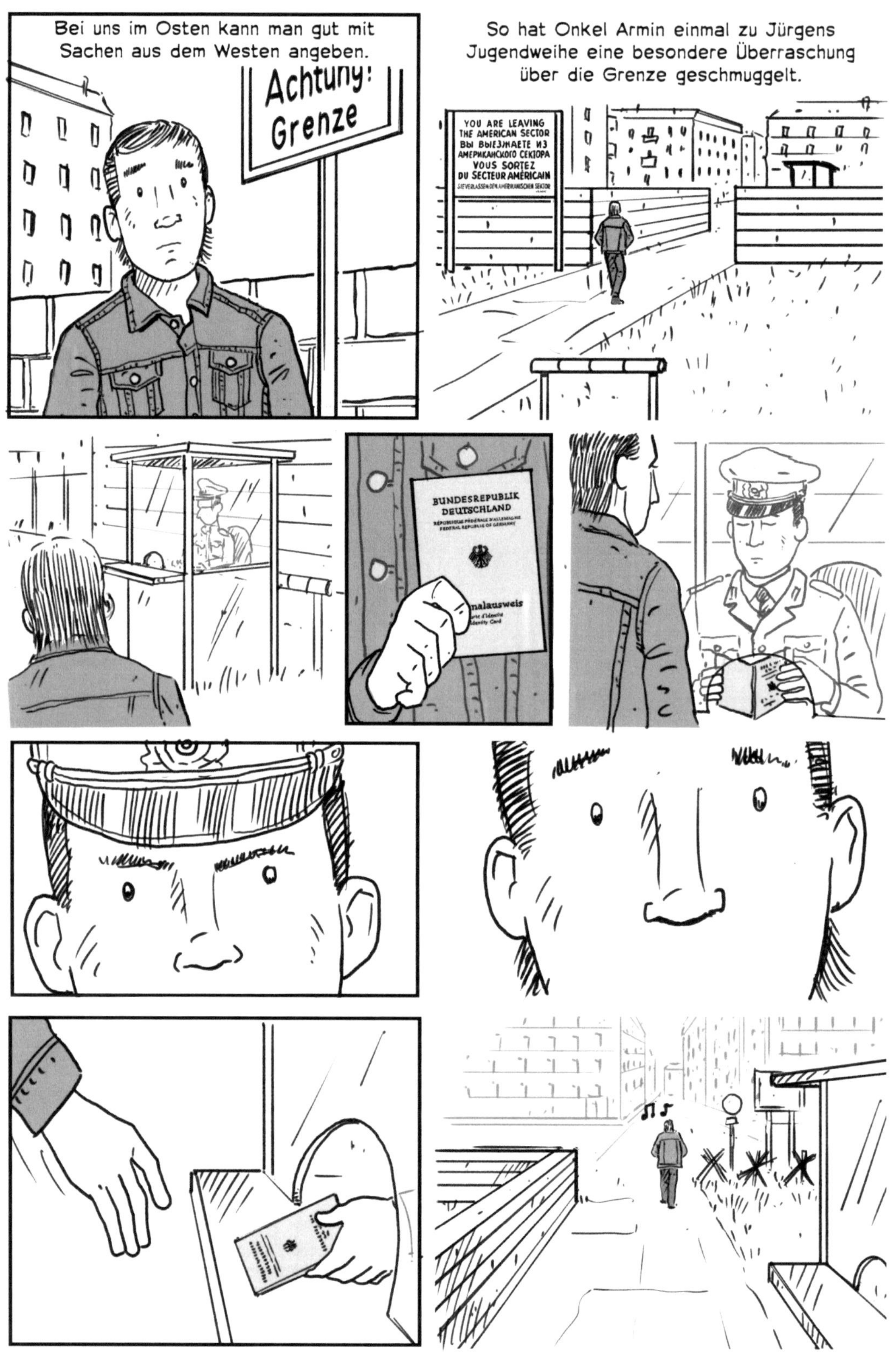
Bei uns im Osten kann man gut mit Sachen aus dem Westen angeben.
Achtung!
Grenze
So hat Onkel Armin einmal zu Jürgens Jugendweihe eine besondere Überraschung über die Grenze geschmuggelt.
YOU ARE LEAVING THE AMERICAN SECTOR
ВЫ ВЫЕЗЖАЕТЕ ИЗ АМЕРИКАНСКОГО СЕКТОРА
VOUS SORTEZ DU SECTEUR AMÉRICAIN
SIE VERLASSEN DEN AMERIKANISCHEN SEKTOR
BUNDESREPUBLIK DEUTSCHLAND

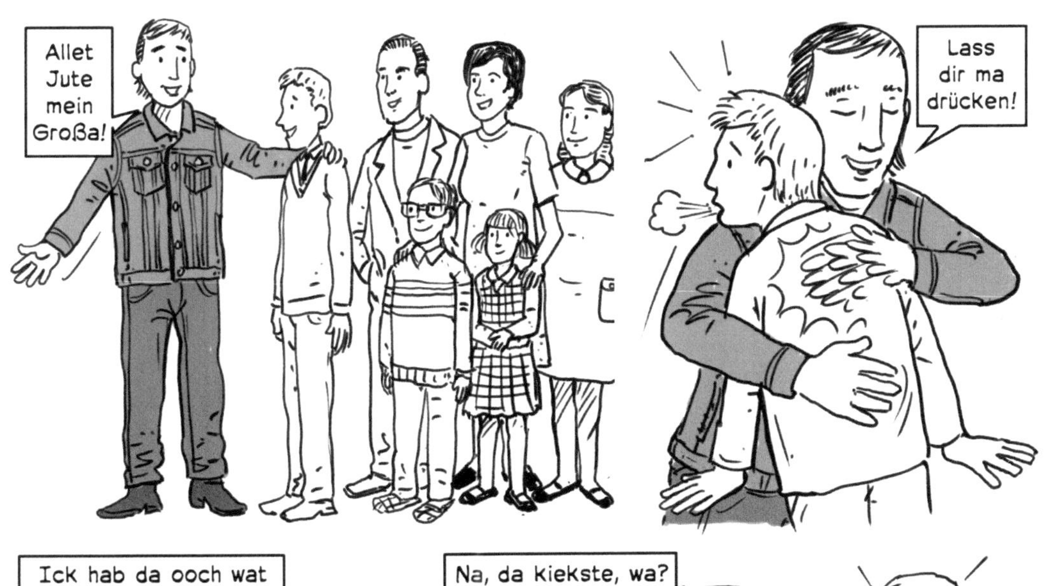

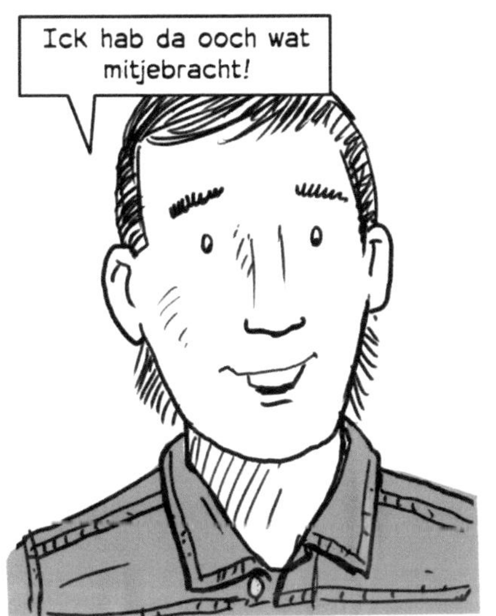

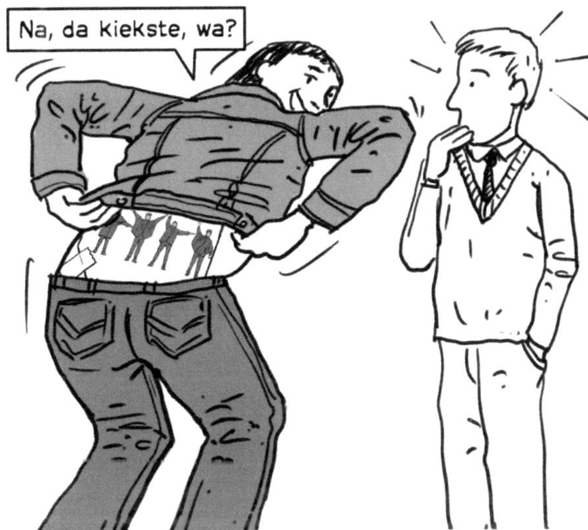

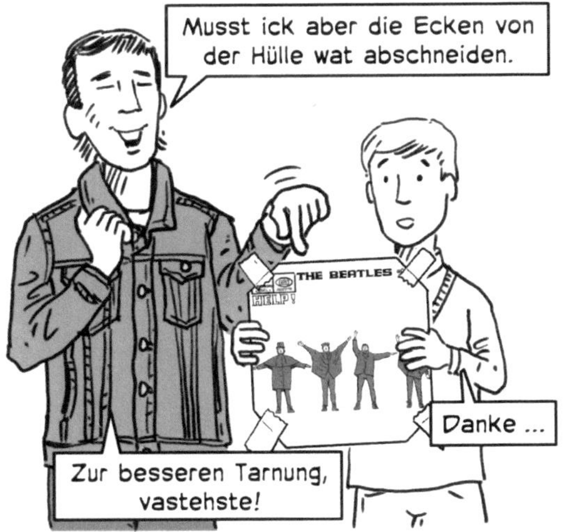

Mit 'ner Beatles-Platte mit abgeschnittenen Ecken kann man nicht so gut angeben.

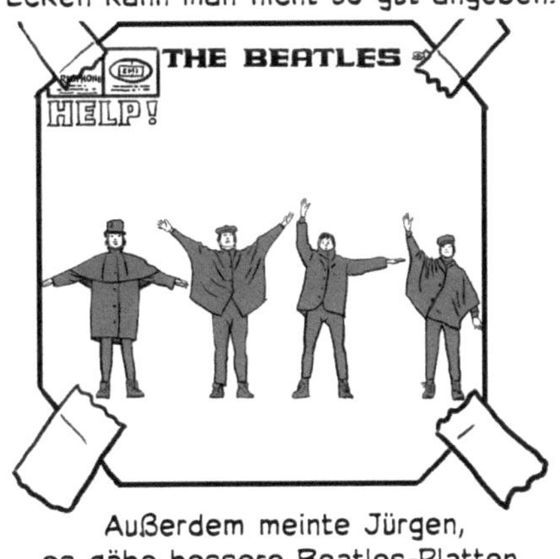

Außerdem meinte Jürgen, es gäbe bessere Beatles-Platten.

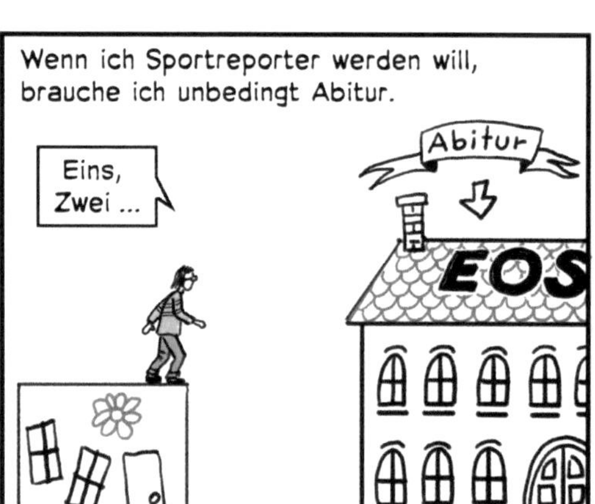
Wenn ich Sportreporter werden will, brauche ich unbedingt Abitur.
Eins, Zwei …
Abitur
EOS

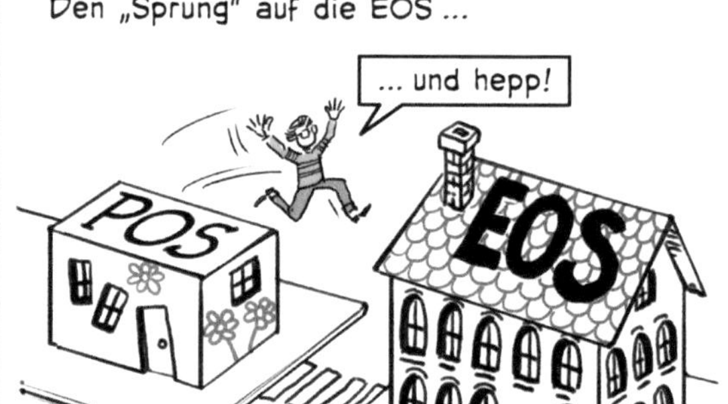
Den „Sprung“ auf die EOS …
… und hepp!
POS
EOS

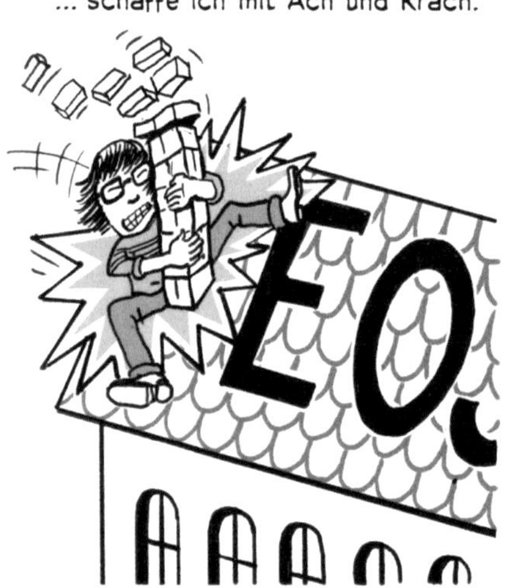
… schaffe ich mit Ach und Krach.
EO

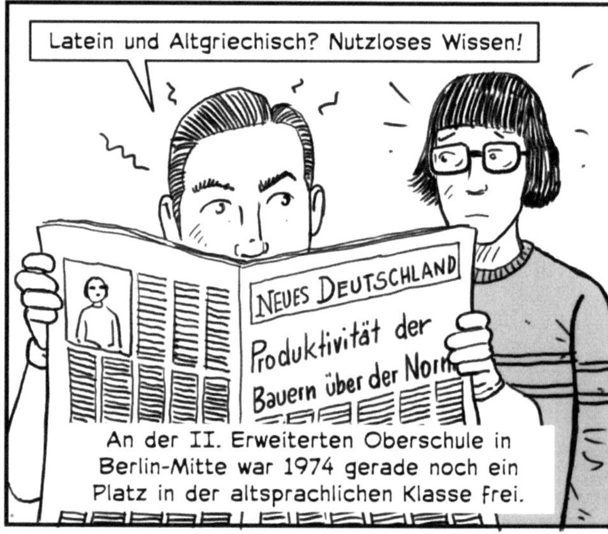
Latein und Altgriechisch? Nutzloses Wissen!
NEUES DEUTSCHLAND
Produktivität der Bauern über der Norm
An der II. Erweiterten Oberschule in Berlin-Mitte war 1974 gerade noch ein Platz in der altsprachlichen Klasse frei.

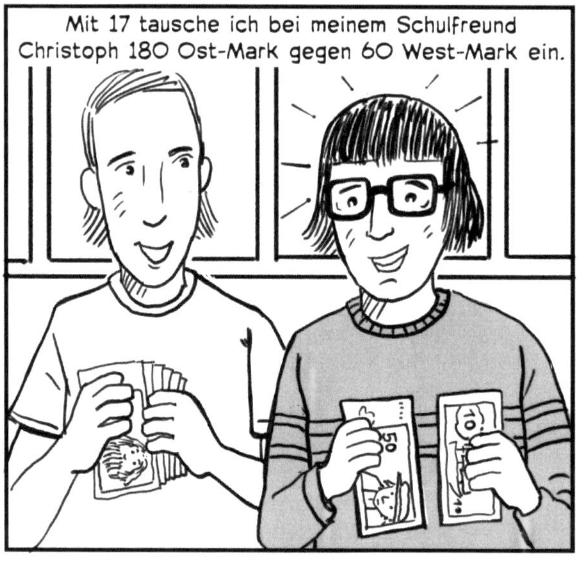
Mit 17 tausche ich bei meinem Schulfreund Christoph 180 Ost-Mark gegen 60 West-Mark ein.

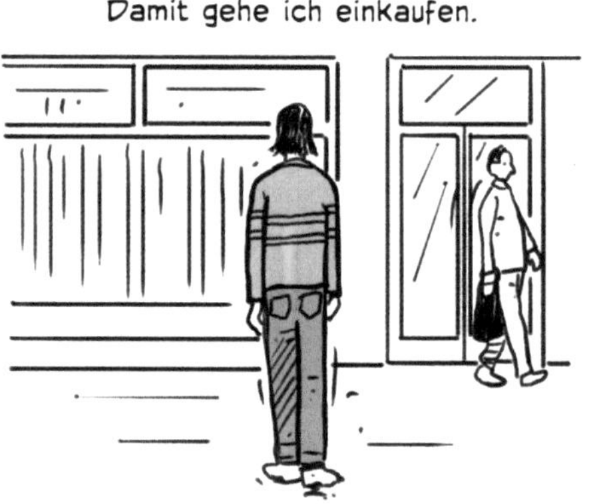
intershop
Damit gehe ich einkaufen.

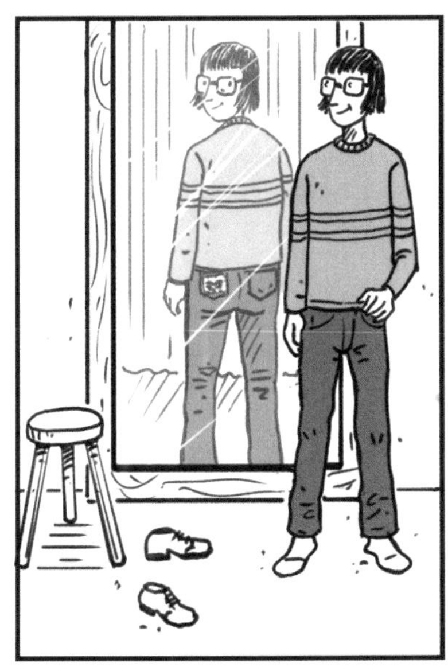

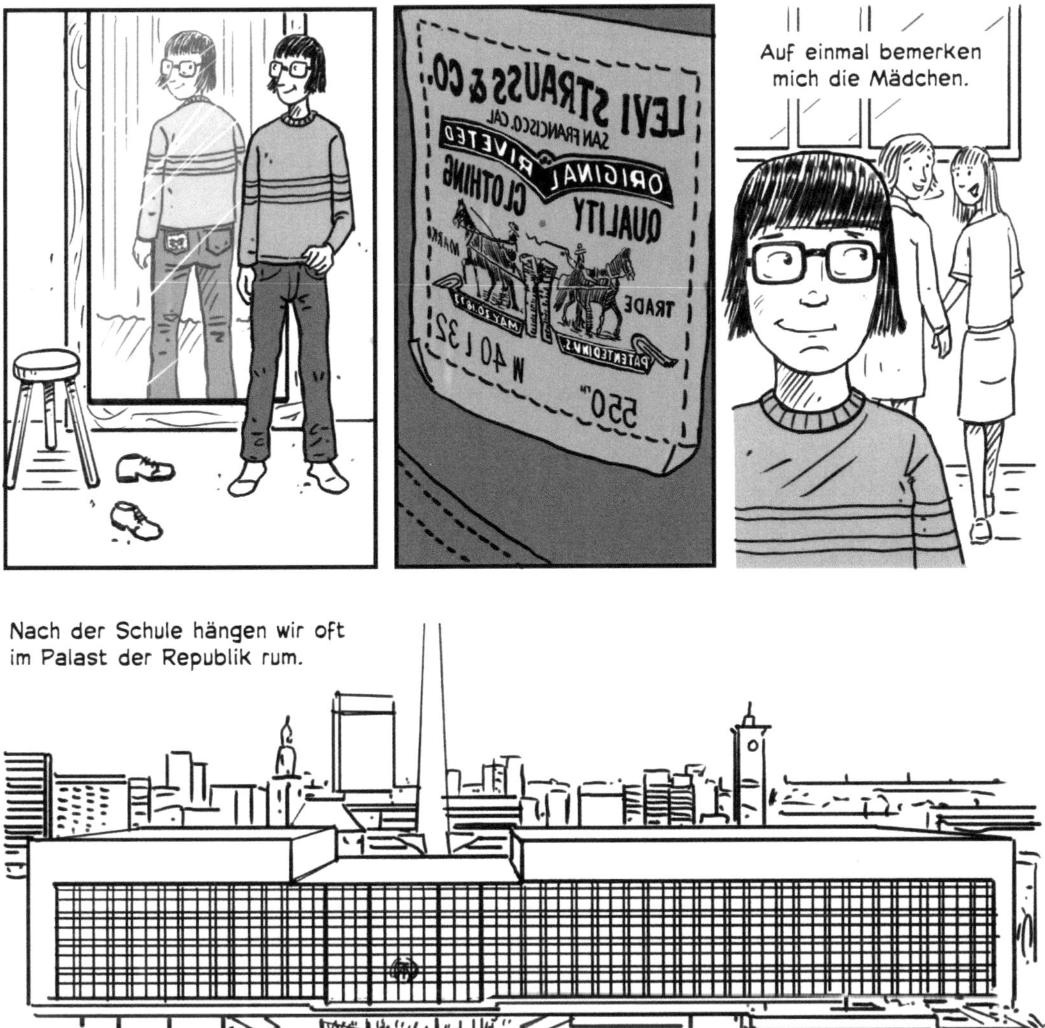

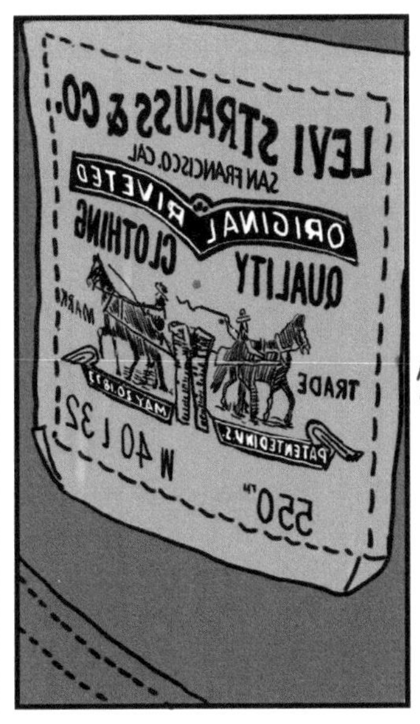

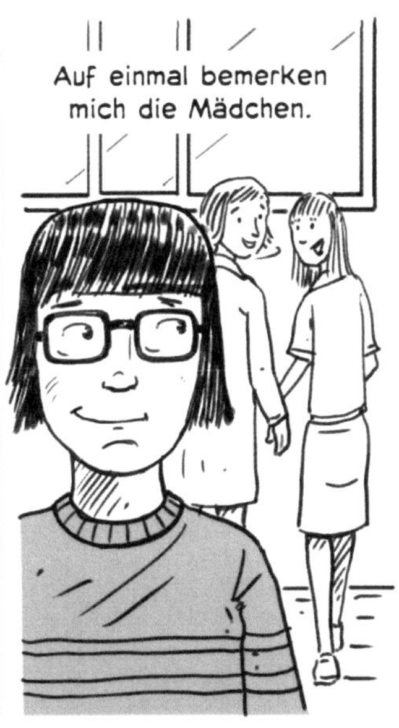

Nach der Schule hängen wir oft im Palast der Republik rum.

Hier sitzen wir auf Ledersesseln und rauchen betont lässig.

Kein Erwachsener macht uns irgendwelche Vorhaltungen.

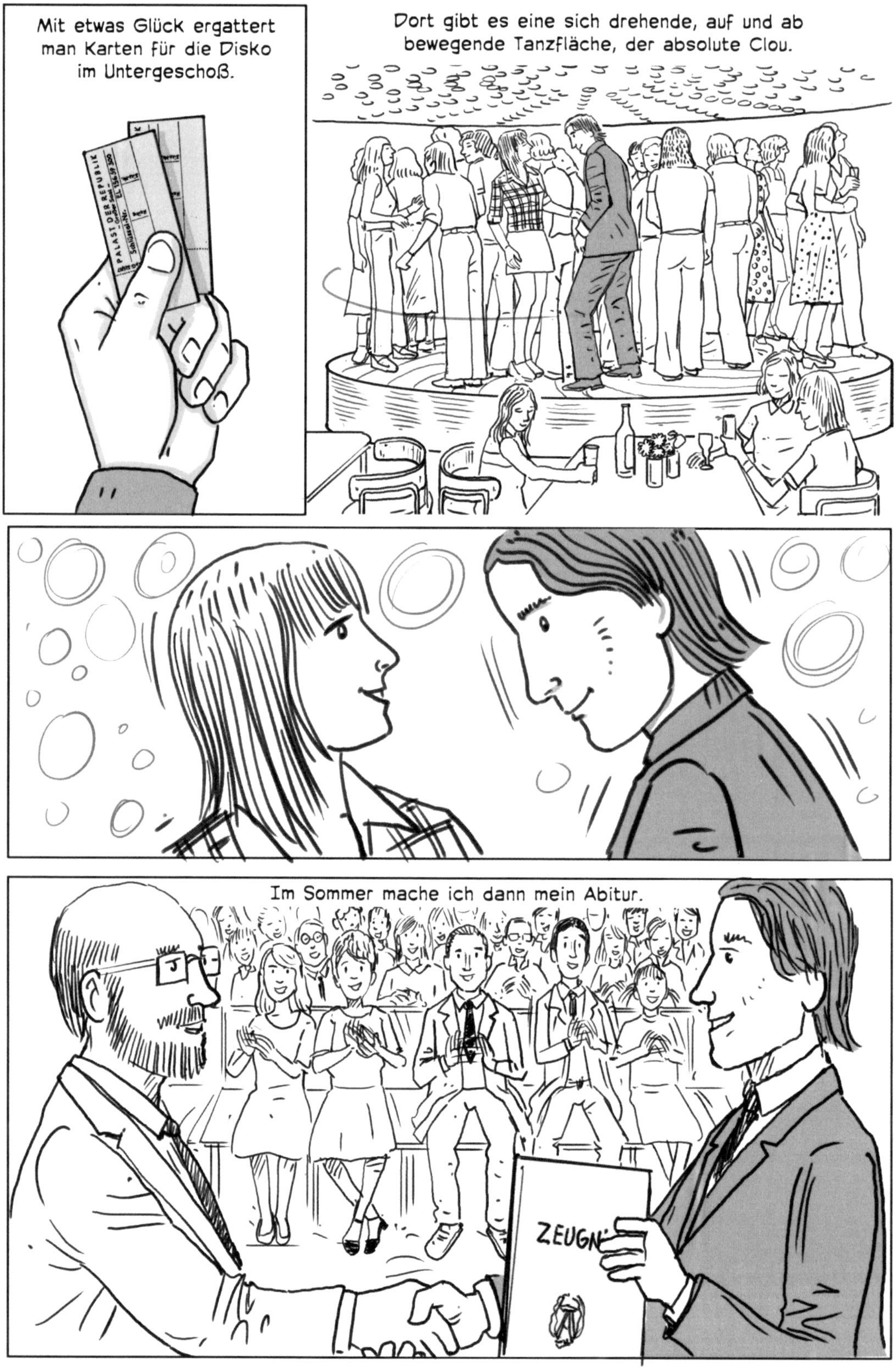

Mit etwas Glück ergattert man Karten für die Disko im Untergeschoß.

Dort gibt es eine sich drehende, auf und ab bewegende Tanzfläche, der absolute Clou.

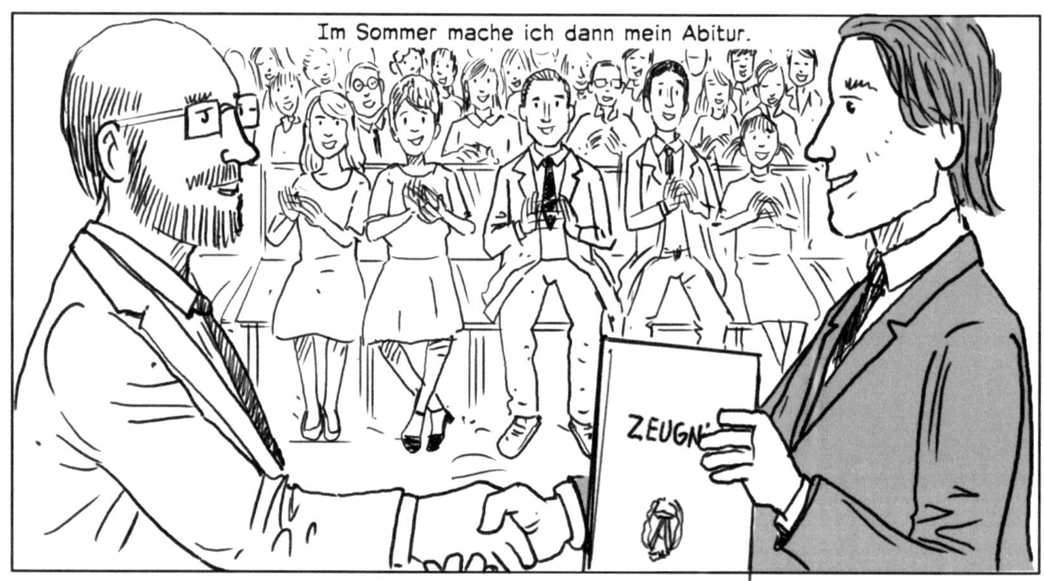

1978 leiste ich meinen Wehrdienst bei der NVA in Vorpommern.

Eggesin ist einer der trostlosesten Orte, die man sich vorstellen kann.

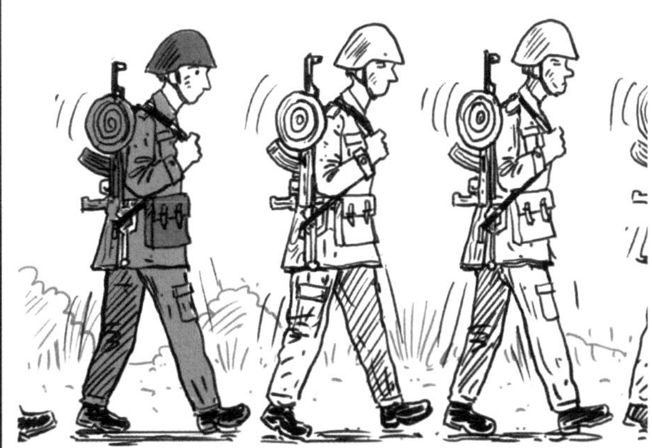

Bei den Soldaten heißt dieser abgelegenste Winkel Vorpommerns das Land der drei Meere: Waldmeer, Sandmeer, nichts mehr.

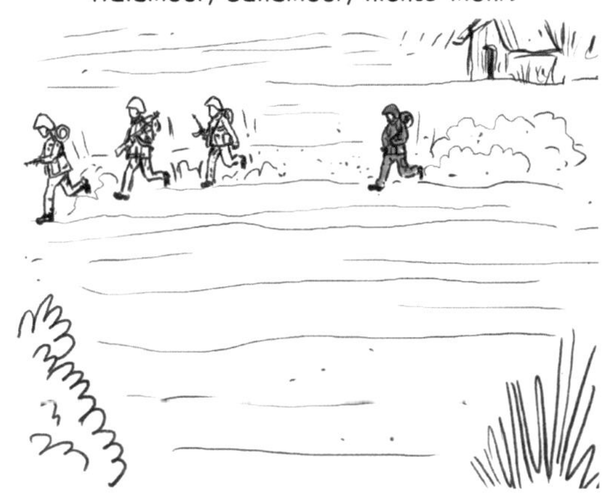

Nach dem Wehrdienst studiere ich Journalistik in Leipzig.

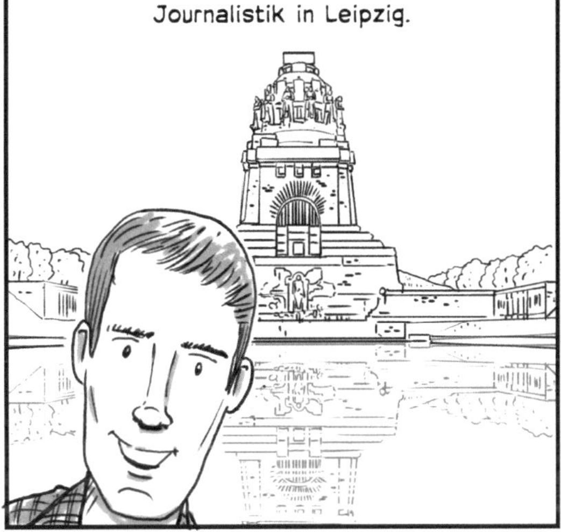

Anschließend werde ich tatsächlich Sportreporter.

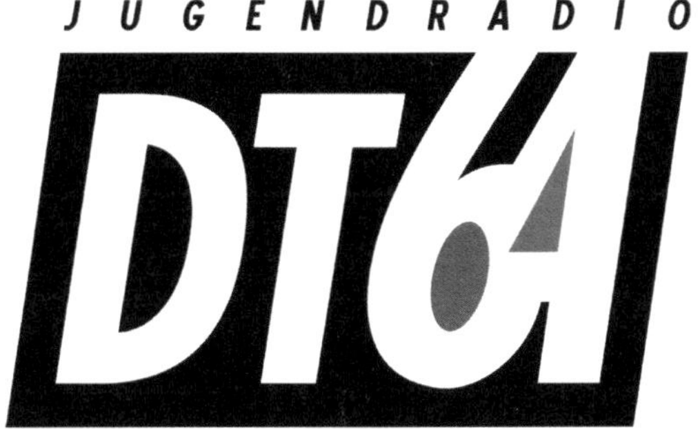

Heinz Florian Oertel treffe ich öfter im Köpenicker Funkhaus. Wir sind jetzt Kollegen.

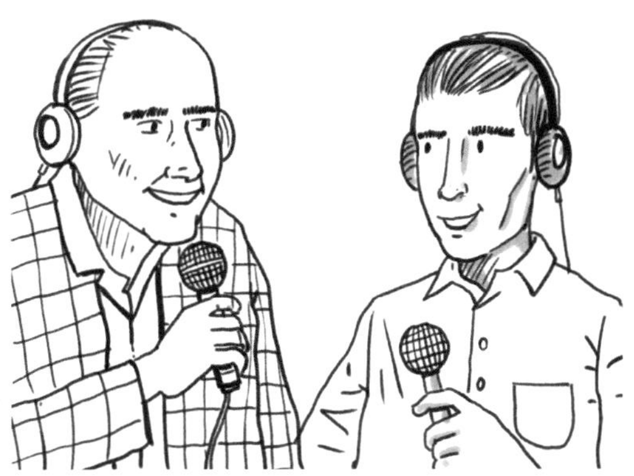

Nur mit Tinte und lesbar ausfüllen!

Name	Vorname	Geburtsdatum	Geburtsort	Zur Zeit ausgeübte Tätigkeit
Merten	Peter	15.10.31	Bous Kr. Saarlouis	Sänger
/	/	/	/	/
[illegible]	[illegible]	[illegible]	[illegible]	[illegible]
[illegible]	[illegible]	[illegible]	u	[illegible]

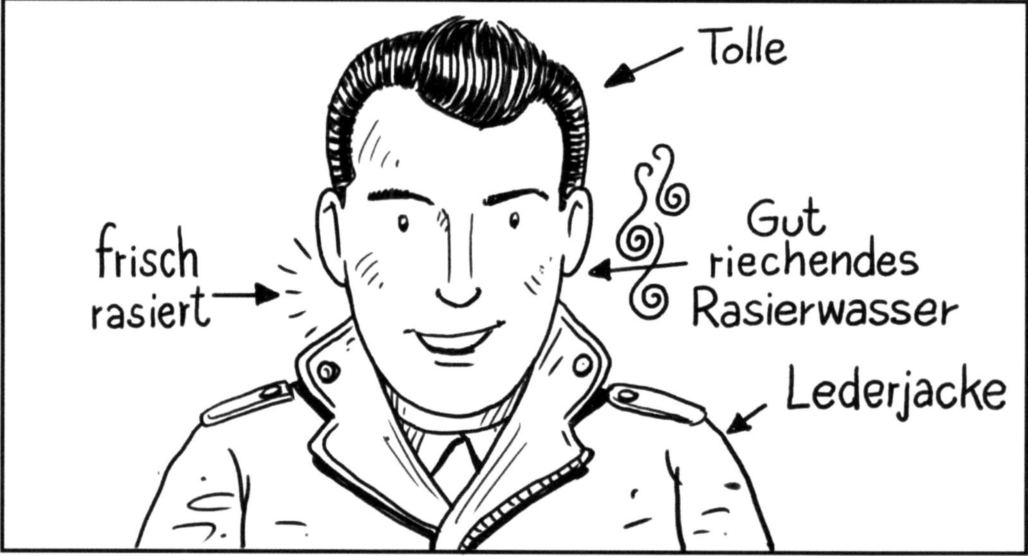

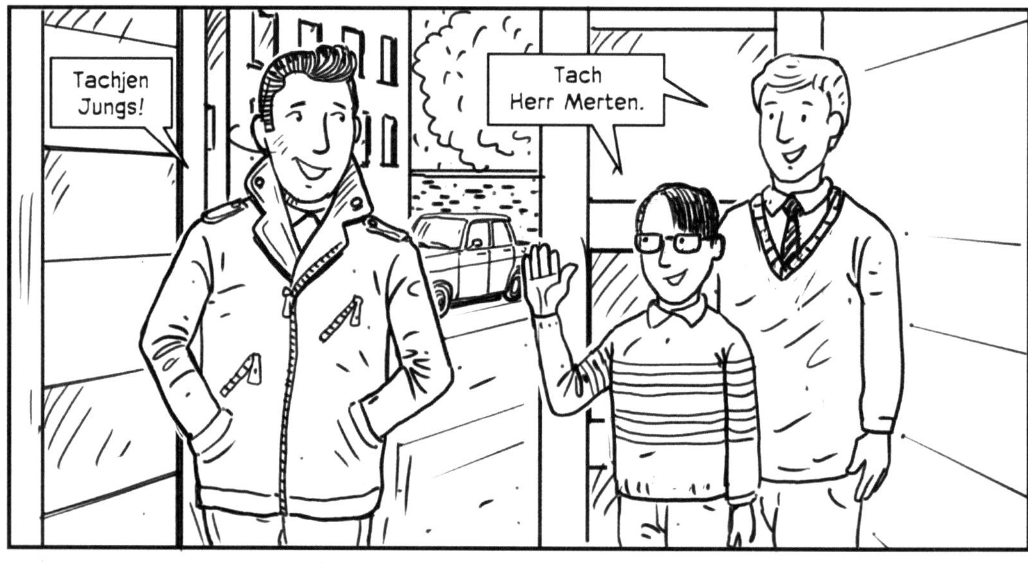

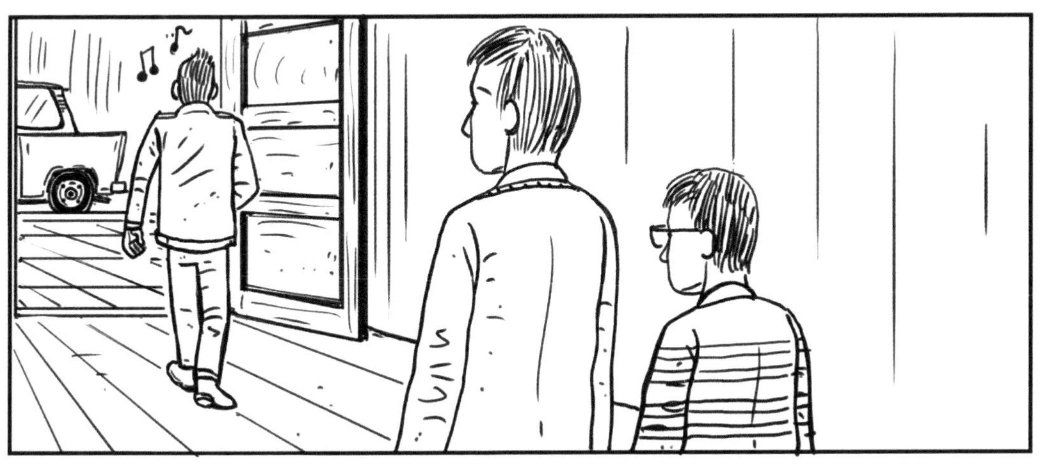

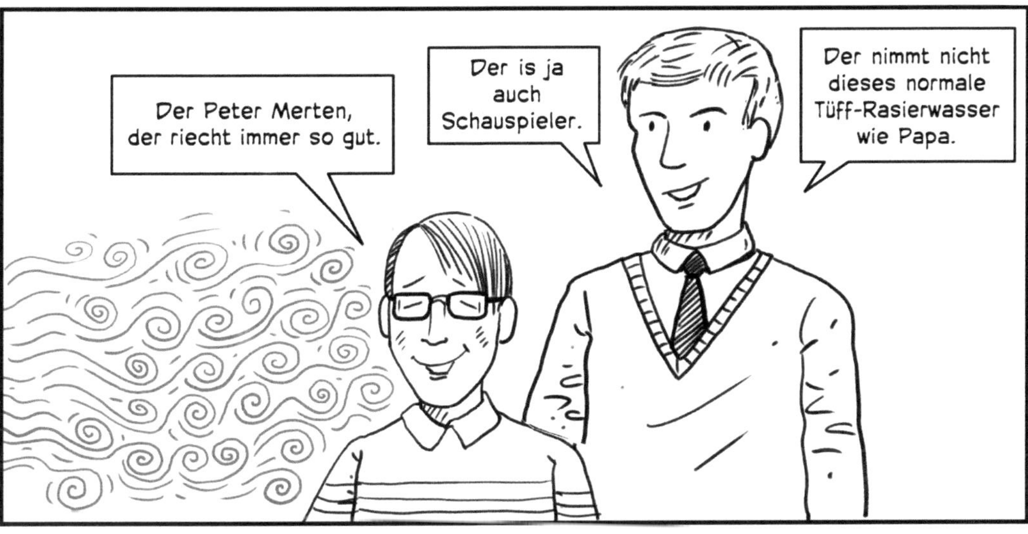
Der Peter Merten,
der riecht immer so gut.
Der is ja
auch
Schauspieler.
Der nimmt nicht
dieses normale
Tüff-Rasierwasser
wie Papa.

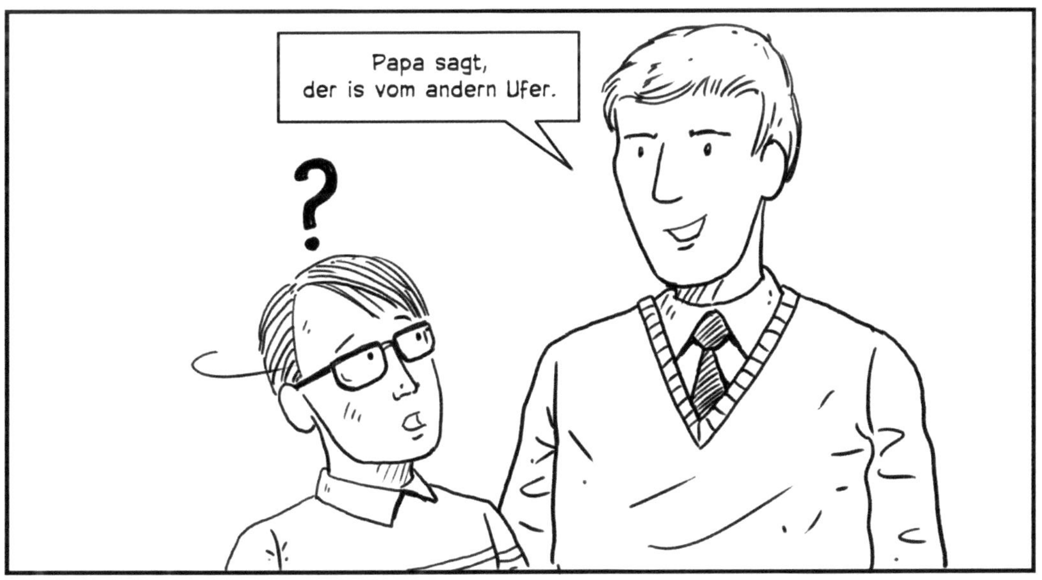
Papa sagt,
der is vom andern Ufer.
?

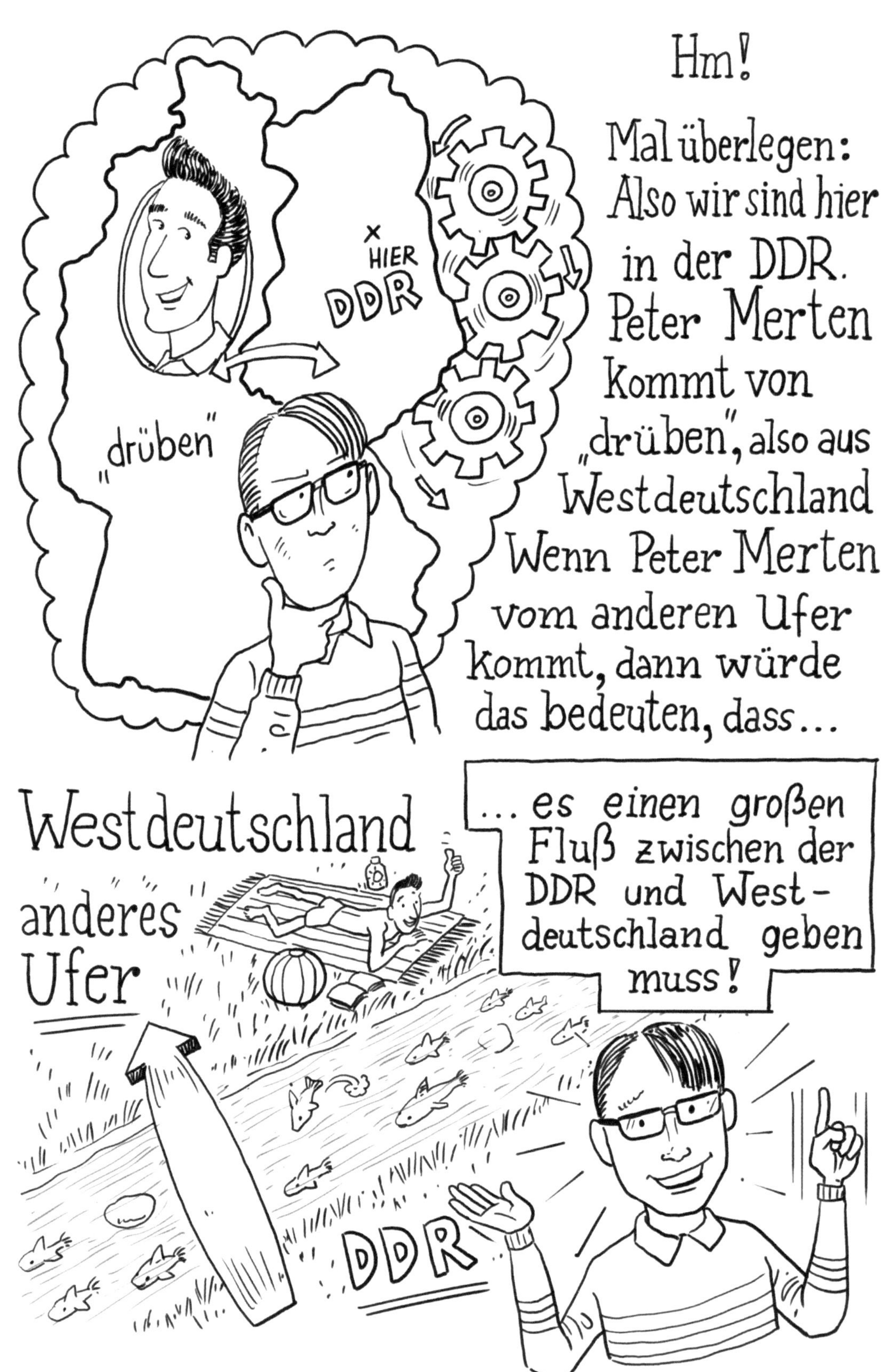
Hm!
Mal überlegen: Also wir sind hier in der DDR. Peter Merten kommt von „drüben", also aus Westdeutschland. Wenn Peter Merten vom anderen Ufer kommt, dann würde das bedeuten, dass …
HIER
DDR
„drüben"
Westdeutschland
anderes Ufer
… es einen großen Fluß zwischen der DDR und Westdeutschland geben muss!
DDR

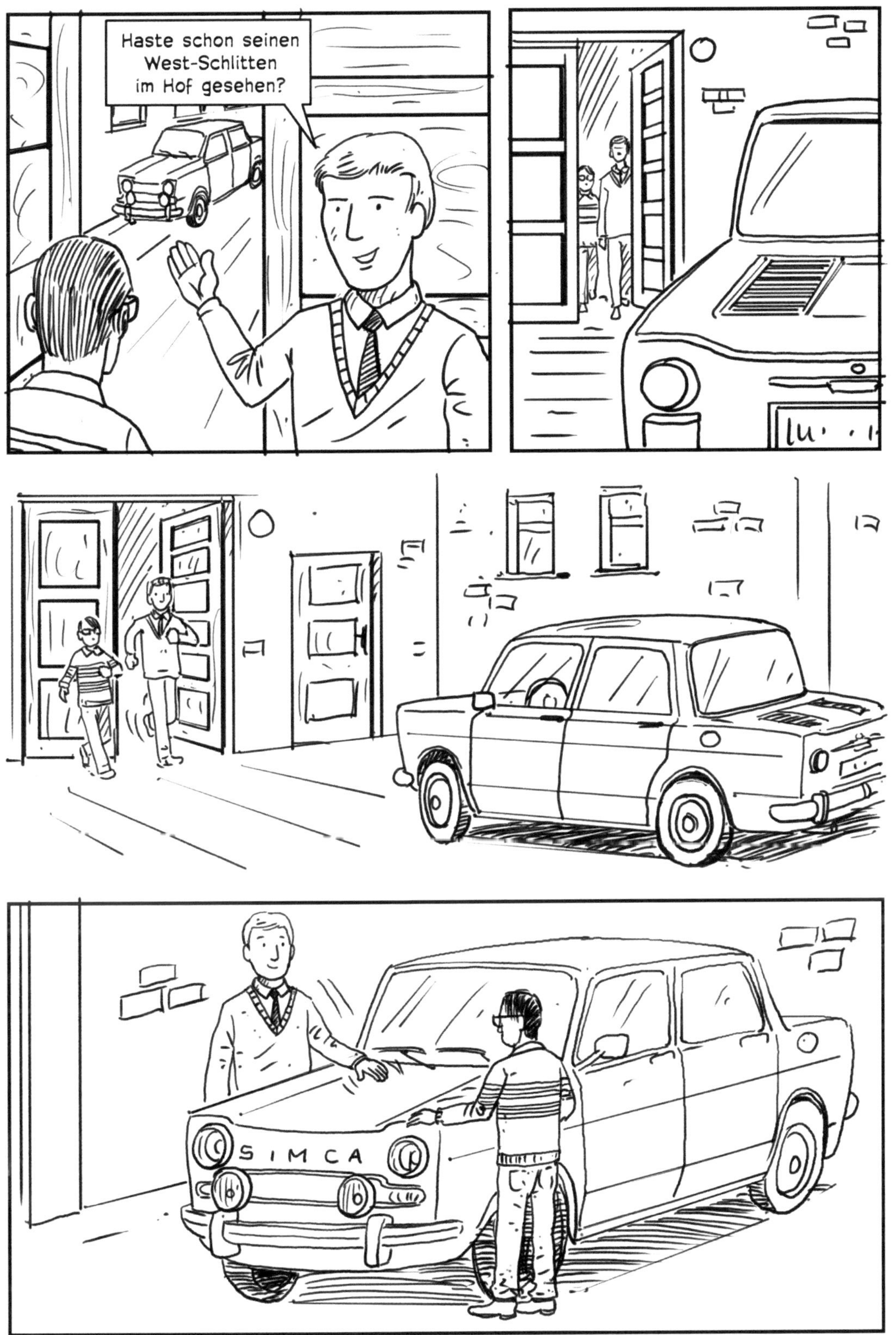
Haste schon seinen
West-Schlitten
im Hof gesehen?
SIMCA

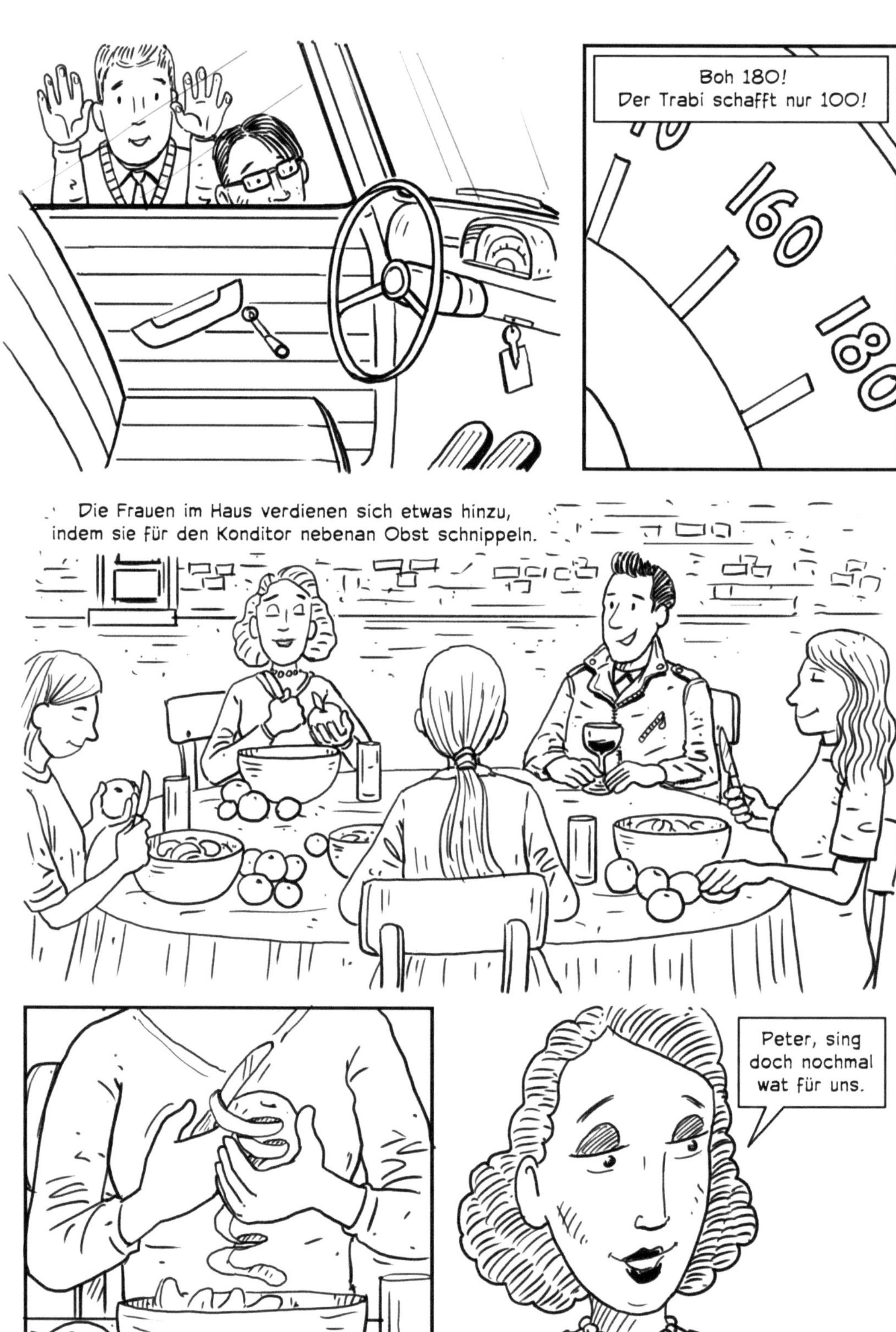
Boh 180!
Der Trabi schafft nur 100!
160
180
Die Frauen im Haus verdienen sich etwas hinzu, indem sie für den Konditor nebenan Obst schnippeln.
Peter, sing doch nochmal wat für uns.

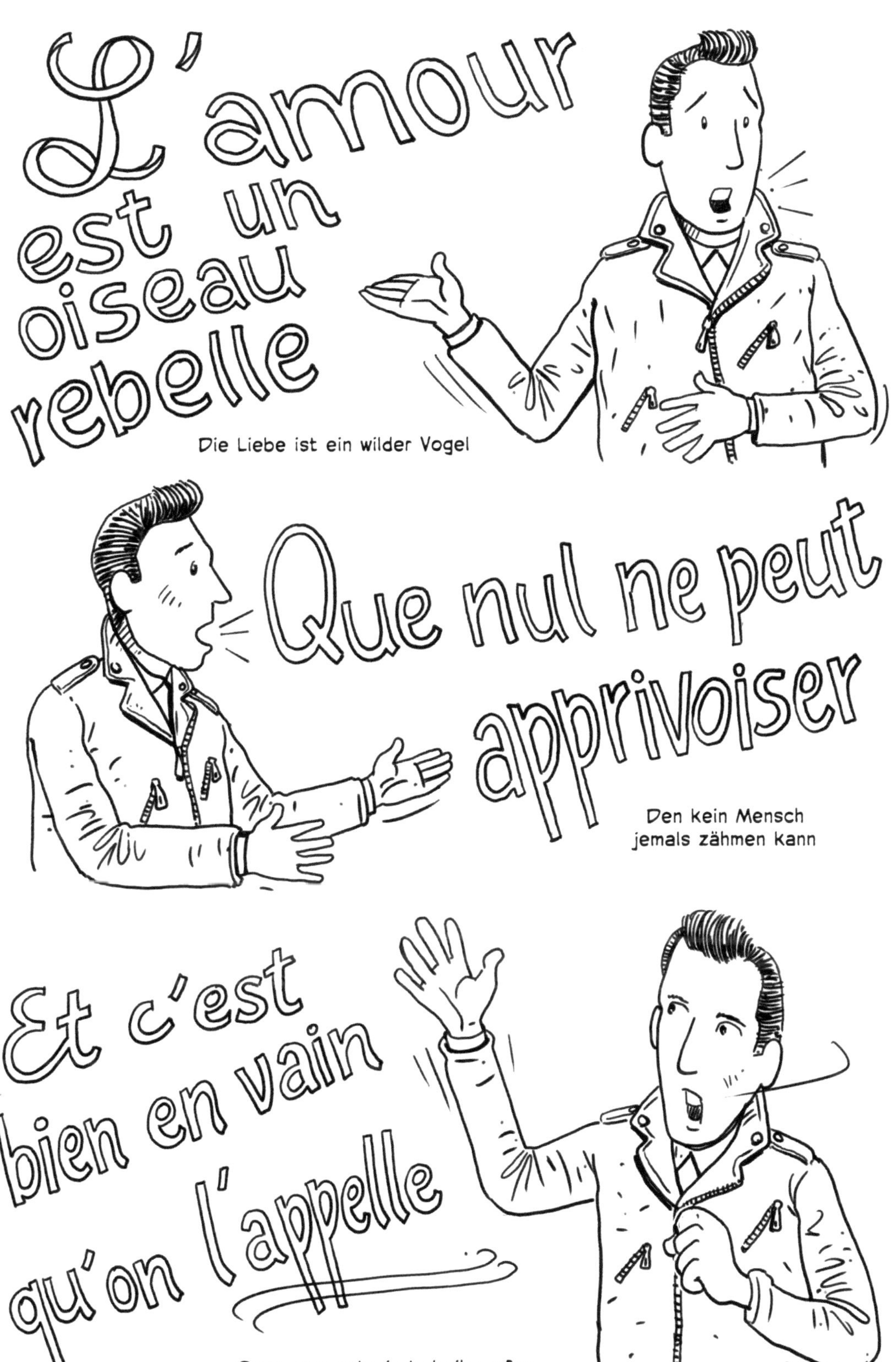
L'amour est un oiseau rebelle
Die Liebe ist ein wilder Vogel
Que nul ne peut apprivoiser
Den kein Mensch jemals zähmen kann
Et c'est bien en vain qu'on l'appelle
Ganz umsonst wirst du ihn rufen...

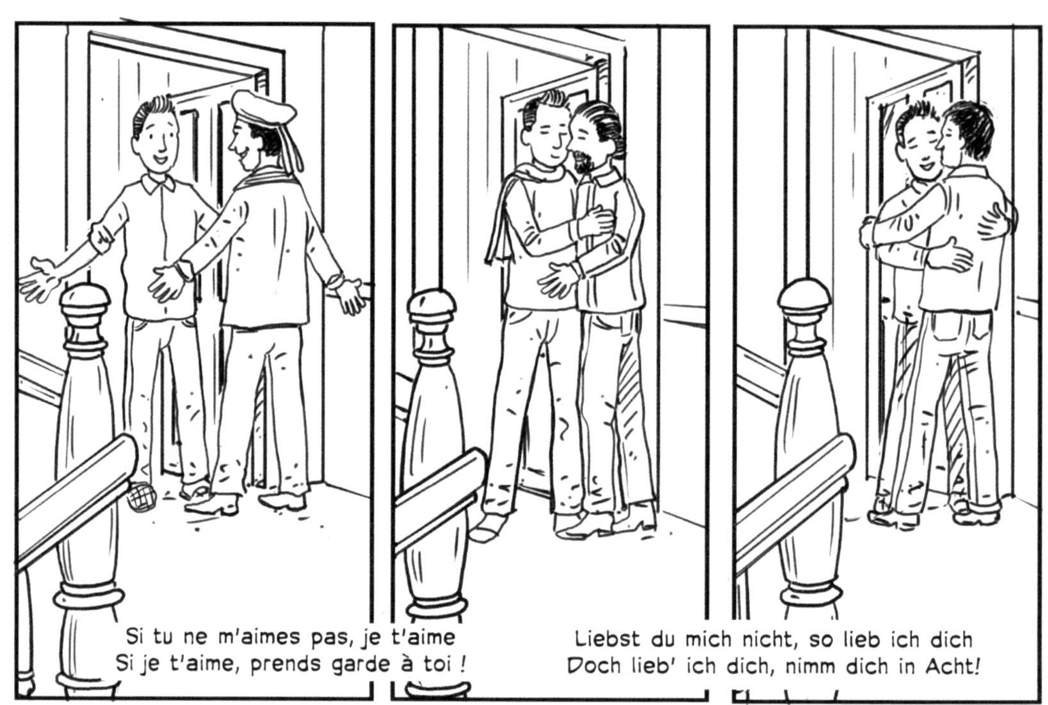
Si tu ne m'aimes pas, je t'aime
Si je t'aime, prends garde à toi !
Liebst du mich nicht, so lieb ich dich
Doch lieb' ich dich, nimm dich in Acht!

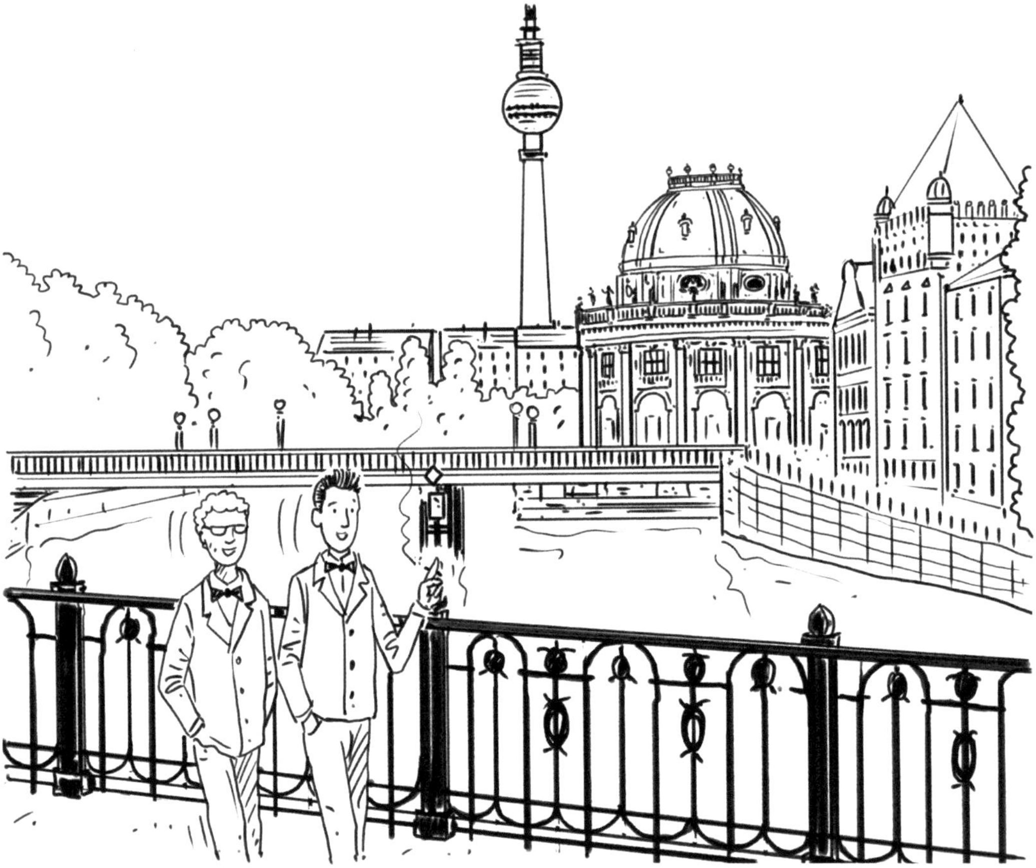

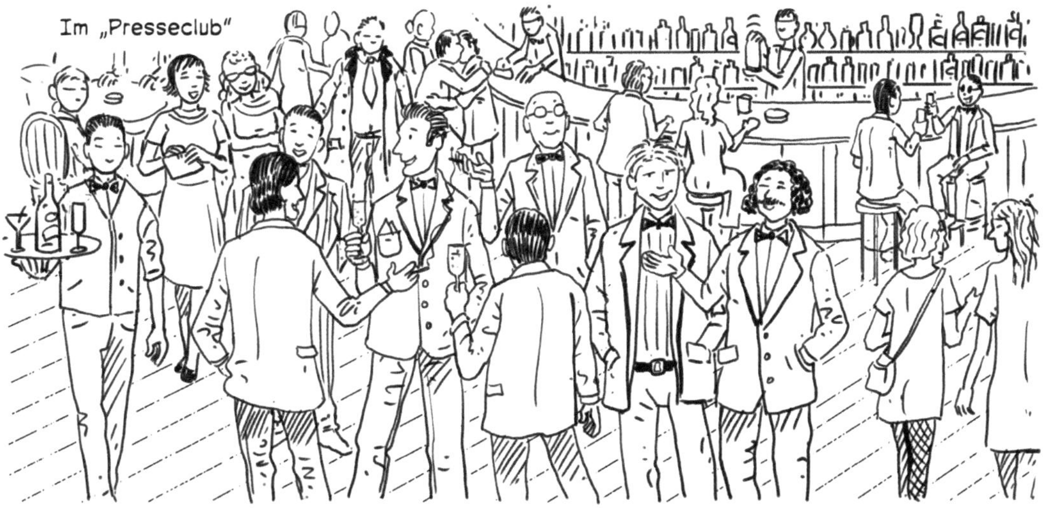

Im „Presseclub"

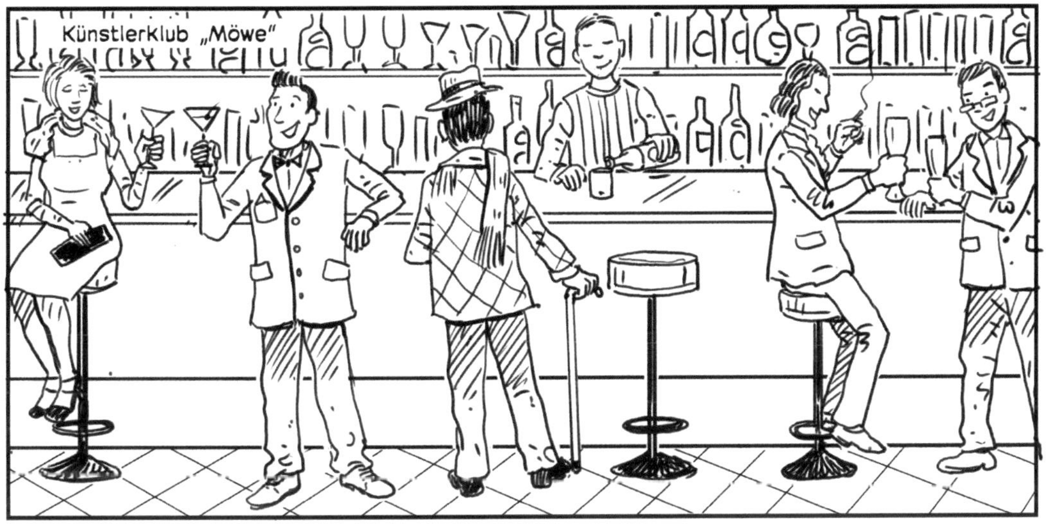

Künstlerklub „Möwe"

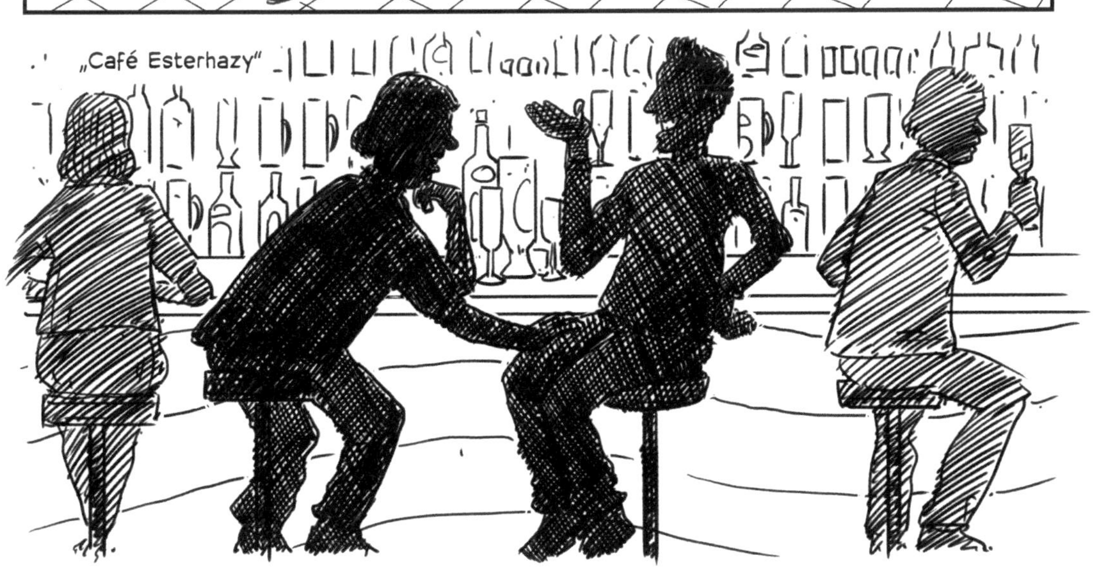

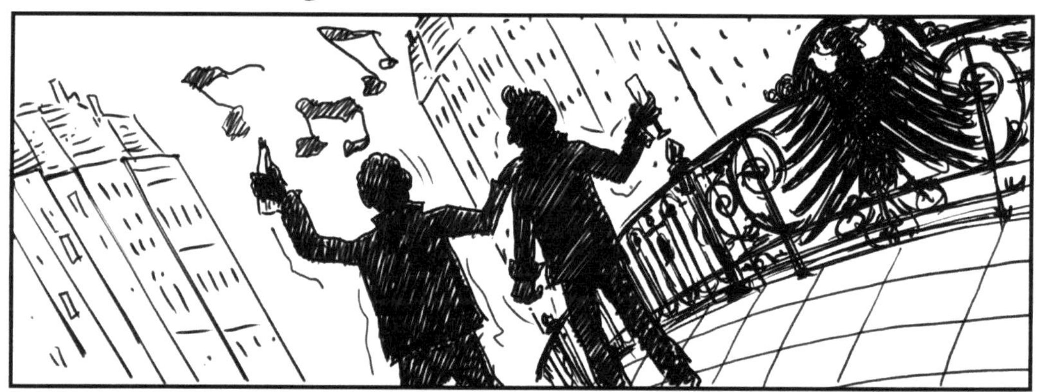

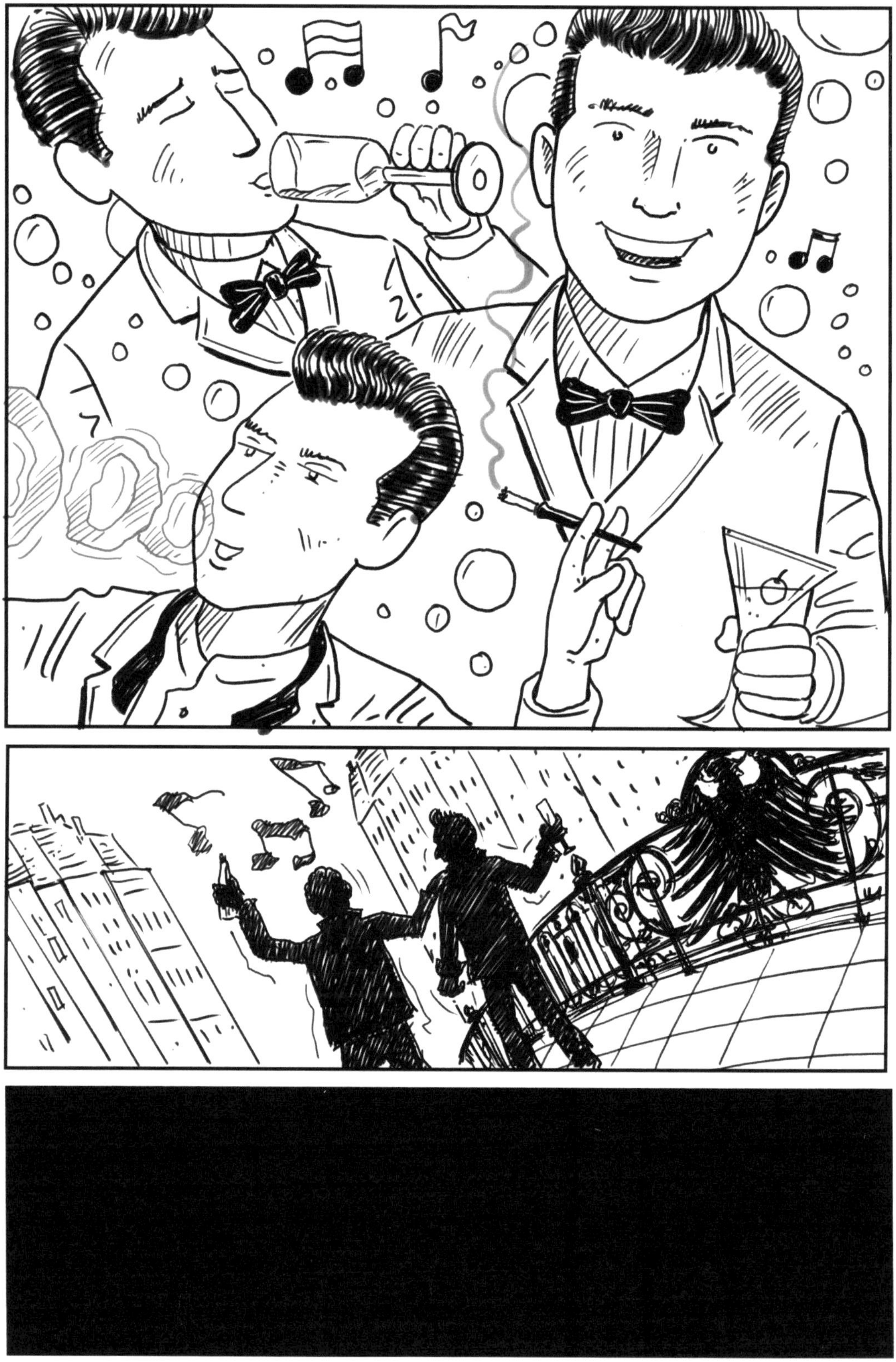

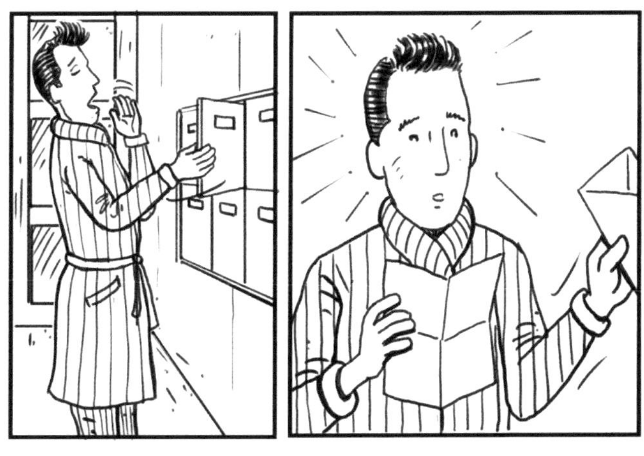

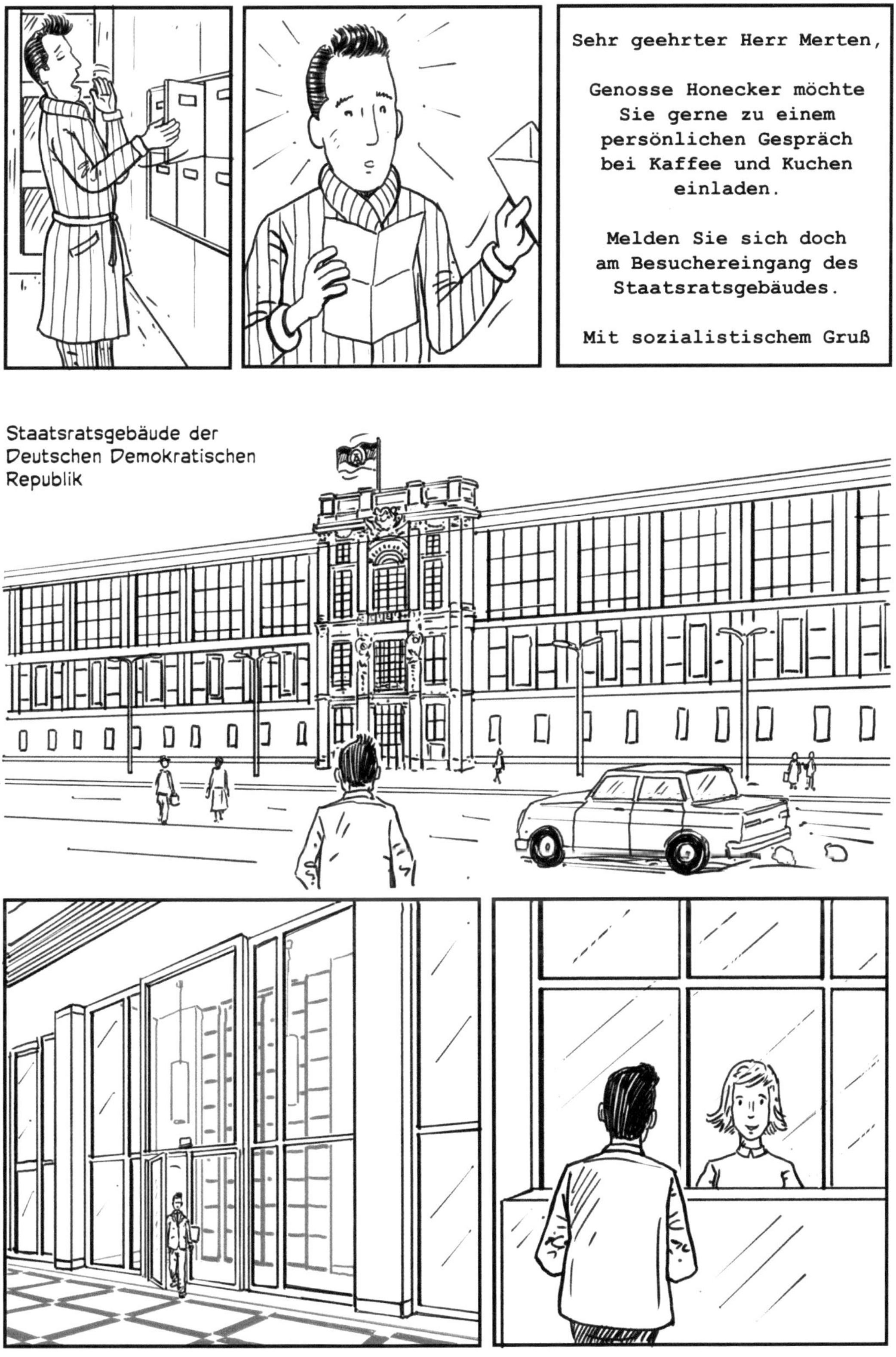

Sehr geehrter Herr Merten,

Genosse Honecker möchte Sie gerne zu einem persönlichen Gespräch bei Kaffee und Kuchen einladen.

Melden Sie sich doch am Besuchereingang des Staatsratsgebäudes.

Mit sozialistischem Gruß

Staatsratsgebäude der Deutschen Demokratischen Republik

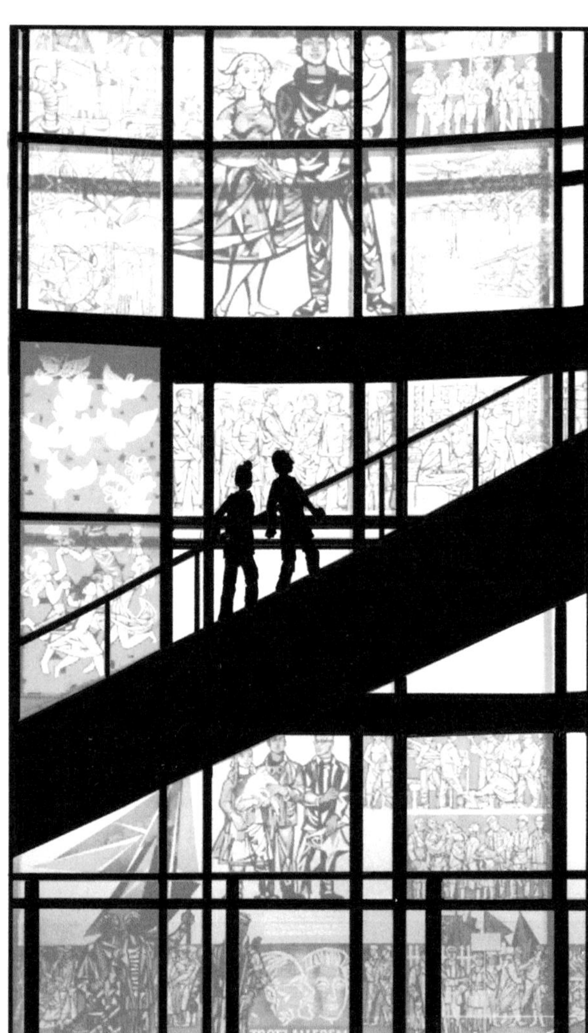
TROTZ ALLEDEM

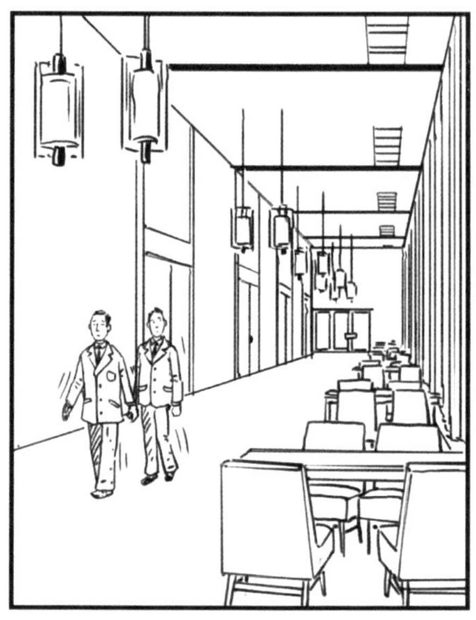

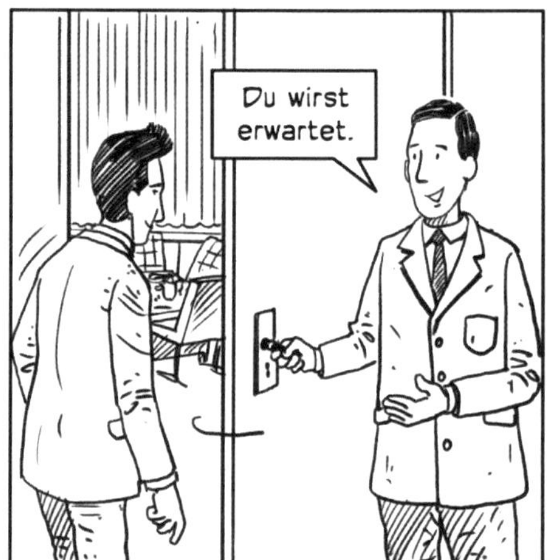
Du wirst erwartet.

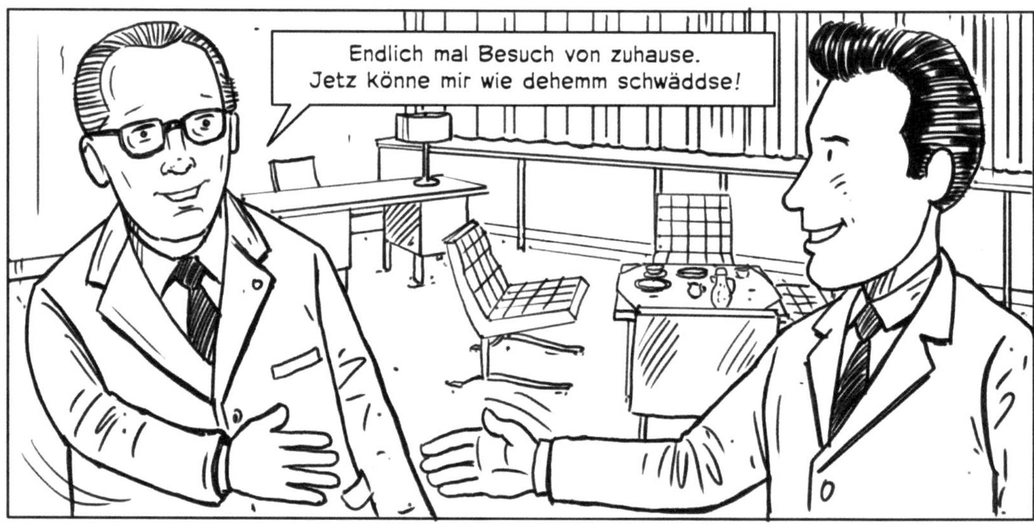
Endlich mal Besuch von zuhause.
Jetz könne mir wie dehemm schwäddse!

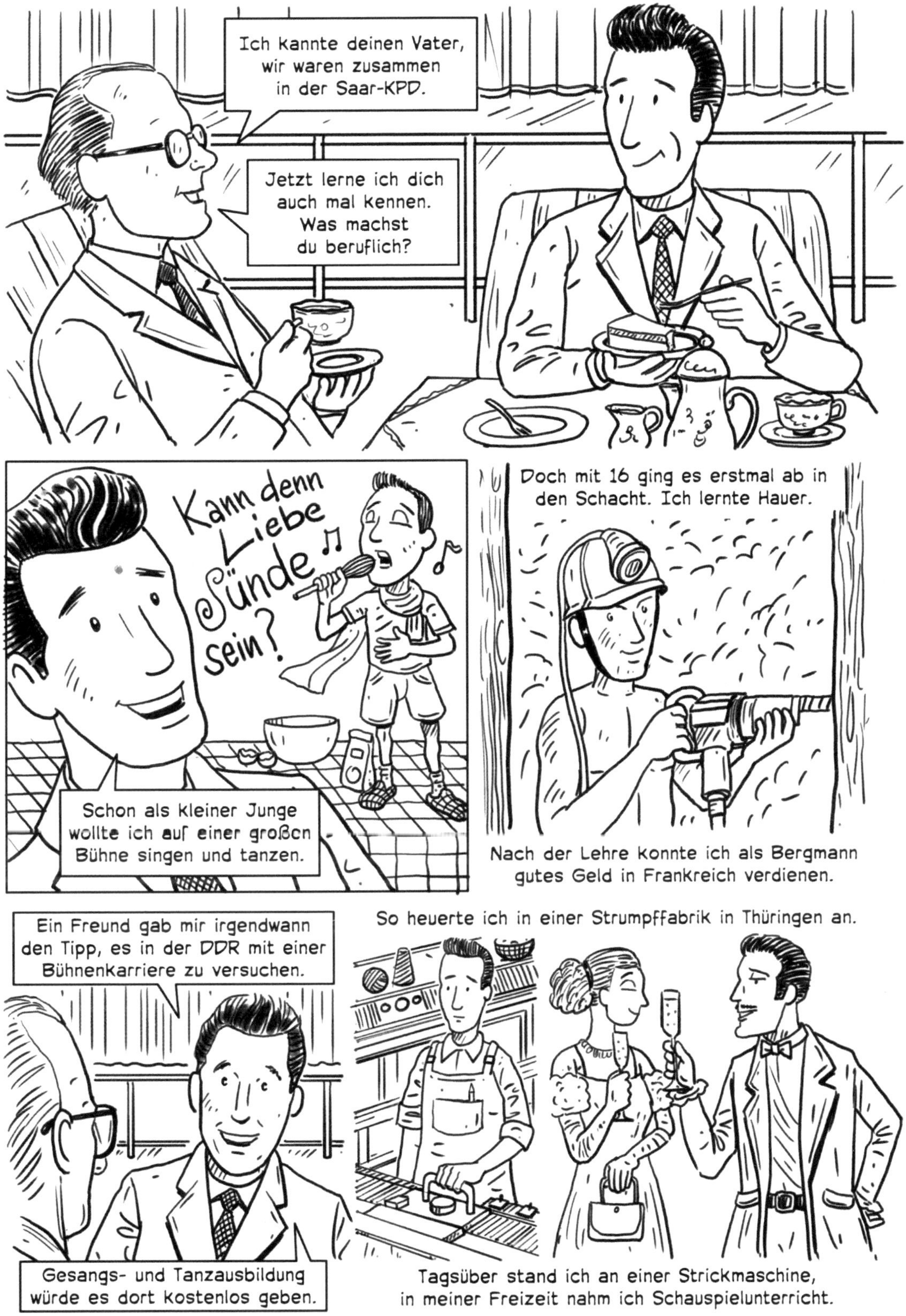

Ich kannte deinen Vater, wir waren zusammen in der Saar-KPD.

Jetzt lerne ich dich auch mal kennen. Was machst du beruflich?

Kann denn Liebe Sünde sein?

Schon als kleiner Junge wollte ich auf einer großen Bühne singen und tanzen.

Doch mit 16 ging es erstmal ab in den Schacht. Ich lernte Hauer.

Nach der Lehre konnte ich als Bergmann gutes Geld in Frankreich verdienen.

Ein Freund gab mir irgendwann den Tipp, es in der DDR mit einer Bühnenkarriere zu versuchen.

Gesangs- und Tanzausbildung würde es dort kostenlos geben.

So heuerte ich in einer Strumpffabrik in Thüringen an.

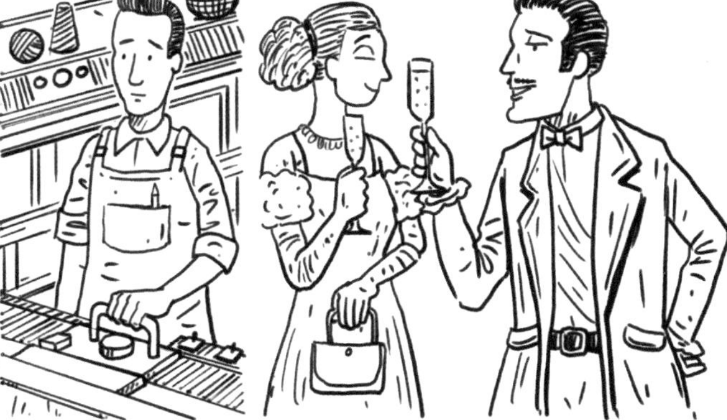

Tagsüber stand ich an einer Strickmaschine, in meiner Freizeit nahm ich Schauspielunterricht.

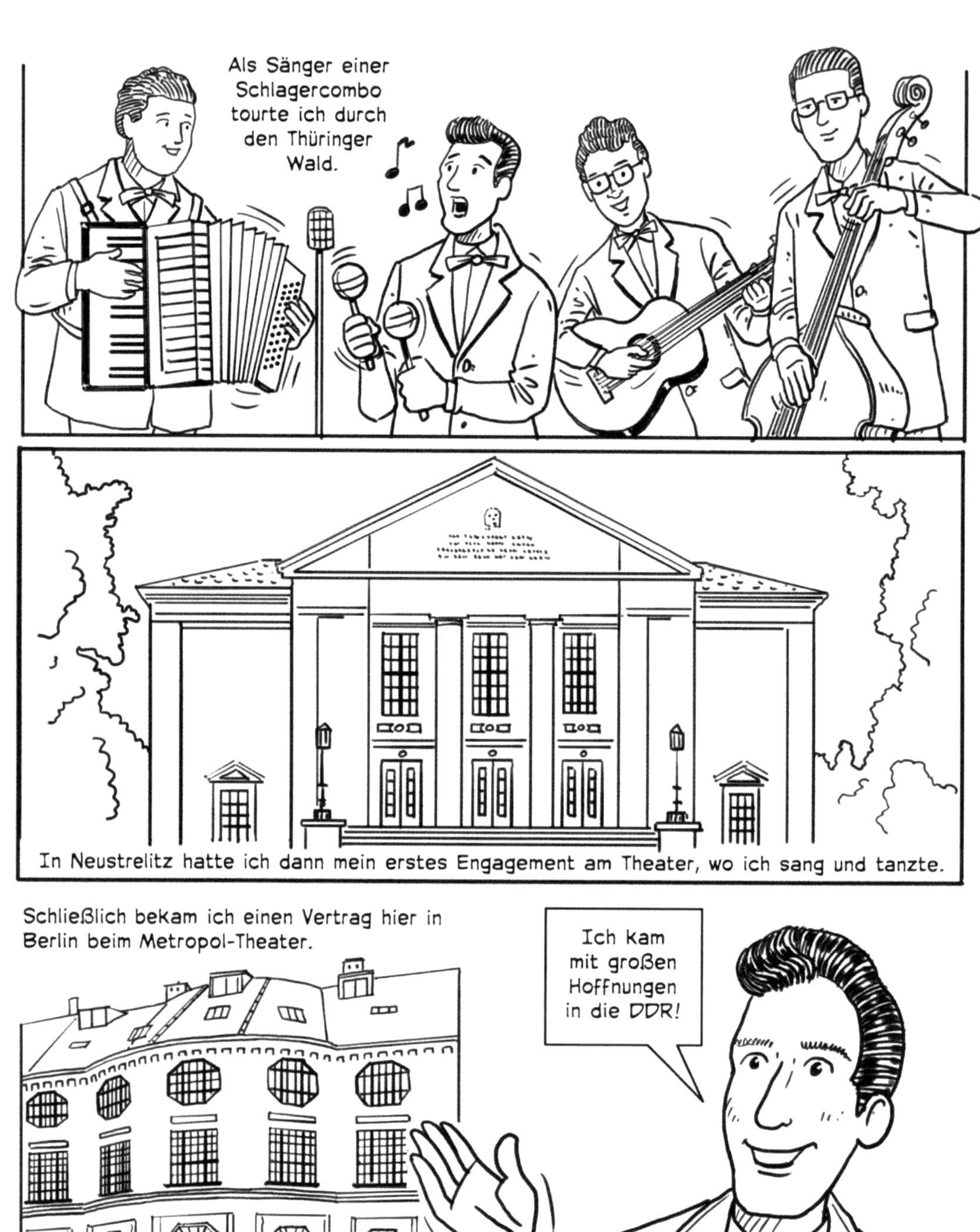
Als Sänger einer Schlagercombo tourte ich durch den Thüringer Wald.
In Neustrelitz hatte ich dann mein erstes Engagement am Theater, wo ich sang und tanzte.
Schließlich bekam ich einen Vertrag hier in Berlin beim Metropol-Theater.
Metropol-THEATER
Ich kam mit großen Hoffnungen in die DDR!

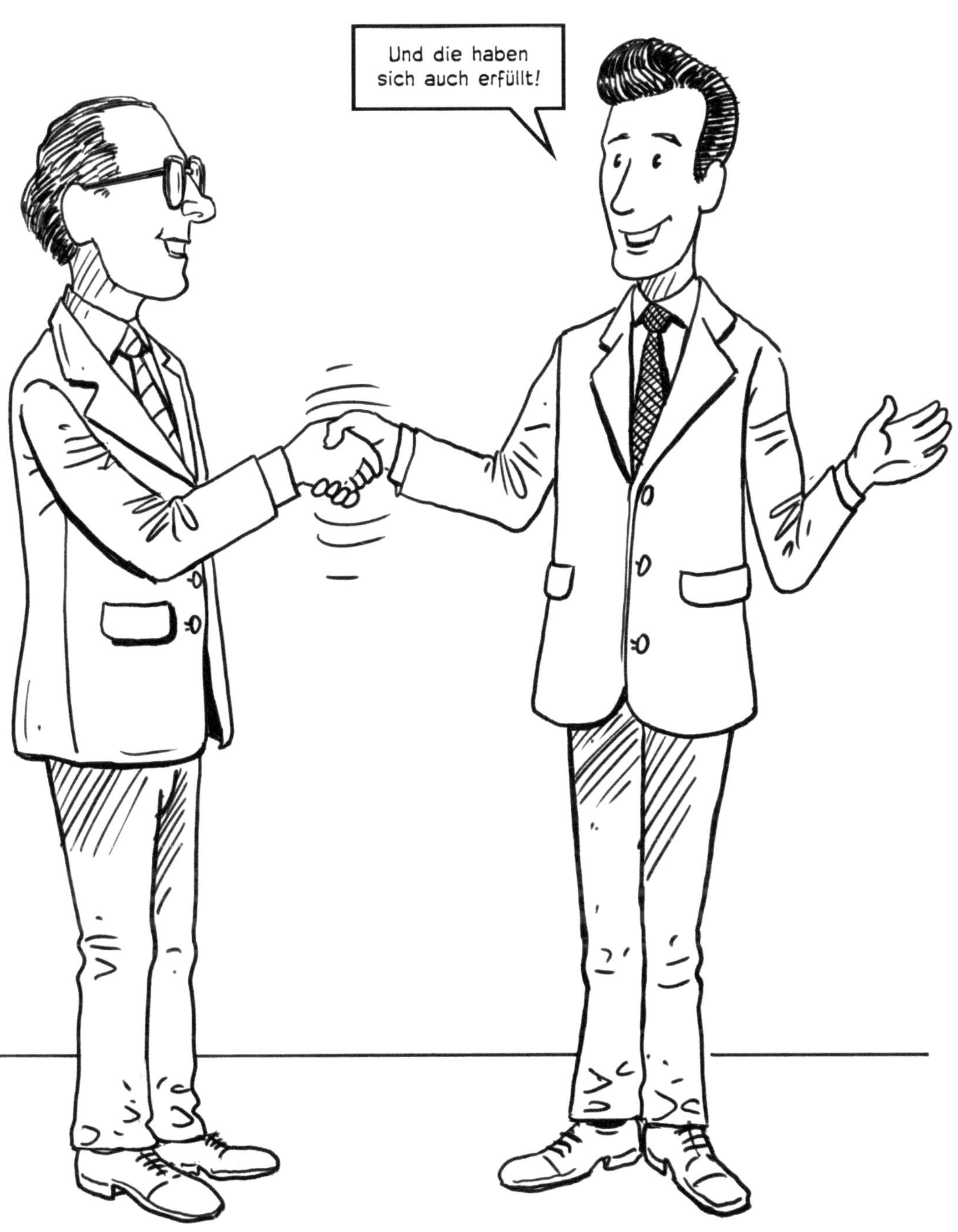
Und die haben
sich auch erfüllt!

Name	Vorname	Fam. Stand	Geburtsort	Rel.	Beschäftigung
Rönnekamp	Charles	verh.	Kiel	ev.	Kraftfahrer
Rönnekamp	Alice	verh.	Berlin	jüd.	Arbeiterin

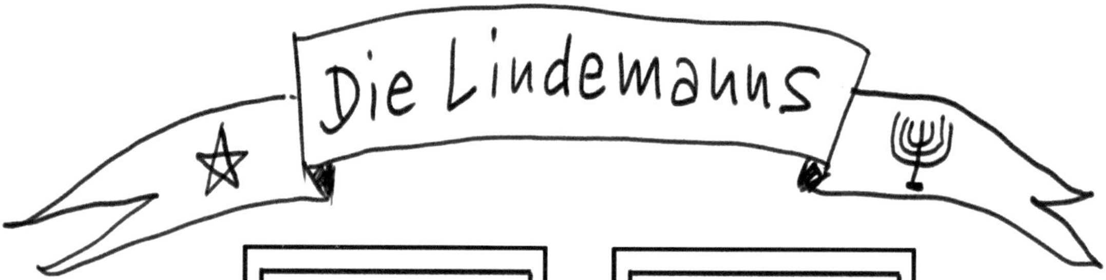

Die Lindemanns

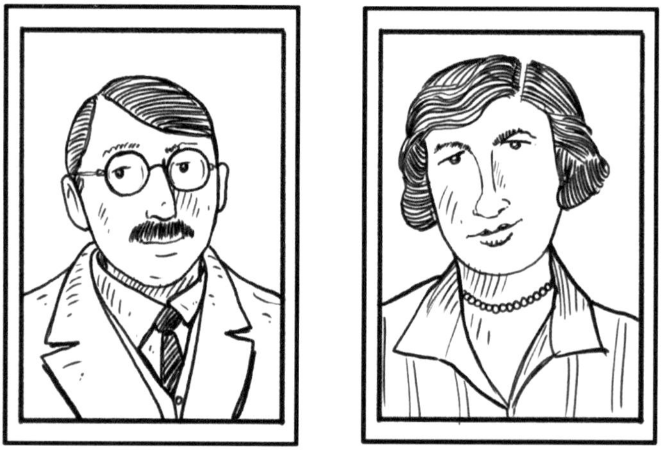

Josef
(Vater)

Jenny
(Mutter)

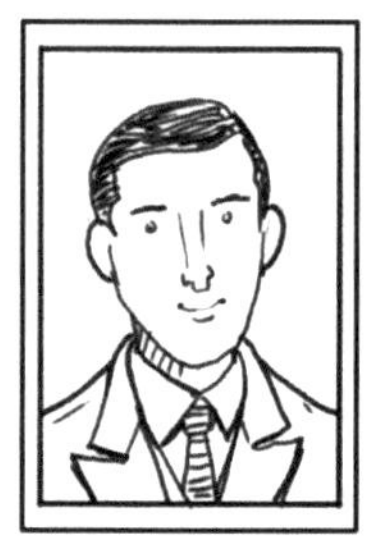

Max
(Bruder)

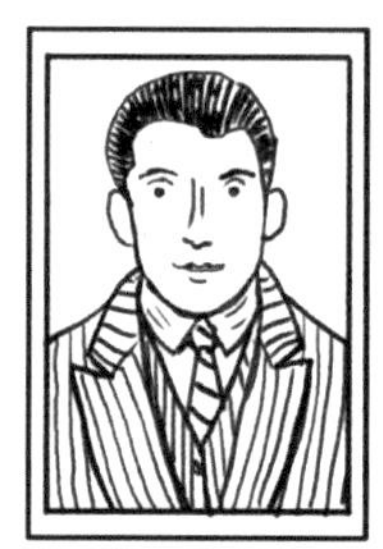

Kurt
(Bruder)

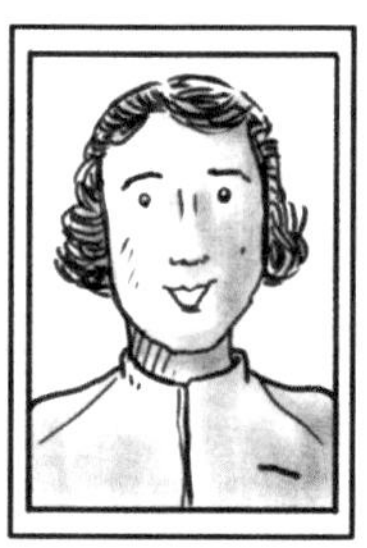

Alice

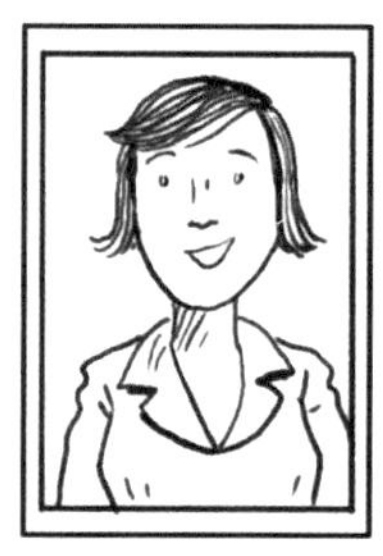

Ernestine
(Schwester)

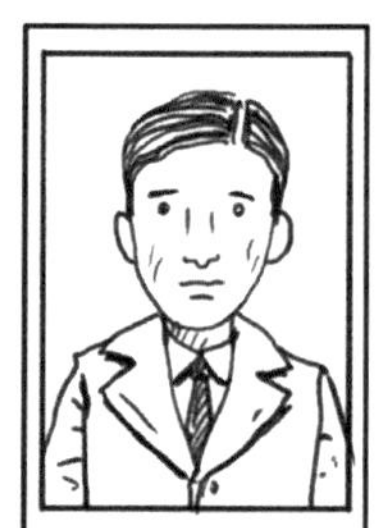

Armin
(Bruder)

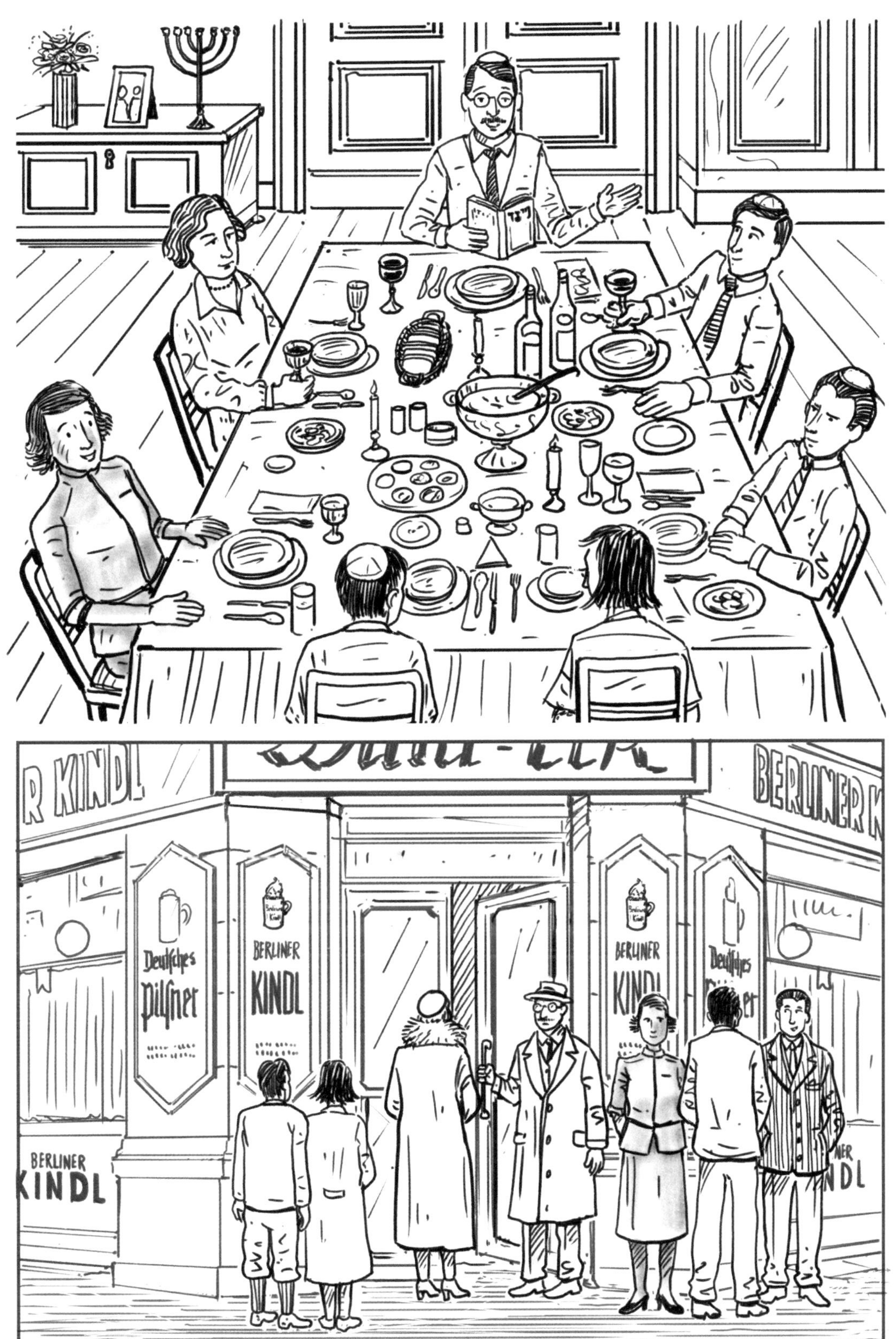
R KINDL
BERLINER K
Deutsches
Pilsner
BERLINER
KINDL
BERLINER
Deutsches
BERLINER
KINDL

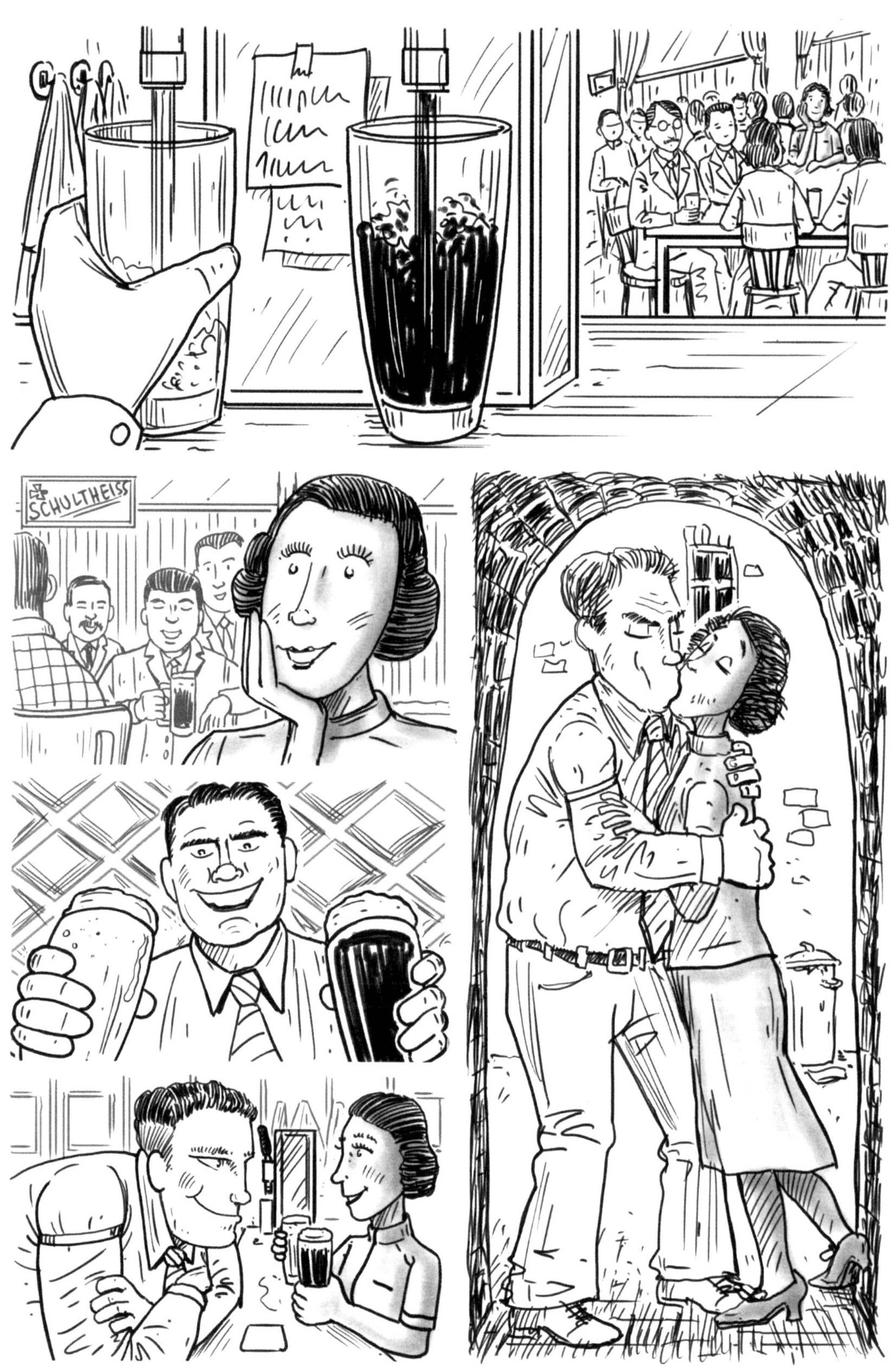
SCHULTHEISS

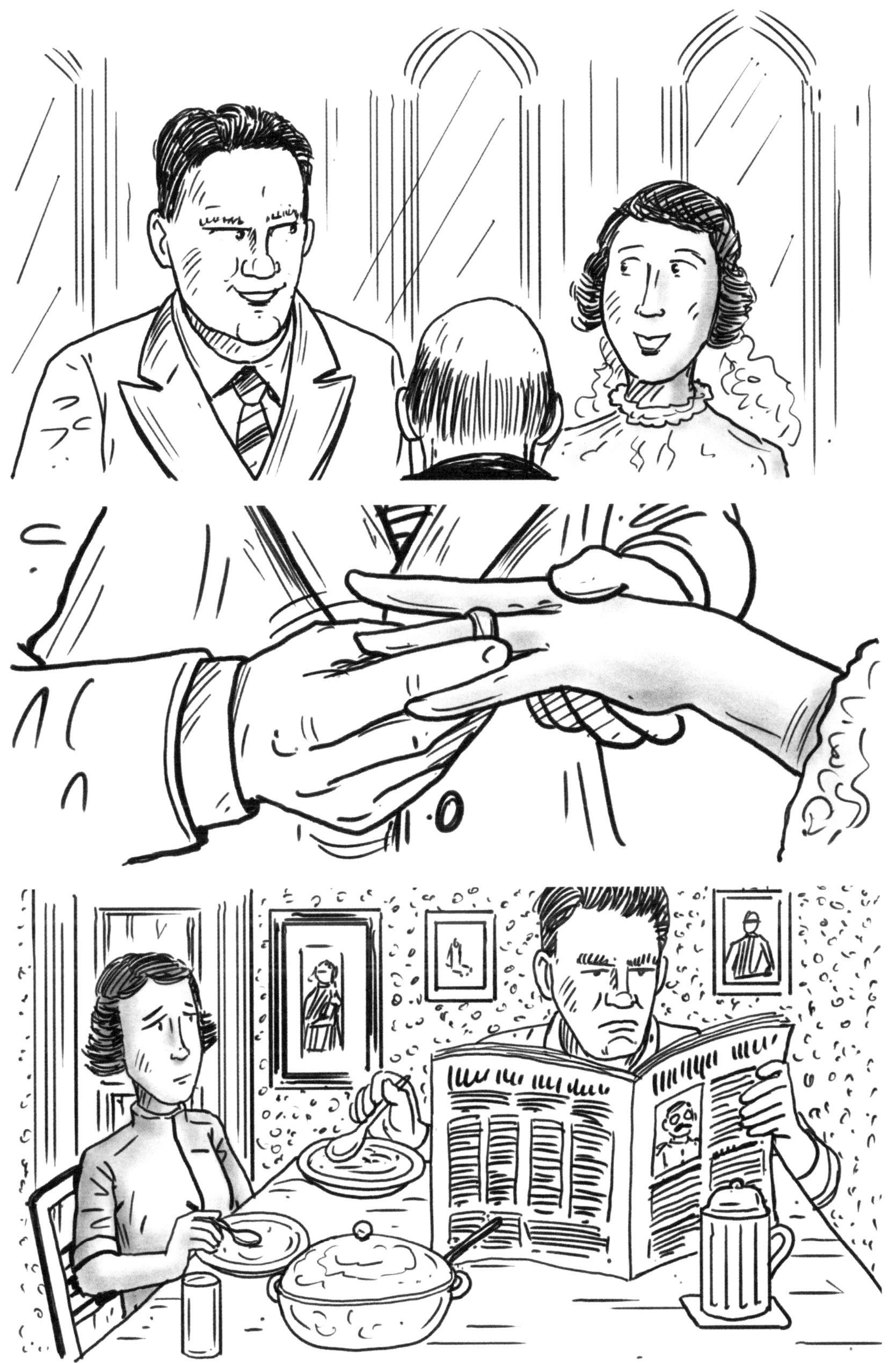

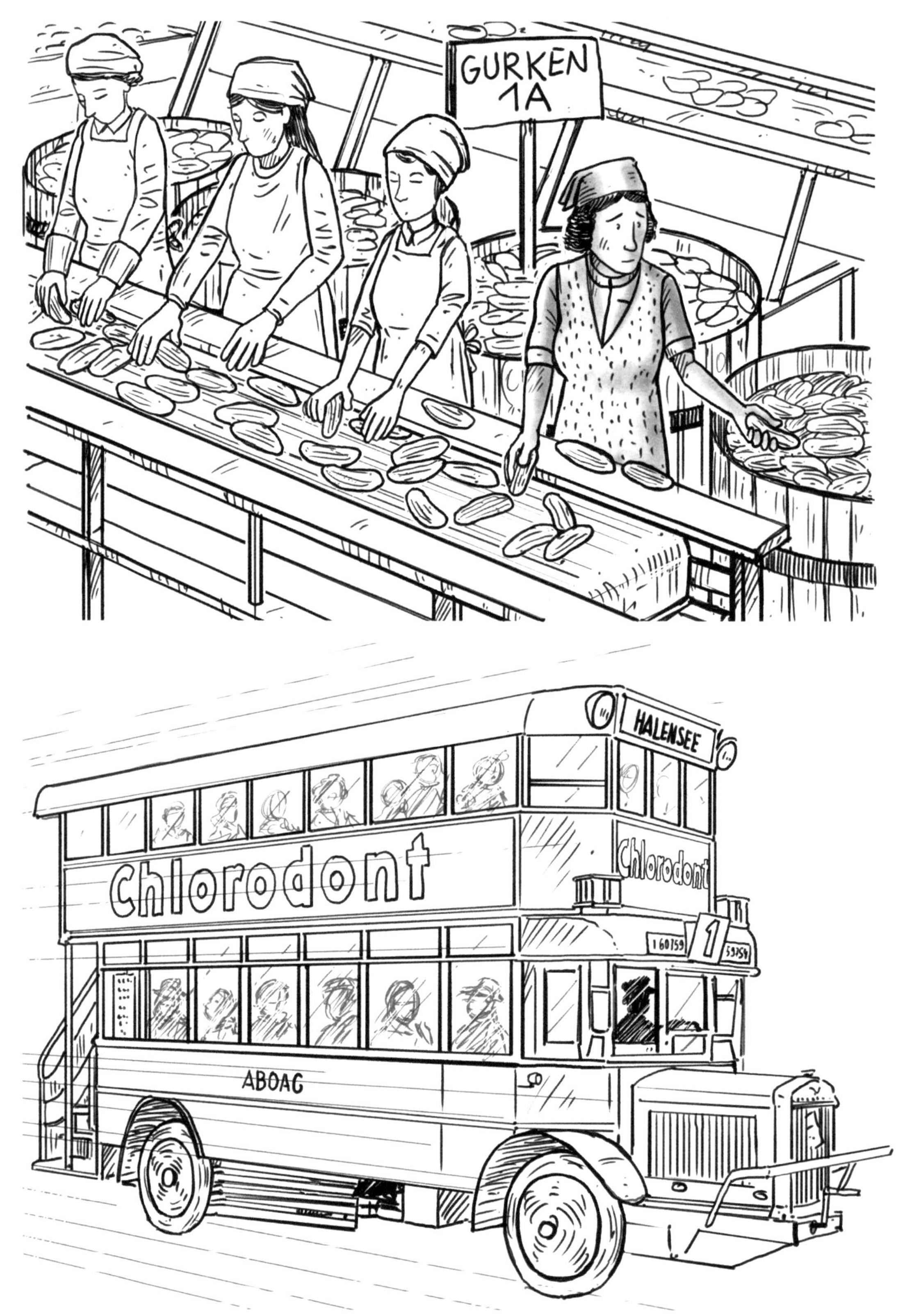
GURKEN 1A
HALENSEE
Chlorodont
Chlorodont
1
ABOAG

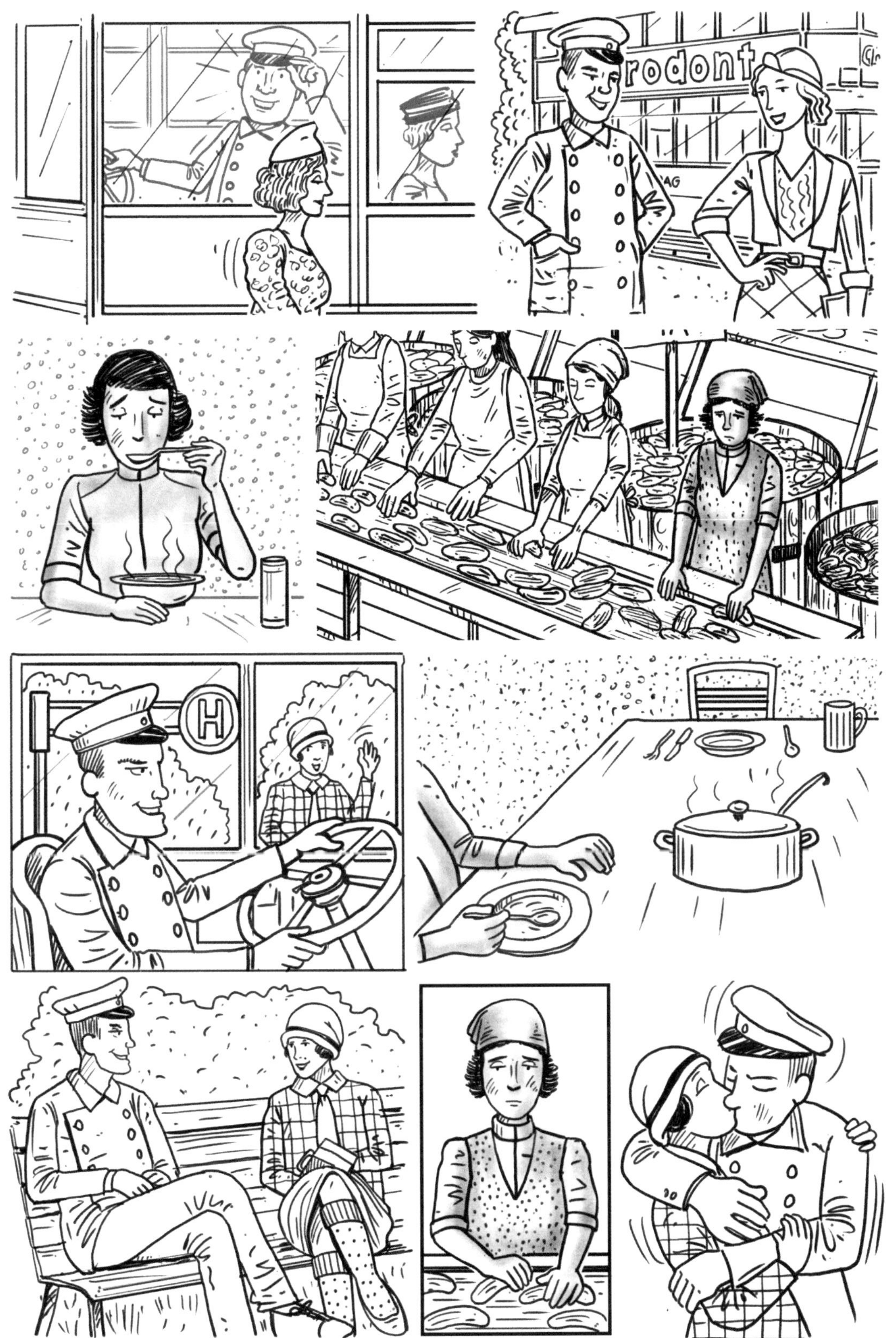
rodont
H

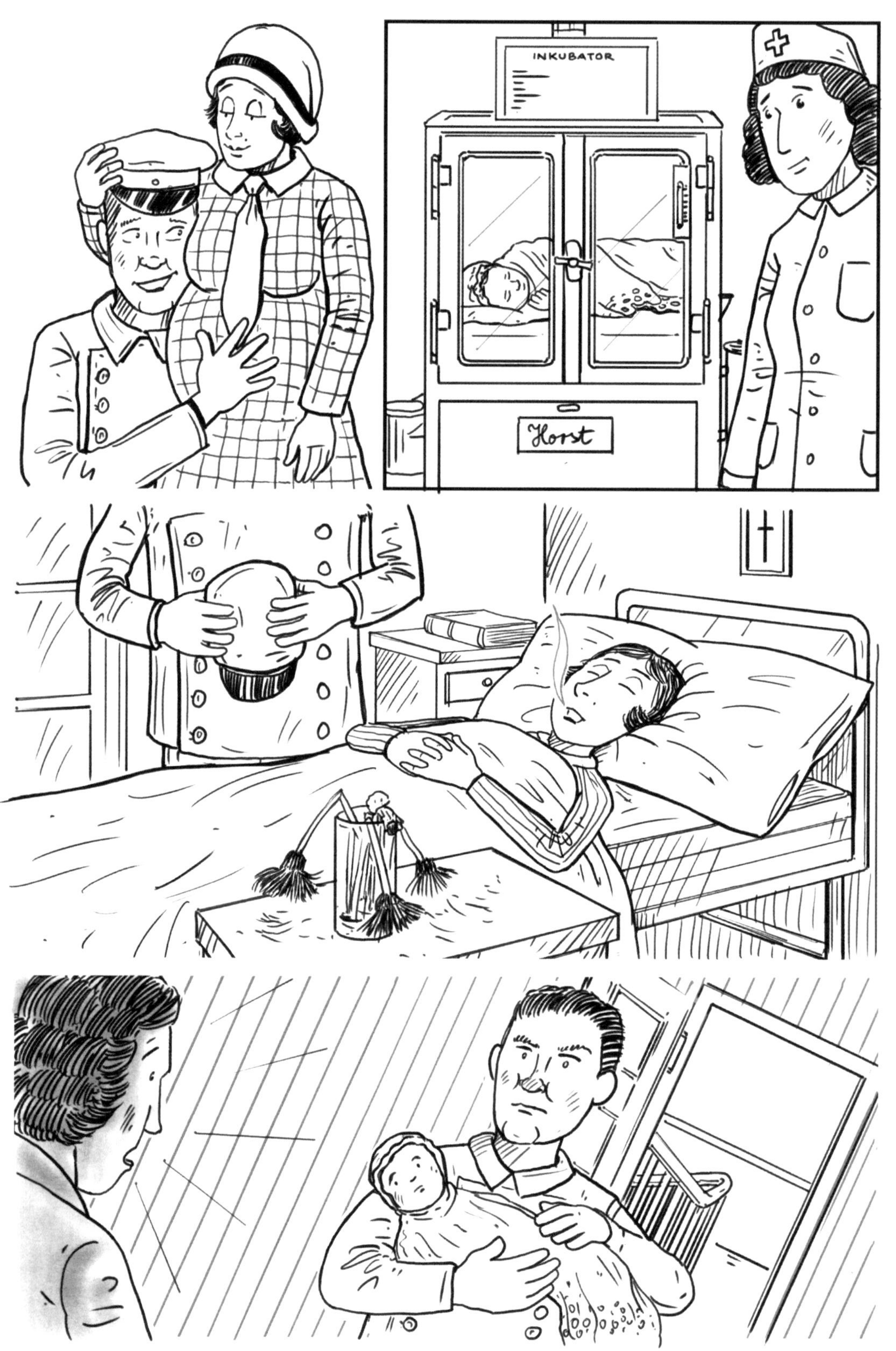
INKUBATOR
Horst

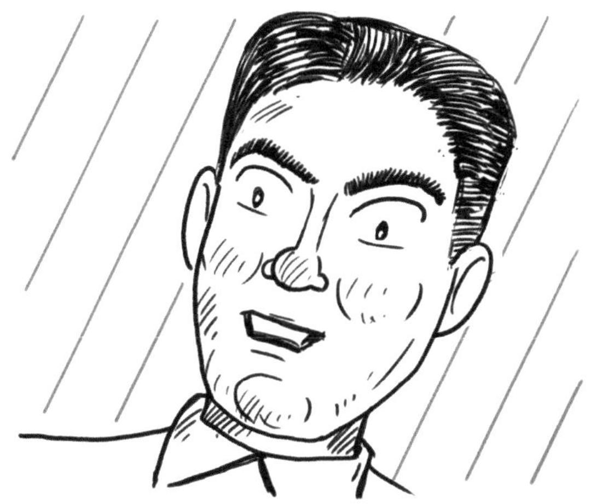

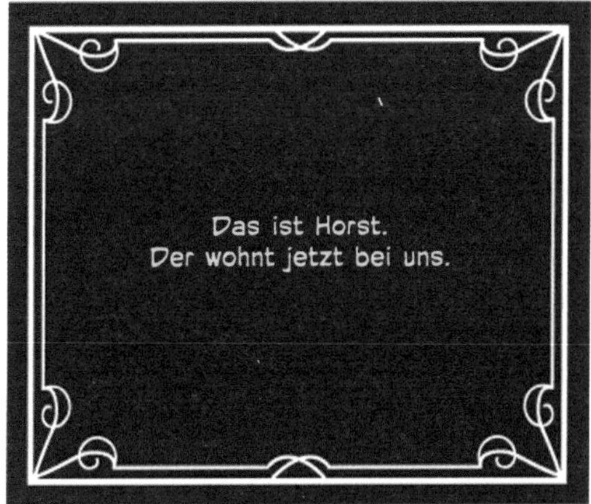
Das ist Horst.
Der wohnt jetzt bei uns.

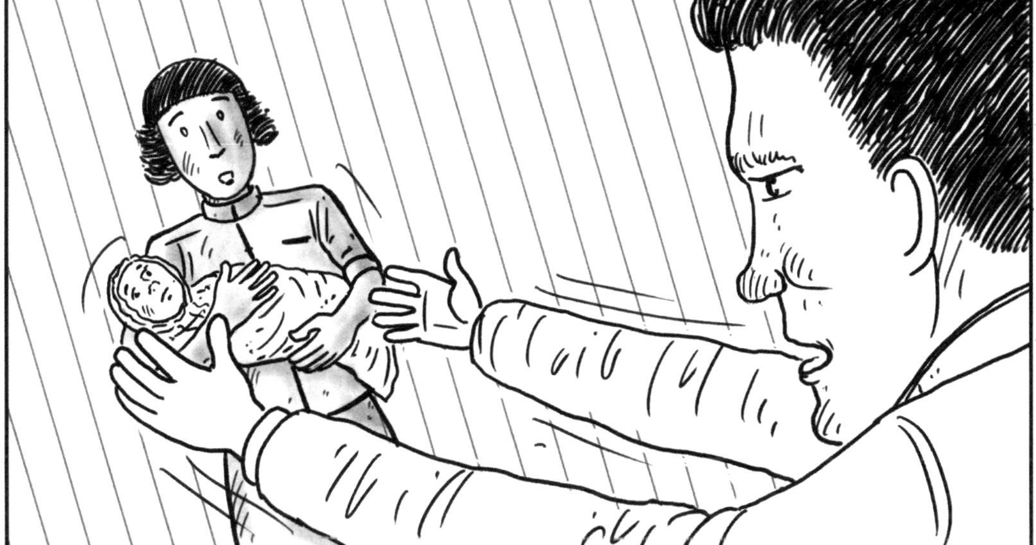

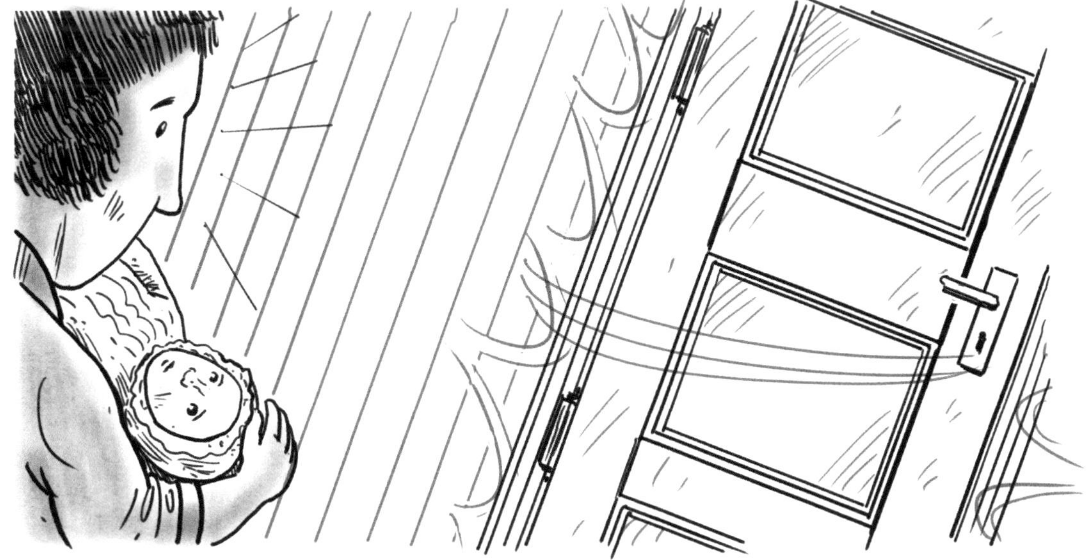

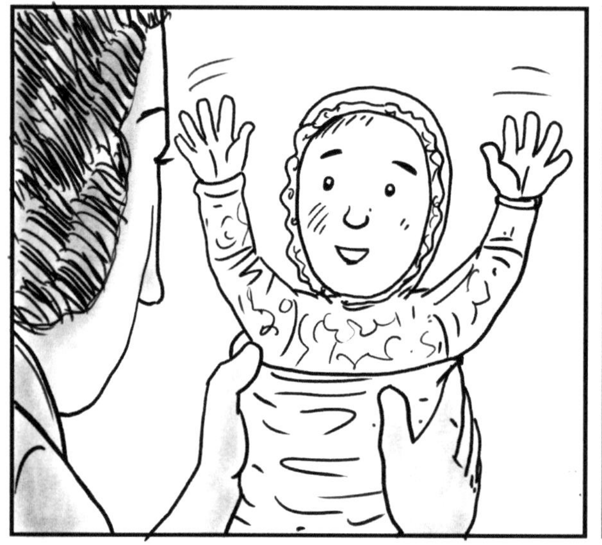

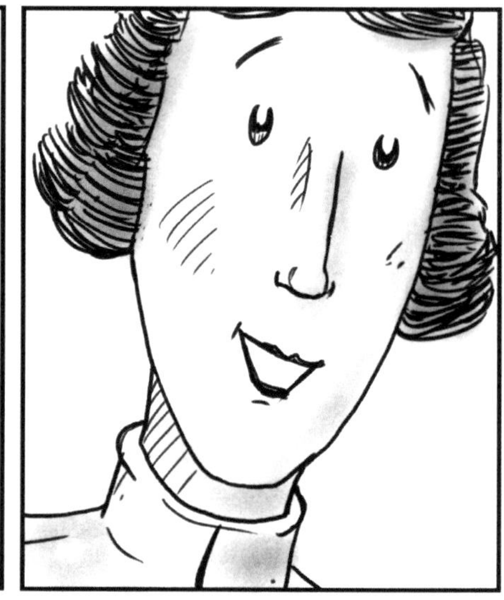

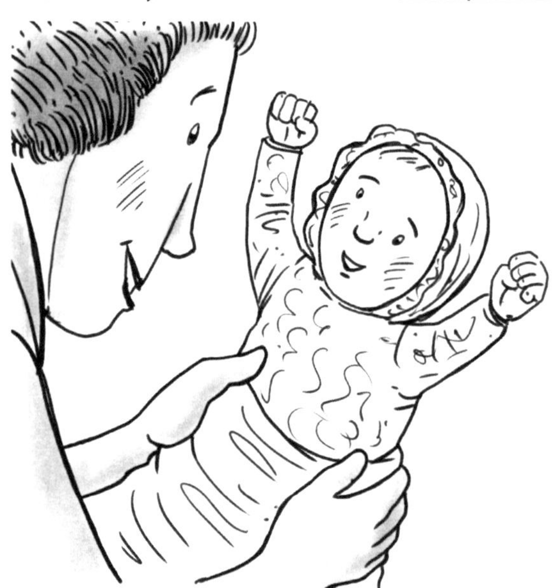

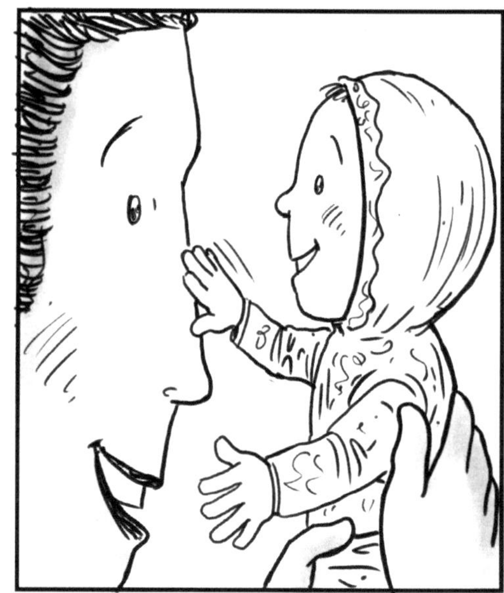

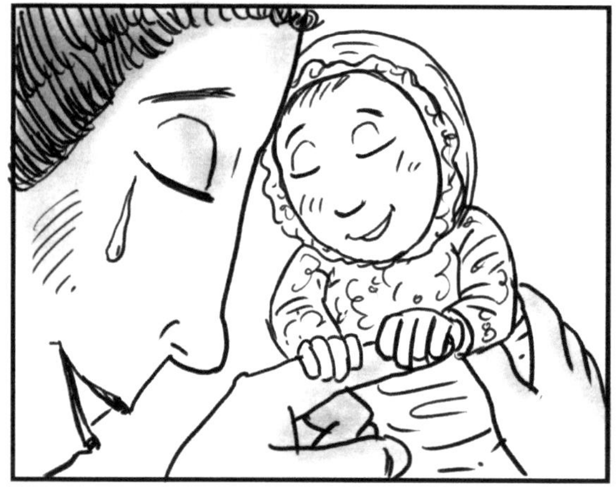

1934 **Adoptions-Urkunde**

Vor- und Zuname Horst Rönnekamp------------

Geburtstag und Ort einundzwanzigsten December tausen

unddreißig, Berlin------------------

Vor- und Zuname sowie Stand des Vaters Charles Rönne

Vor- und Zuname der Mutter Alice Rönnekamp-----

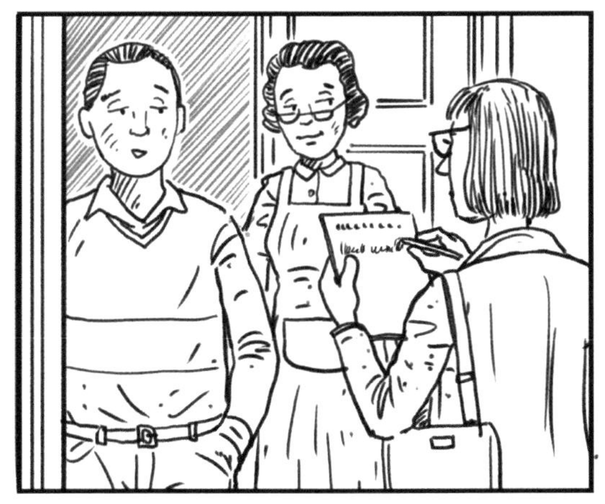

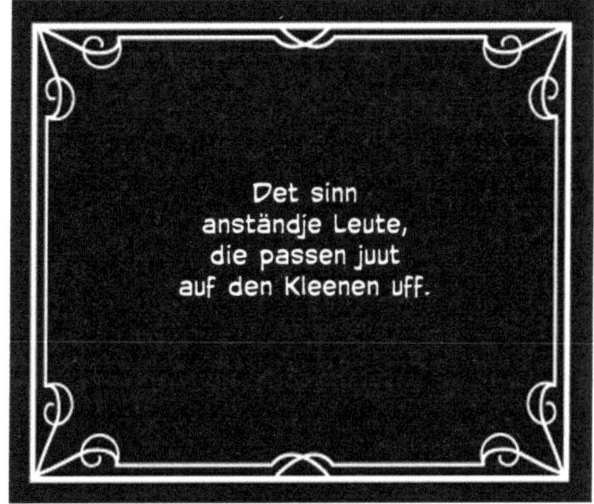
Det sinn anständje Leute, die passen juut auf den Kleenen uff.

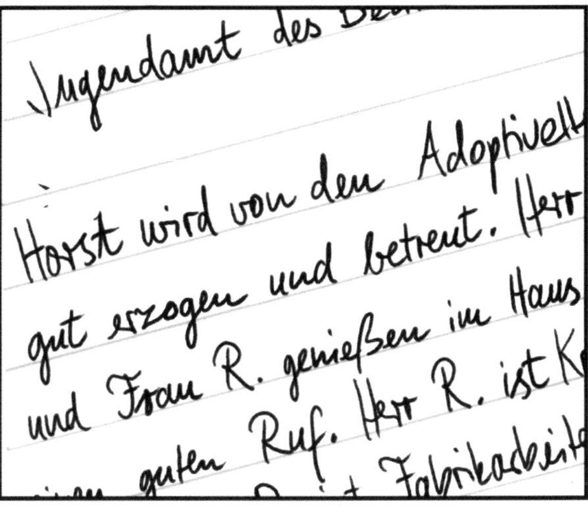
Jugendamt des
Horst wird von den
gut erzogen und betreut.
und Frau R. genießen im
guten Ruf. Herr R. ist

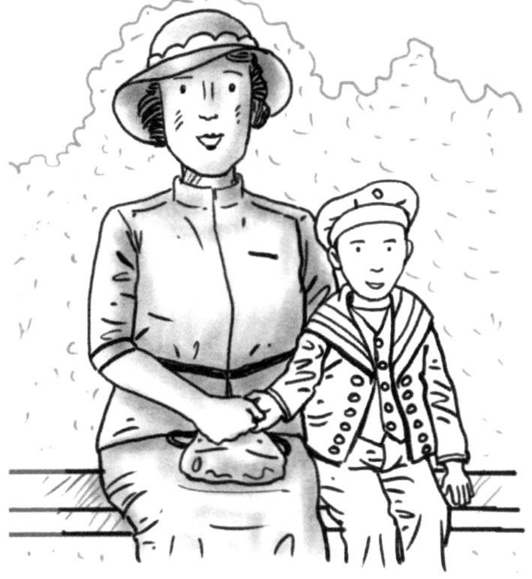

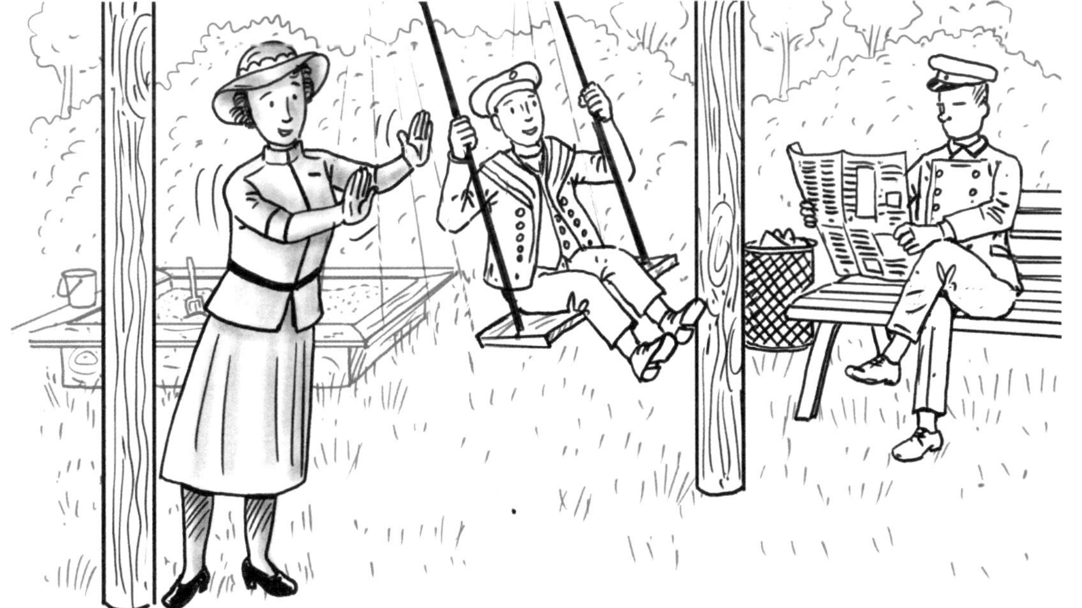

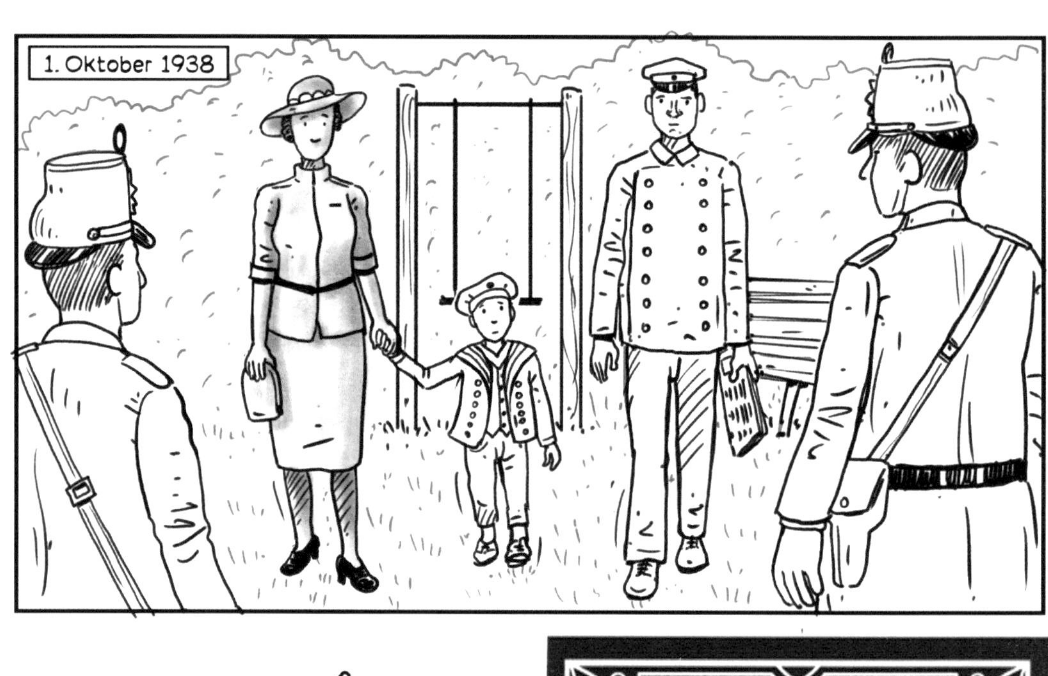
1. Oktober 1938

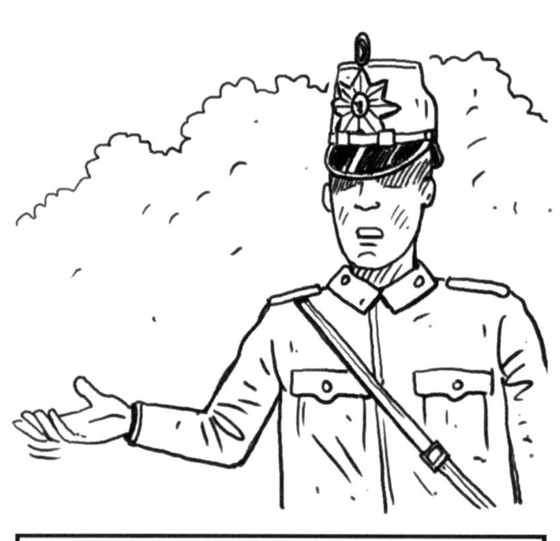

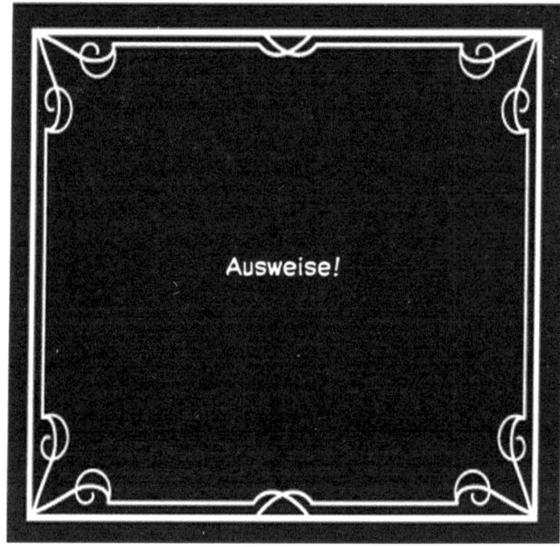
Ausweise!

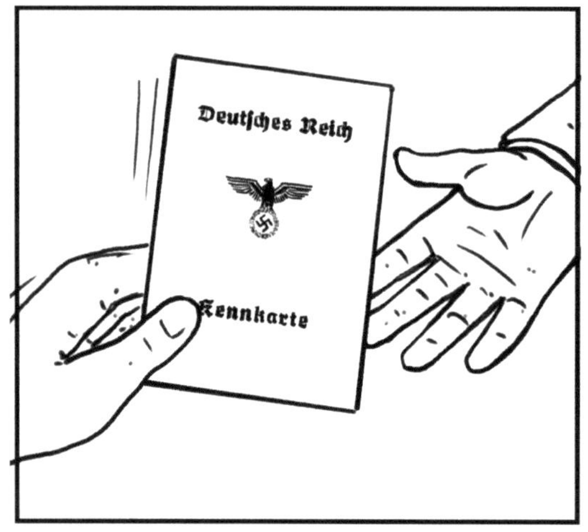
Deutsches Reich
Kennkarte

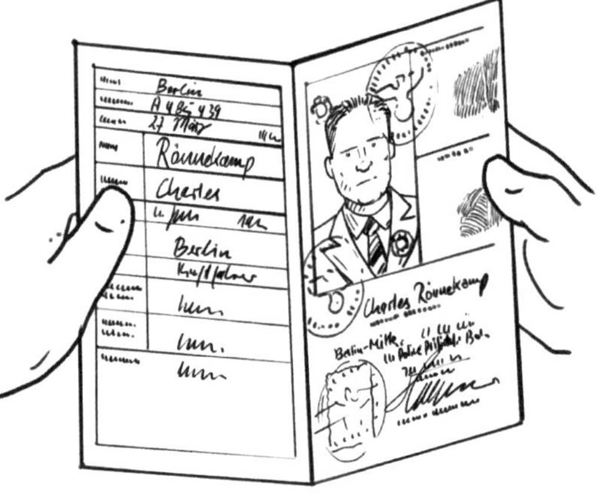

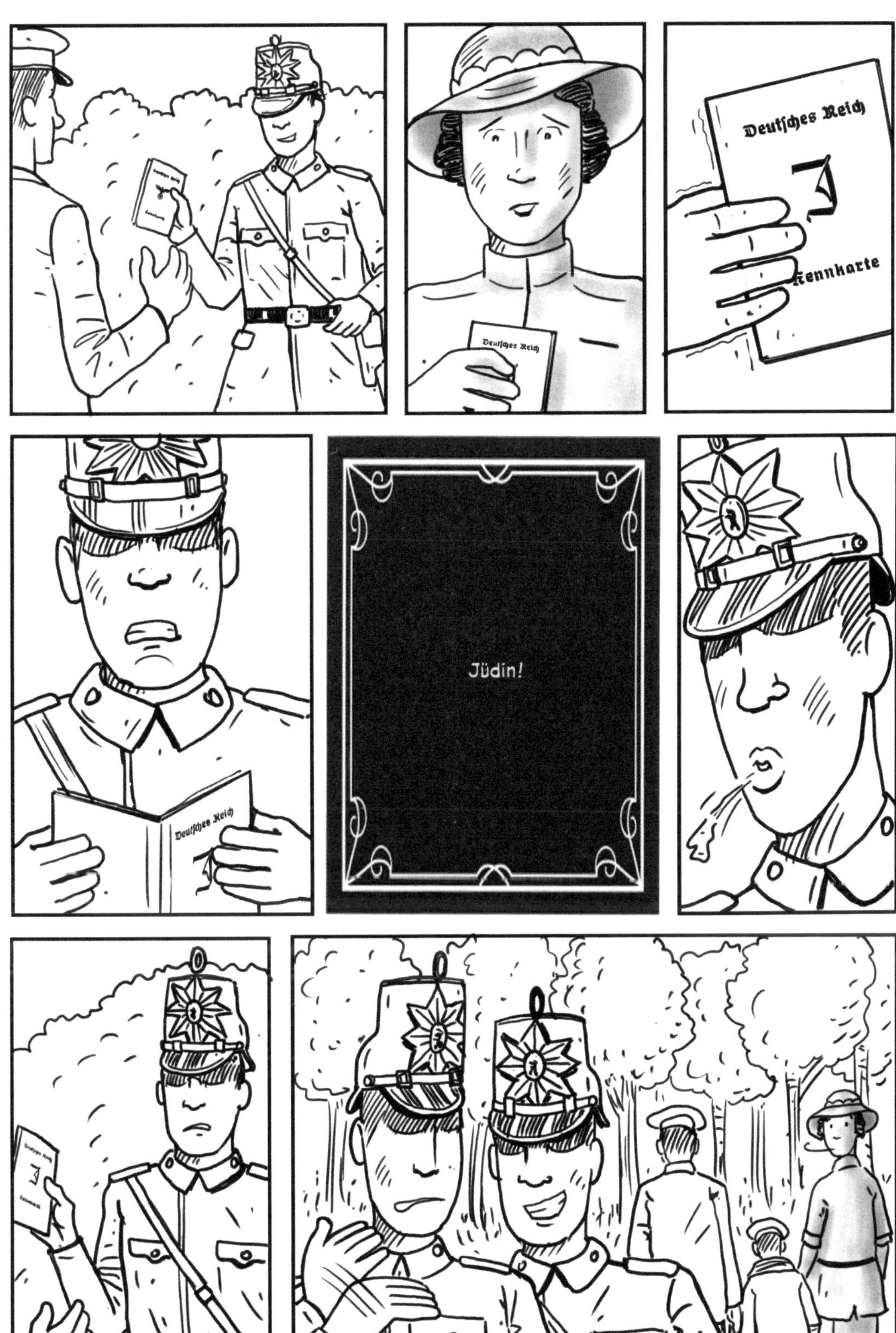
Deutsches Reich
Deutsches Reich
J
Kennkarte
Deutsches Reich
Jüdin!

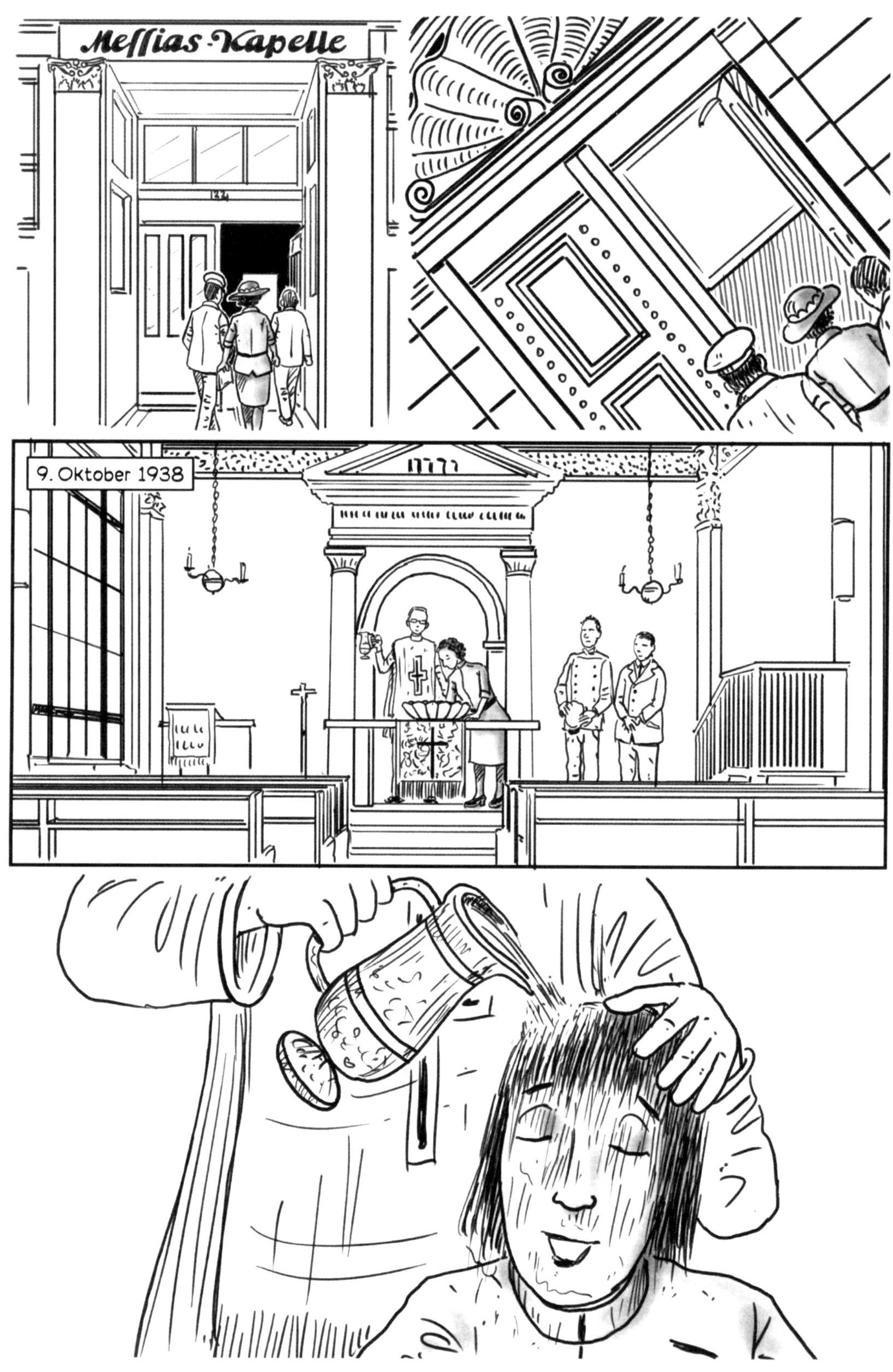

Messias-Kapelle
9. Oktober 1938

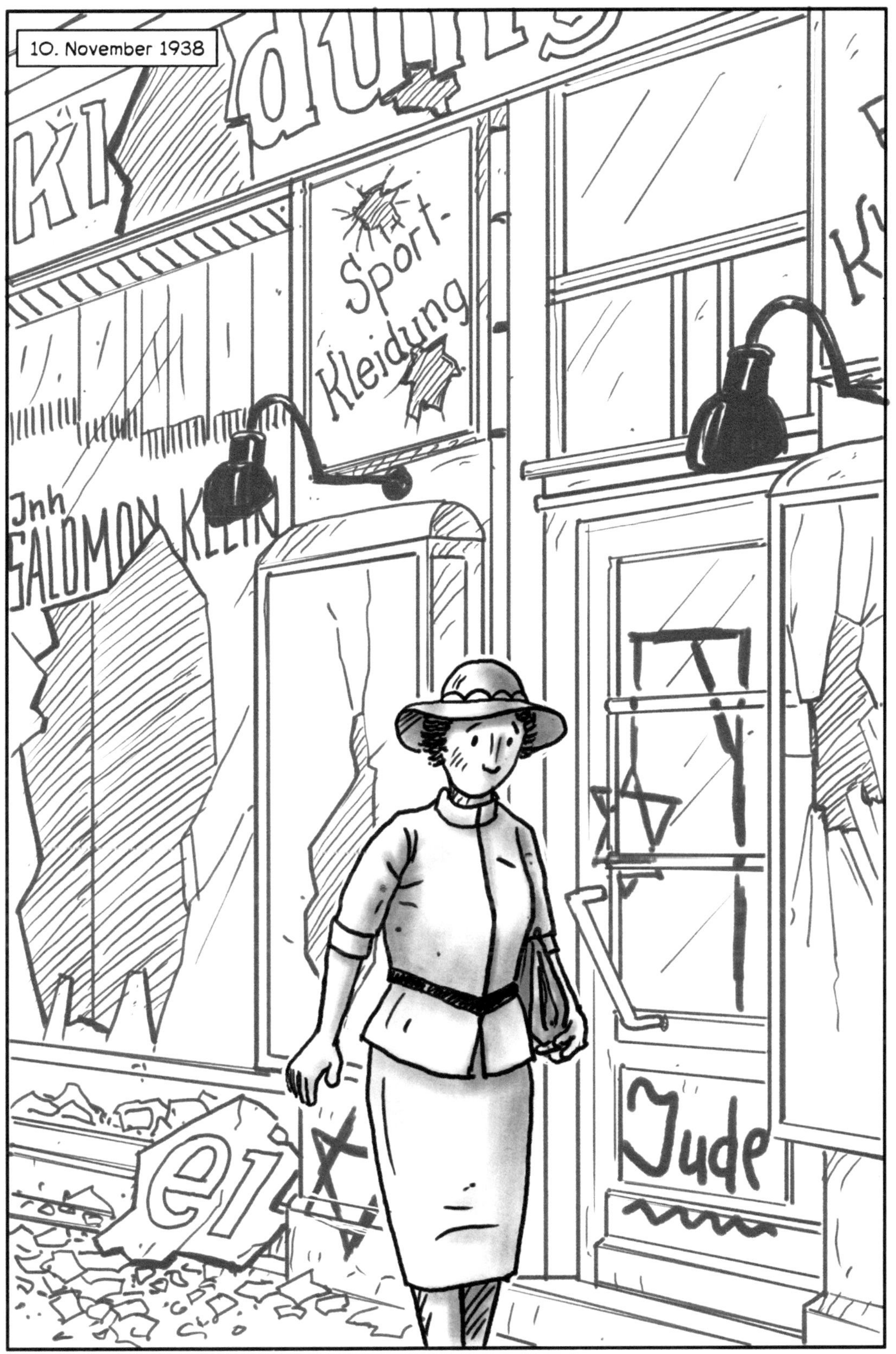
10. November 1938
Sport-
Kleidung
Inh
SALOMON KLEIN
Jude

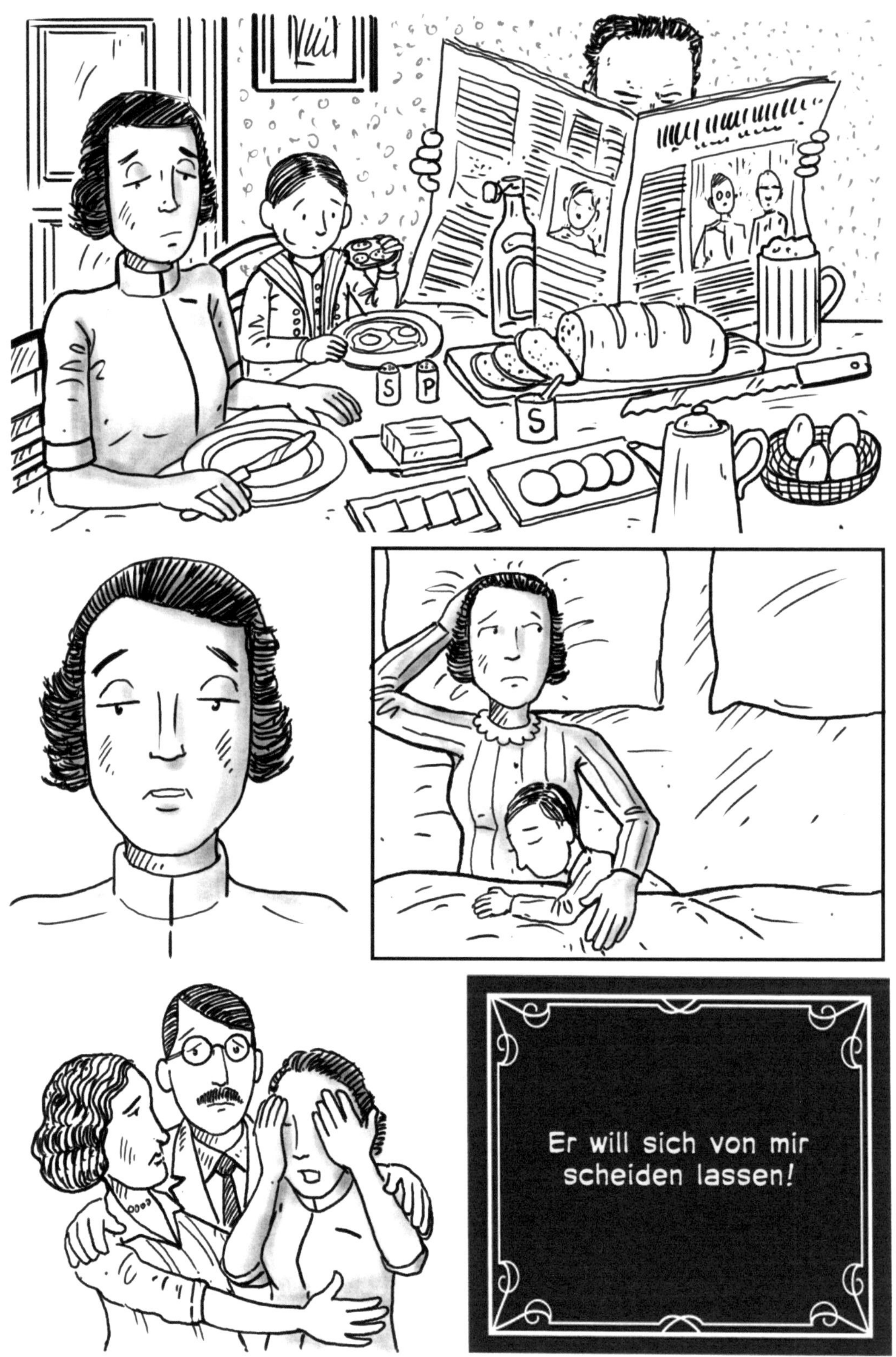
S
P
S
Er will sich von mir scheiden lassen!

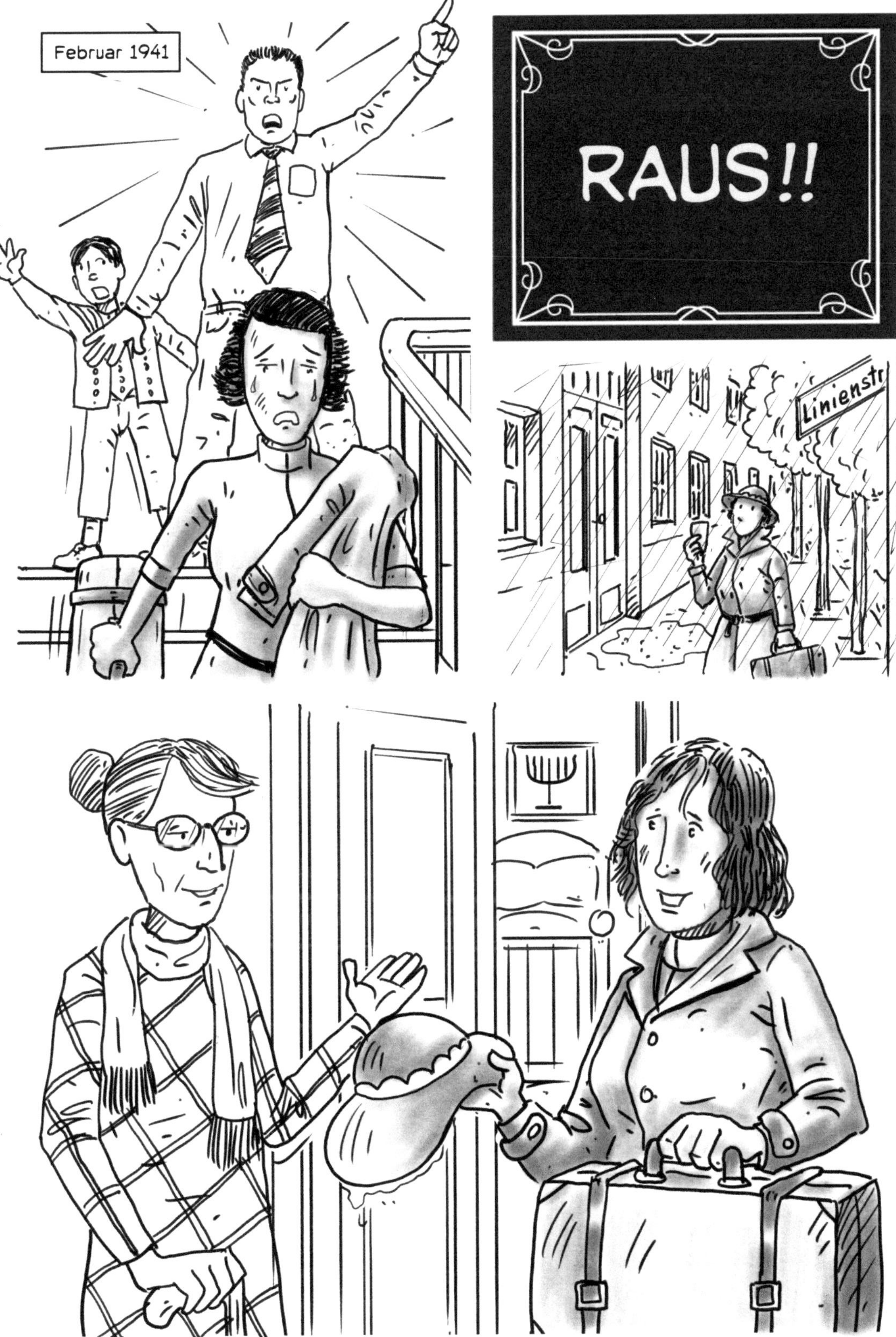
Februar 1941
RAUS!!
Linienstr

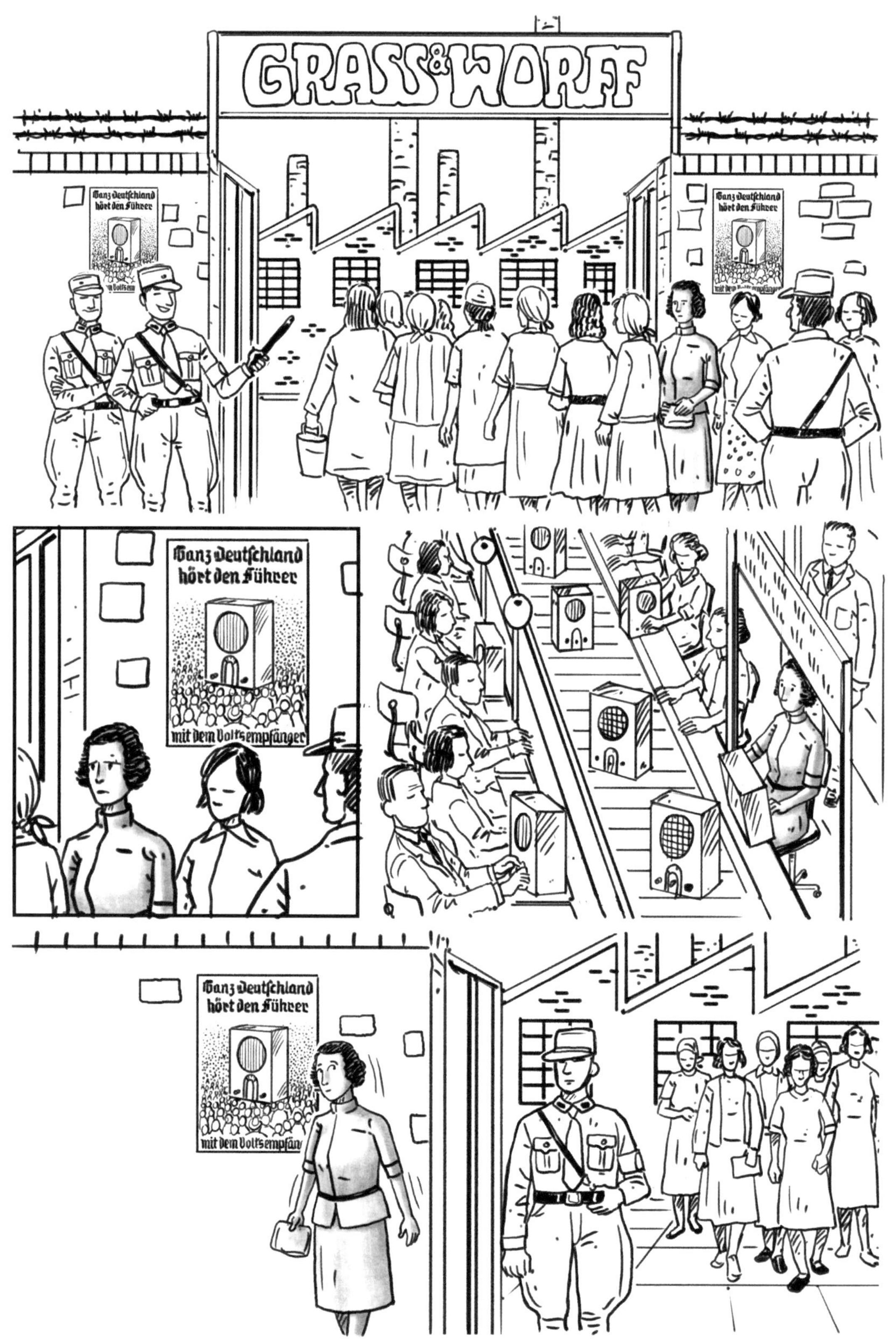
GRASS & WORFF
Ganz Deutschland
hört den Führer
mit dem Volksempfänger

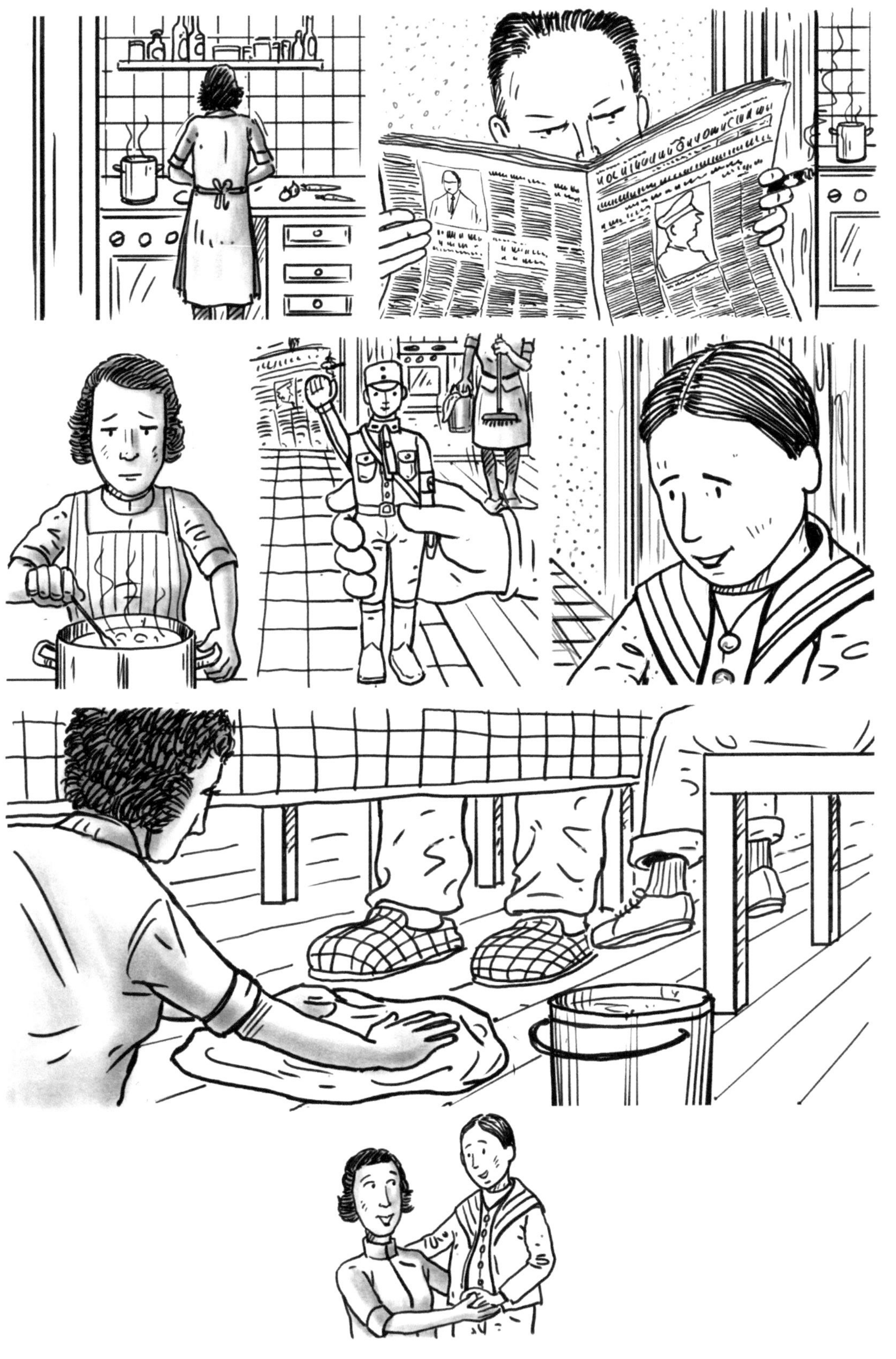

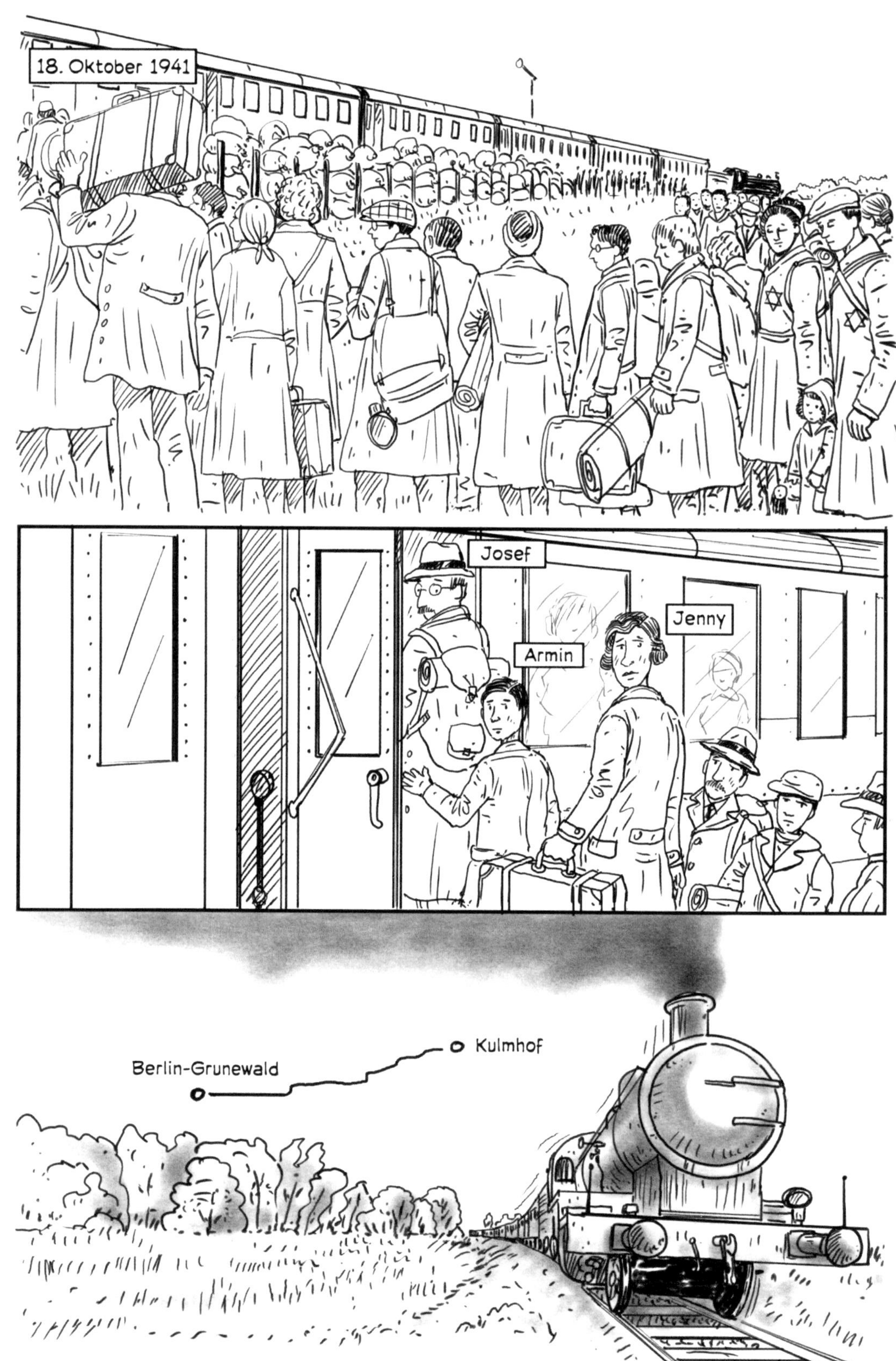
18. Oktober 1941
Josef
Jenny
Armin
Kulmhof
Berlin-Grunewald

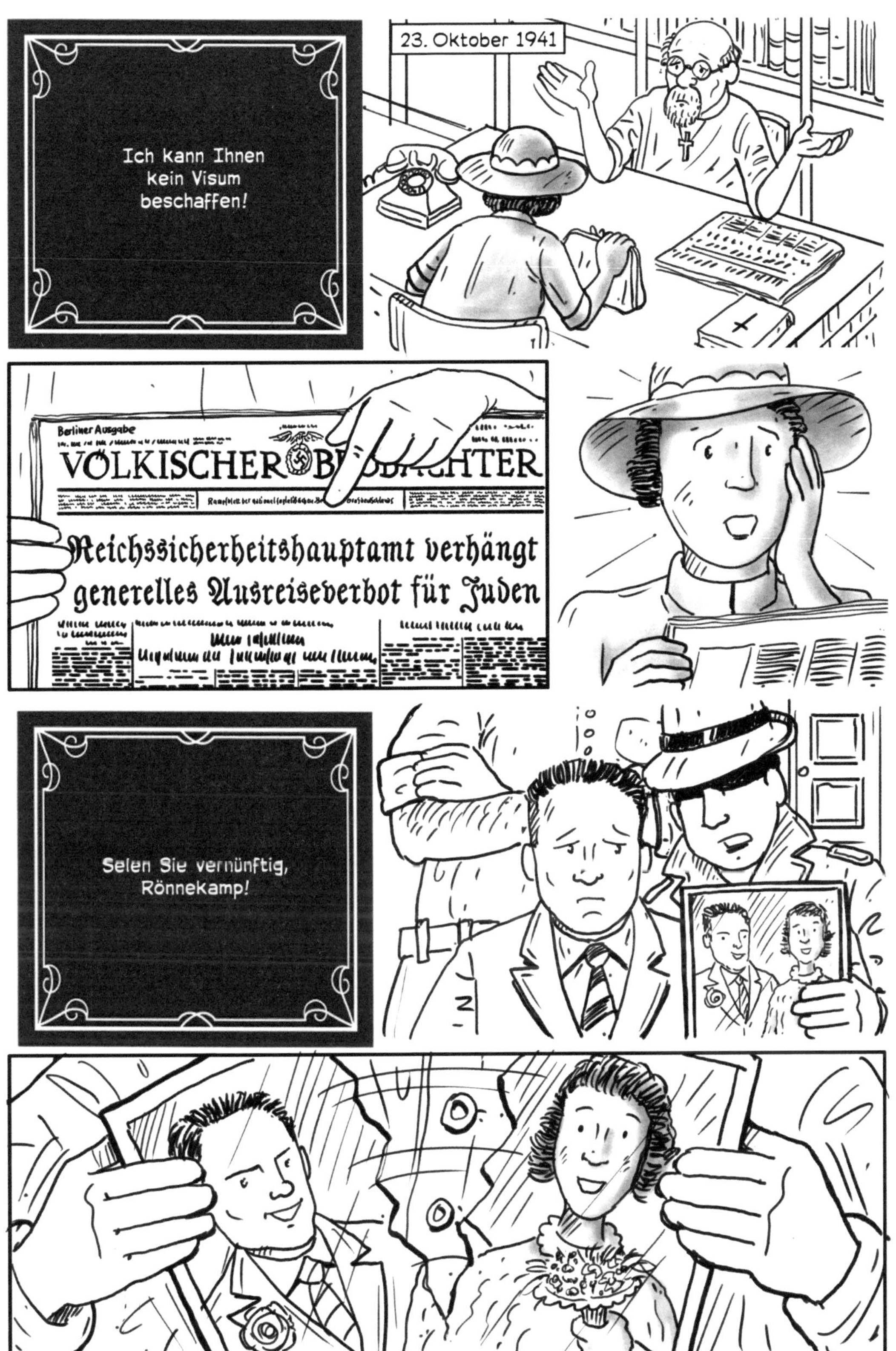
Ich kann Ihnen
kein Visum
beschaffen!
23. Oktober 1941
Berliner Ausgabe
VÖLKISCHER BEOBACHTER
Reichssicherheitshauptamt verhängt
generelles Ausreiseverbot für Juden
Seien Sie vernünftig,
Rönnekamp!

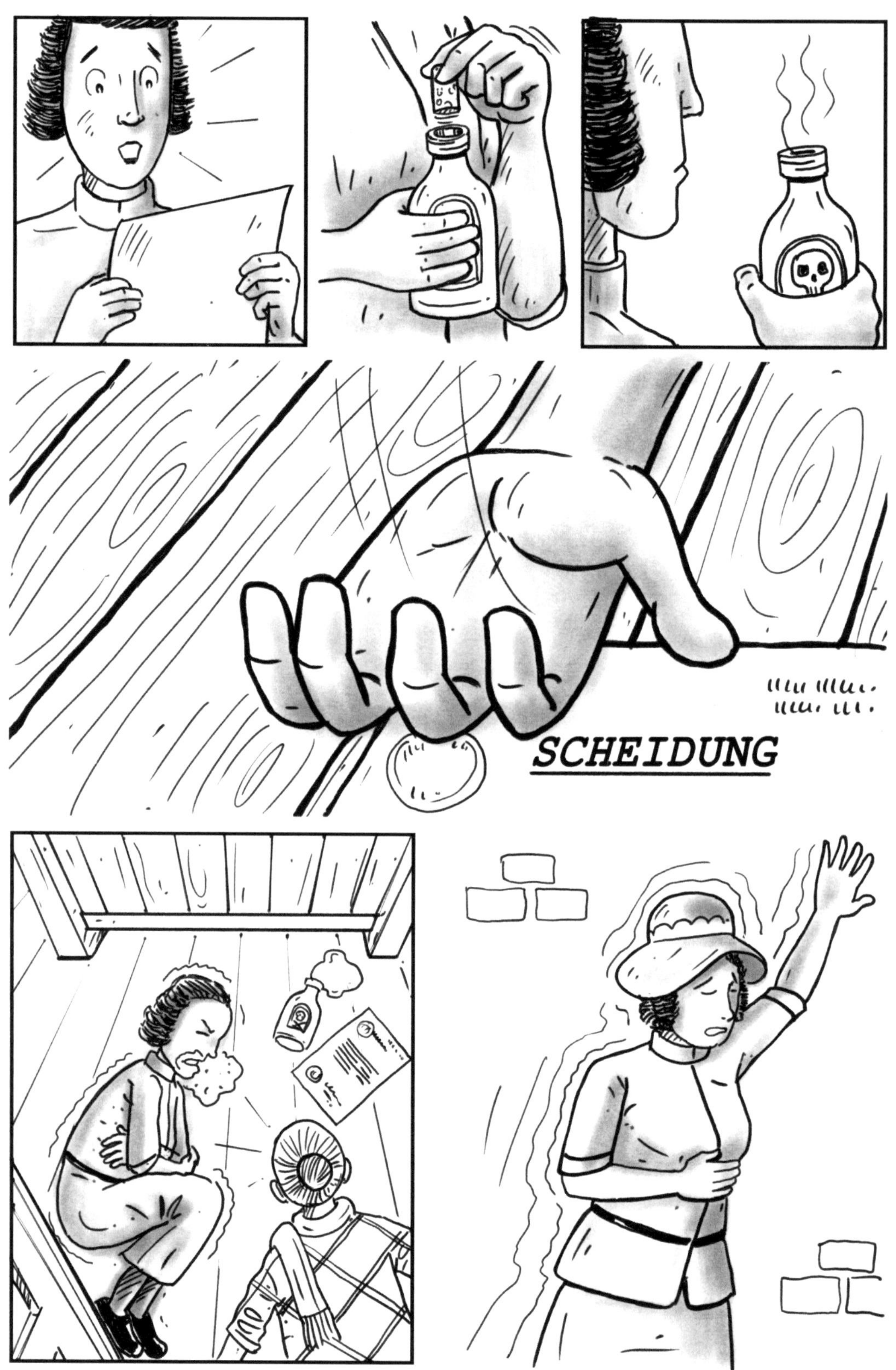
SCHEIDUNG

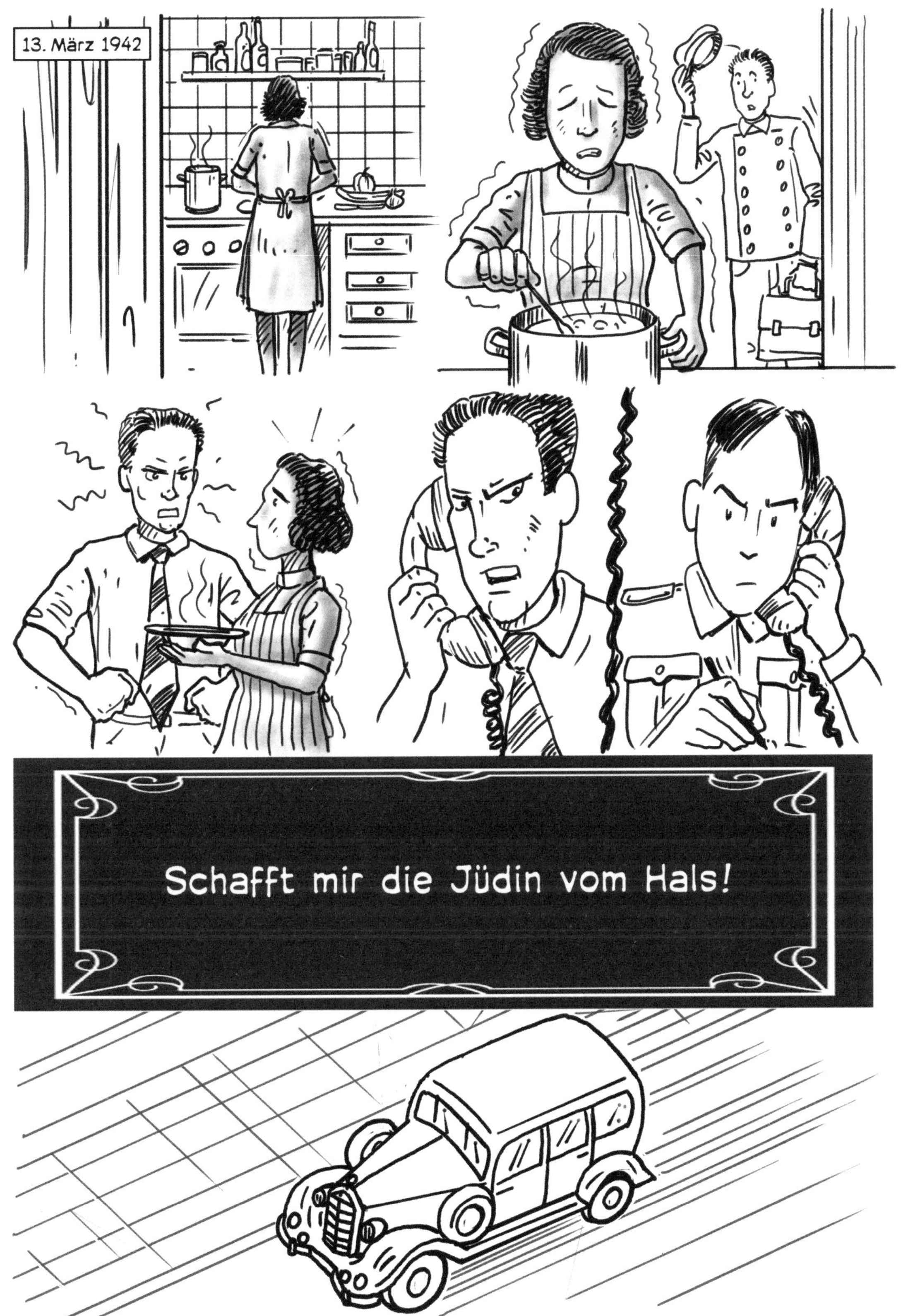
13. März 1942
Schafft mir die Jüdin vom Hals!

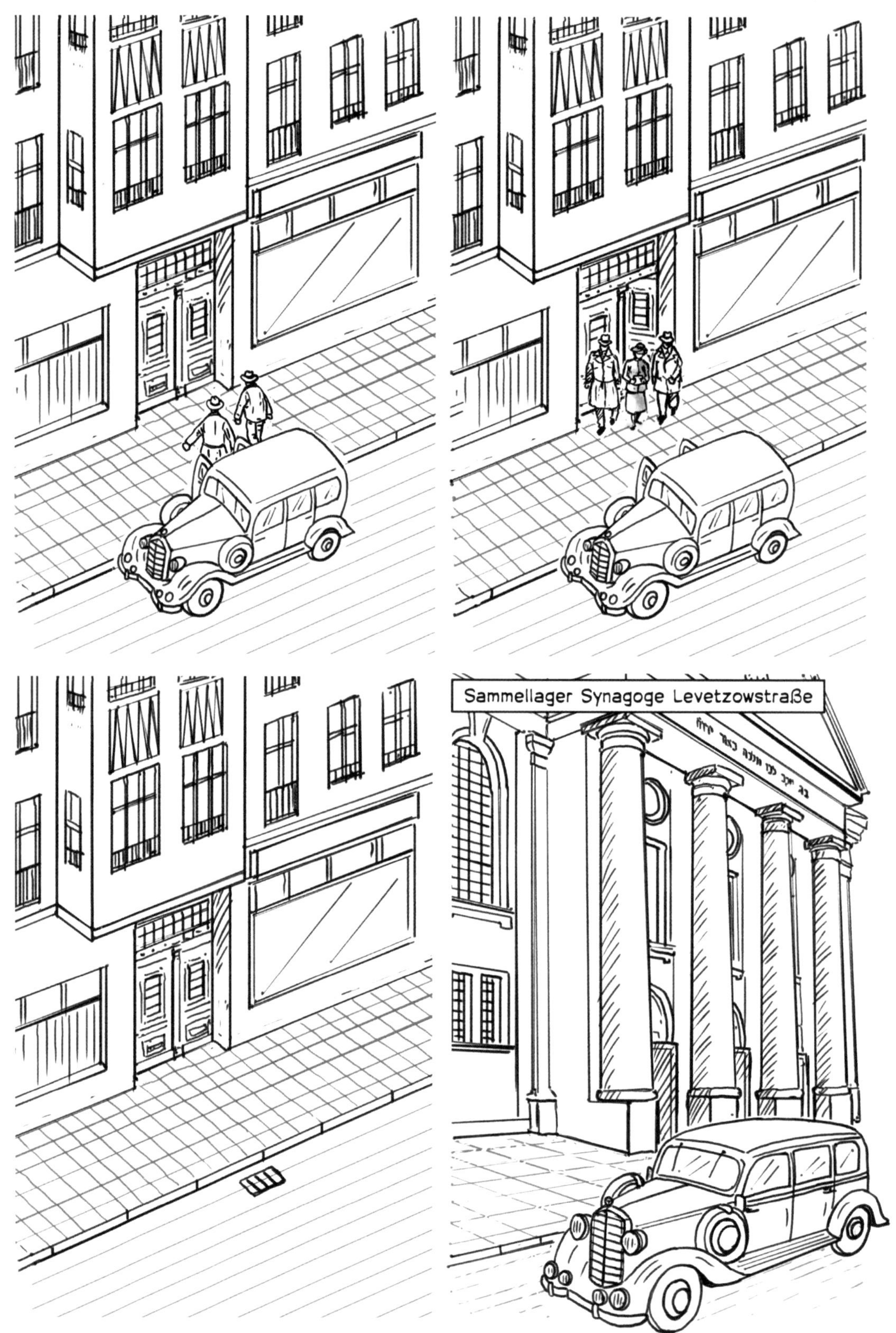
Sammellager Synagoge Levetzowstraße

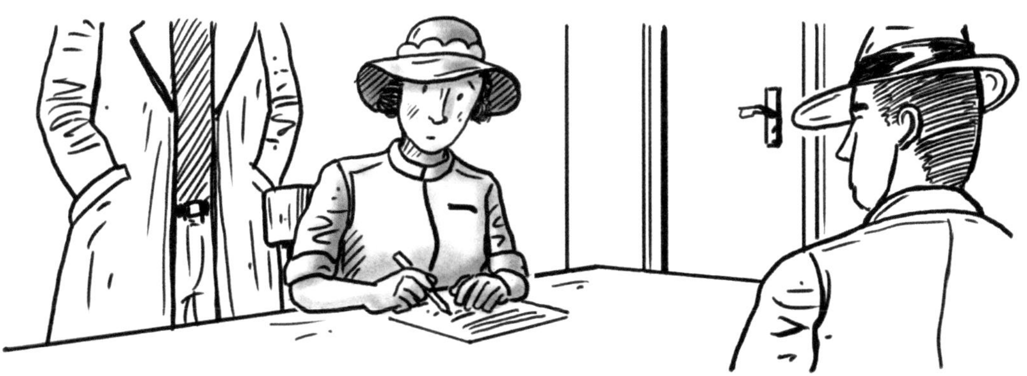

Vermögenserklärung

Vornamen (Rufname unterstreichen) und Zuname (bei Ehefrauen auch Mädchenname): Alice Sara Rönnekamp geb. Lindemann

Beruf: Arbeiterin Jude? ja

Letzte Beschäftigung (Firma, Gehalt, Lohn): Grass-Werft alte Jakobstr. Maschinenarbeit 24 M. verdienst, ausgezahlt 21.

Wohnung (Stadt, Stadtteil, Straße und Hausnummer, seit wann? Linienstr. 2 C 2 Bln. 15. Februar 1941 Quergeb. pt.

Name, Anschrift und evtl. jüdische Rassezugehörigkeit des Hauseigentümers: Frau Hedwig Sara Spicker Jüd. Wohnungsinhaberin u. Hauseigentümer [illegible]

Verschiedenes: Ich habe noch nie Vermögen und Wertsachen besessen da ich vom 14. Lebensjahr immer Fabrikarbeiterin war, und nie mehr verdient habe wie wöchentl. 17–18 M. mit Abzug.

Ich habe noch nie Vermögen und Wertsachen besessen, da ich vom 14. Lebensjahr immer Fabrikarbeiterin war, und nie mehr verdient habe wie wöchentlich 17-18 Mark mit Abzug.

Bln, den 17. März 42 Frau Alice Sara Rönnekamp (Unterschrift)

28. März 1942:
Der Güterzug mit 985 Menschen vom Berliner Bahnhof Grunewald aus war drei Tage unterwegs. Endstation war Trawniki, ein kleiner Ort in der Nähe von Lublin. Von dort aus ging es zu Fuß, unter den Peitschenhieben der deutschen und ukrainischen Wächter, zehn Kilometer weiter bis ins Städtchen Piaski. Hier verliert sich die Spur von Alice Rönnekamp.

Nur mit Tinte und lesbar ausfüllen!

Name	Vorname	Geburts-datum	Geburtsort	Zur Zeit ausgeübte Tätigkeit	Serienzahlen und Nummer des DPA (gedruckte Nr.)	Staats-angehörigkeit	Angemeldet am
Penser	Ruth	24.5.31	Berlin	Journalistin	XV 1254980	Deutsch	6.11.58
Penser	Gilbert	21.10.59	Bln	Kind	XV 1254980	Deutsch	2.11.59

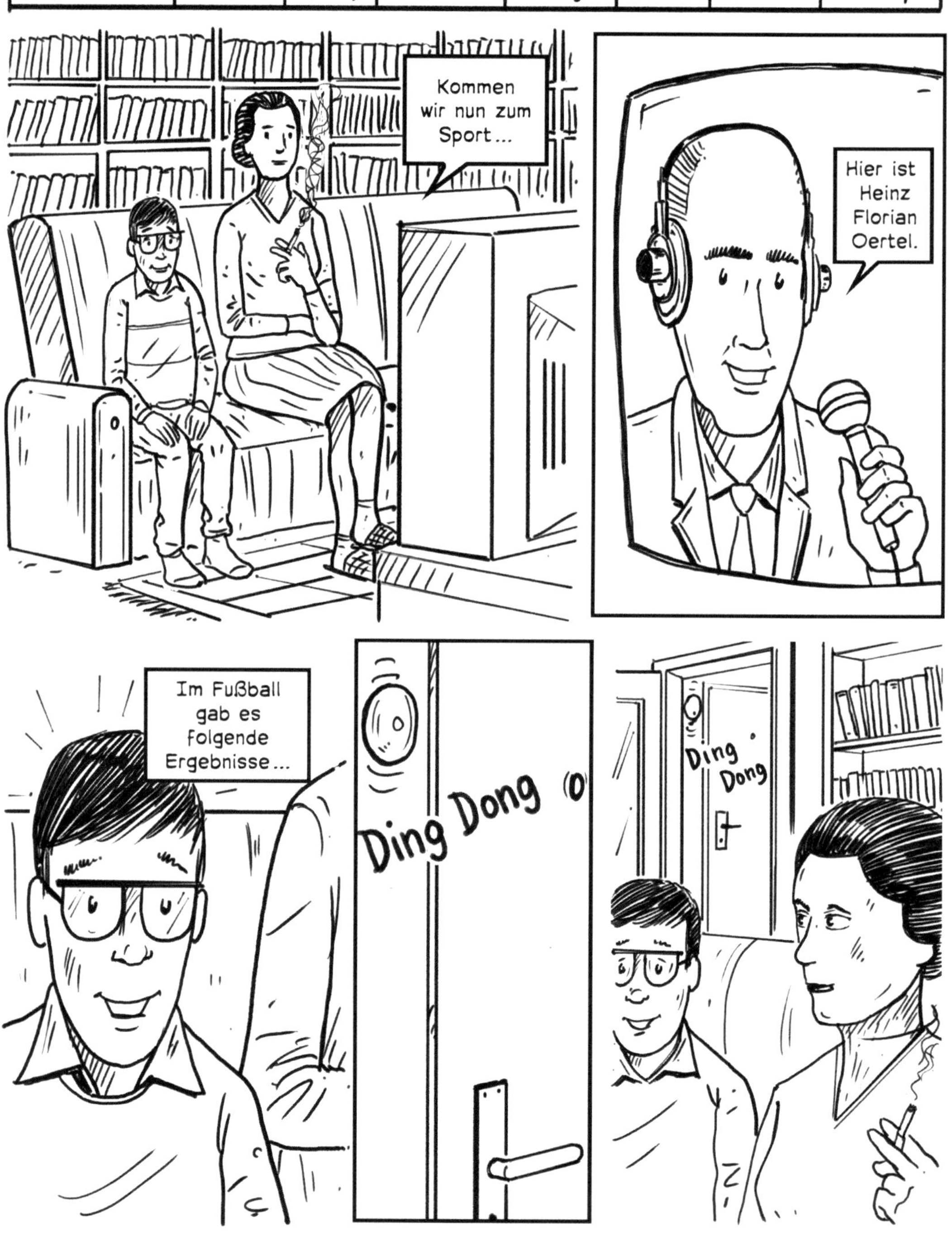

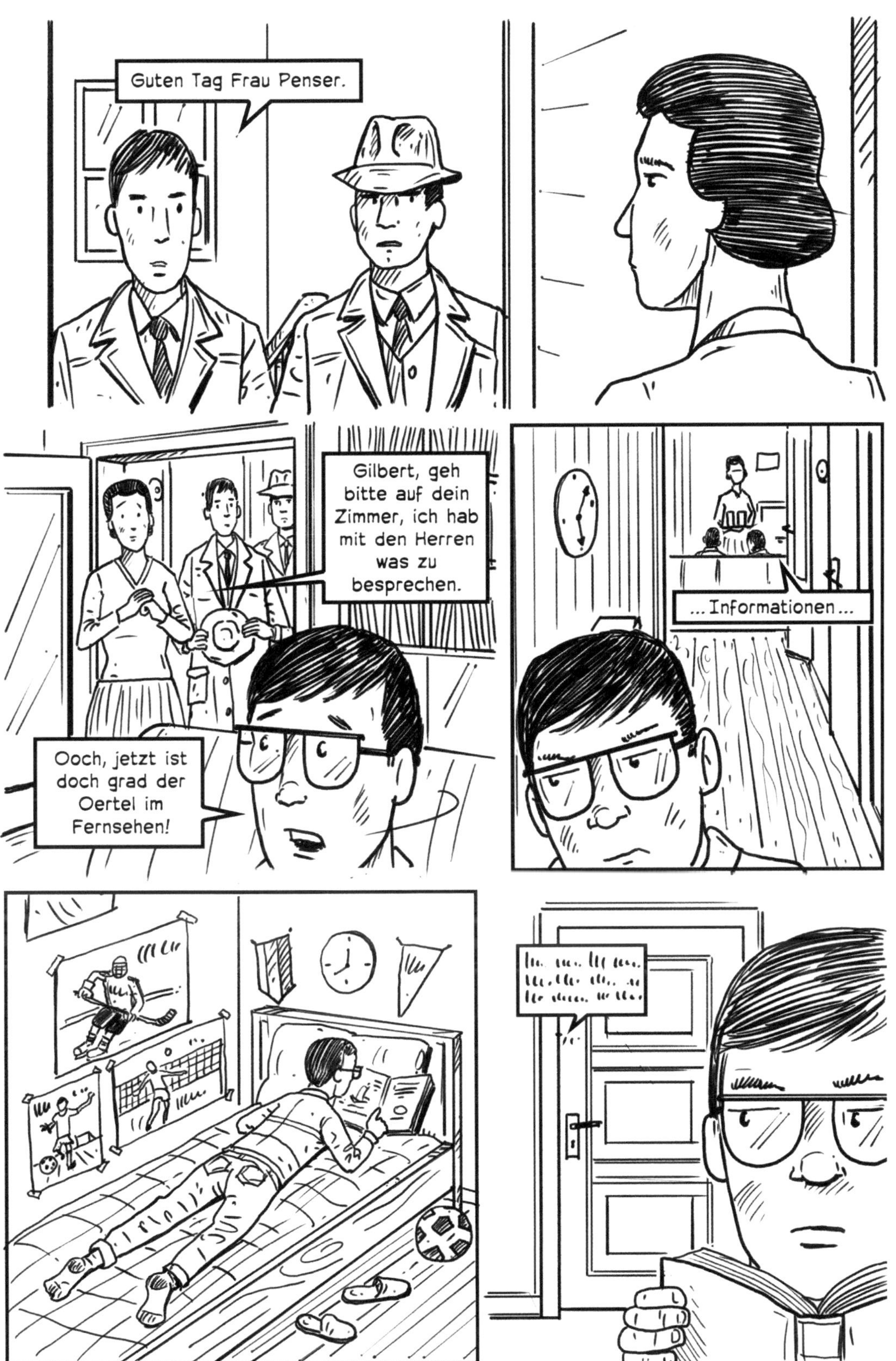
Guten Tag Frau Penser.
Gilbert, geh bitte auf dein Zimmer, ich hab mit den Herren was zu besprechen.
Ooch, jetzt ist doch grad der Oertel im Fernsehen!
...Informationen...

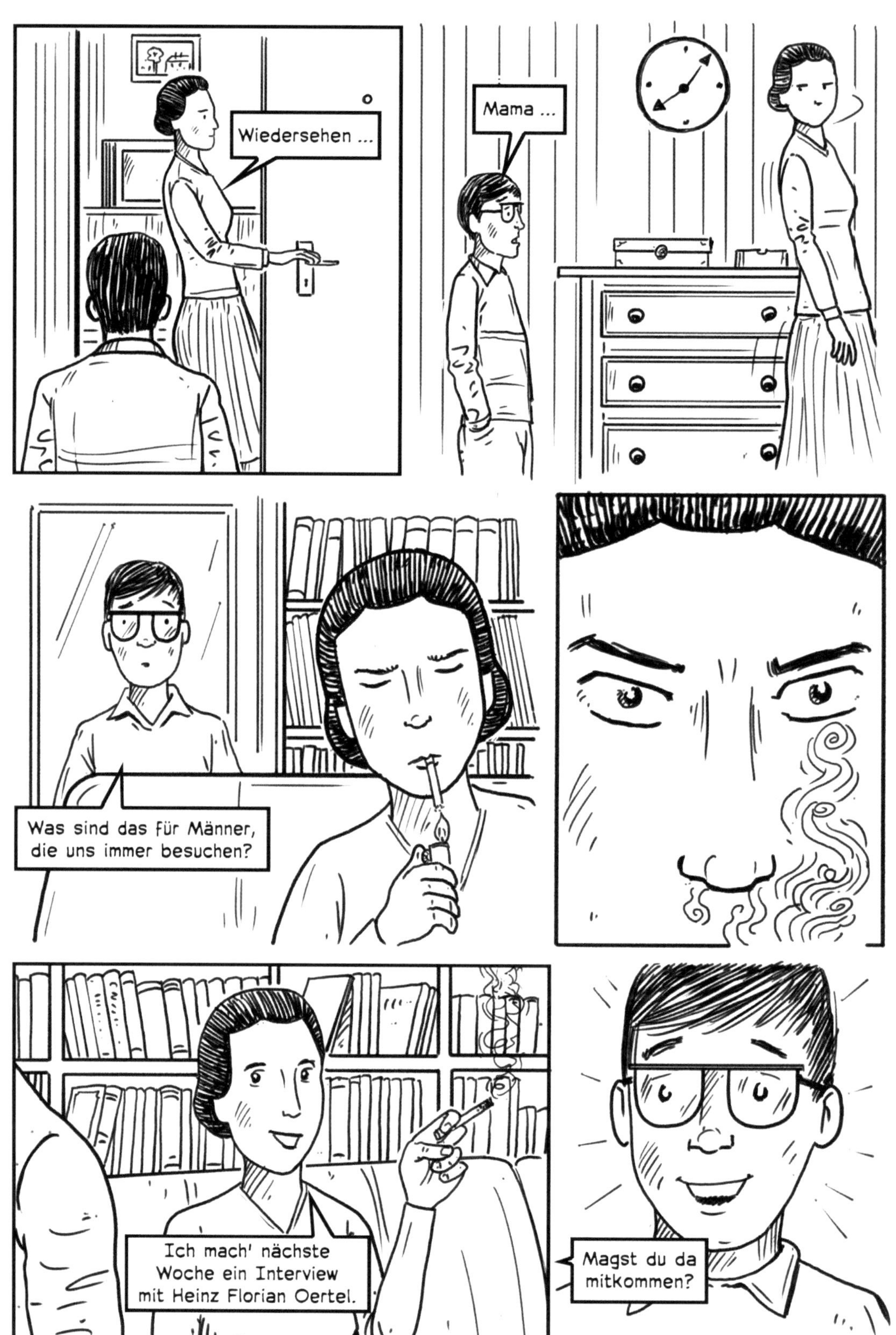
Wiedersehen ...
Mama ...
Was sind das für Männer, die uns immer besuchen?
Ich mach' nächste Woche ein Interview mit Heinz Florian Oertel.
Magst du da mitkommen?

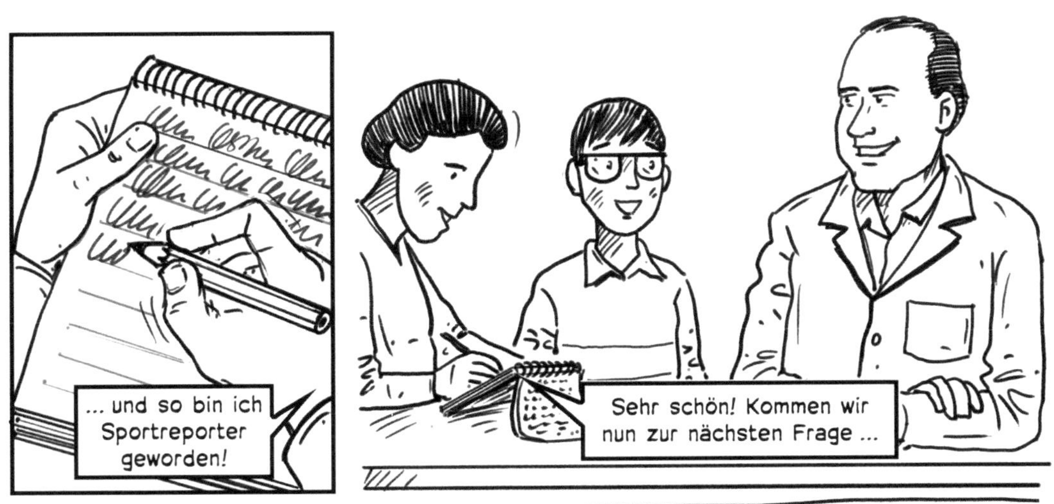
... und so bin ich Sportreporter geworden!
Sehr schön! Kommen wir nun zur nächsten Frage ...

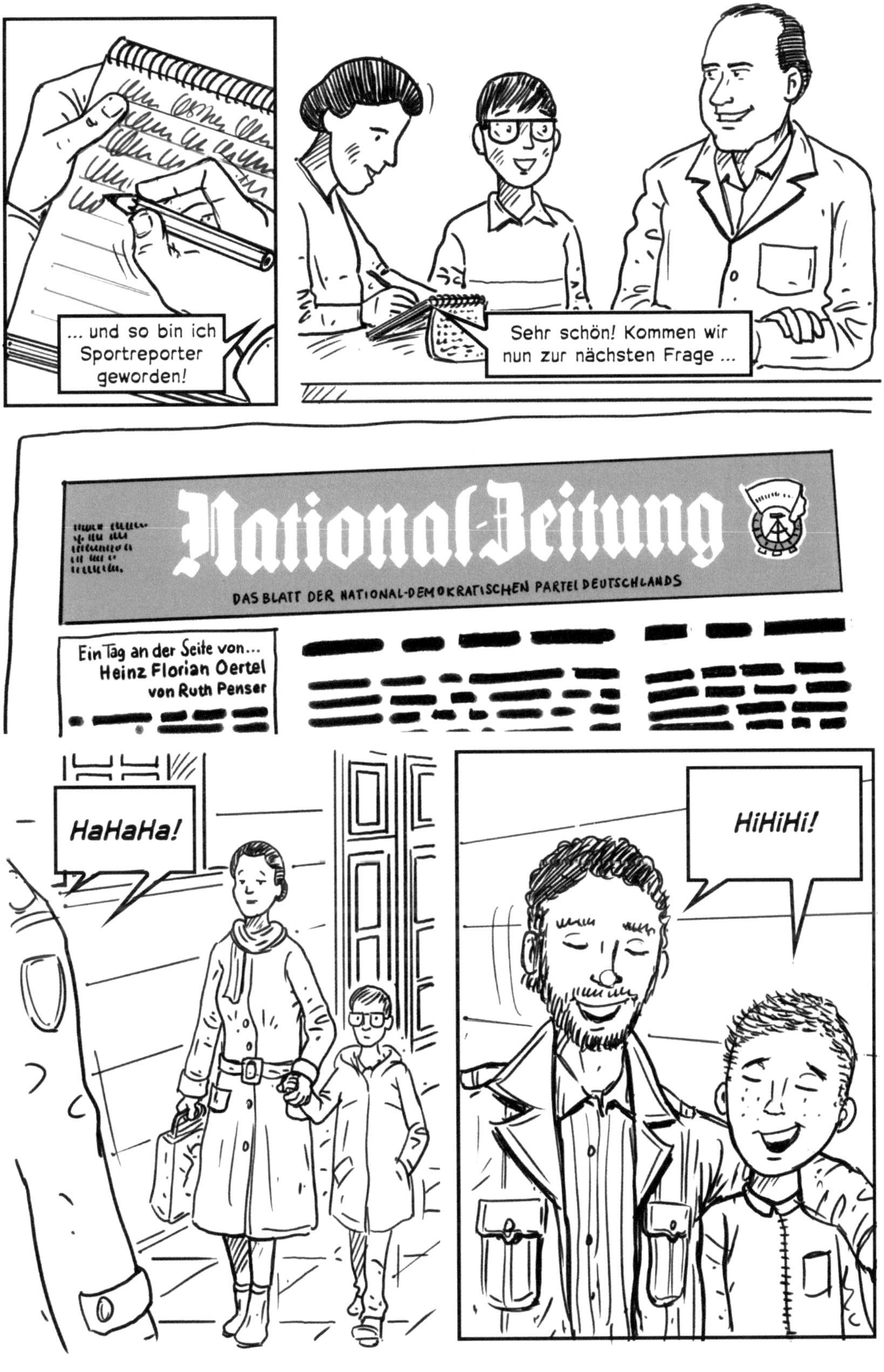

National-Zeitung
DAS BLATT DER NATIONAL-DEMOKRATISCHEN PARTEI DEUTSCHLANDS
Ein Tag an der Seite von... Heinz Florian Oertel von Ruth Penser
HaHaHa!
HiHiHi!

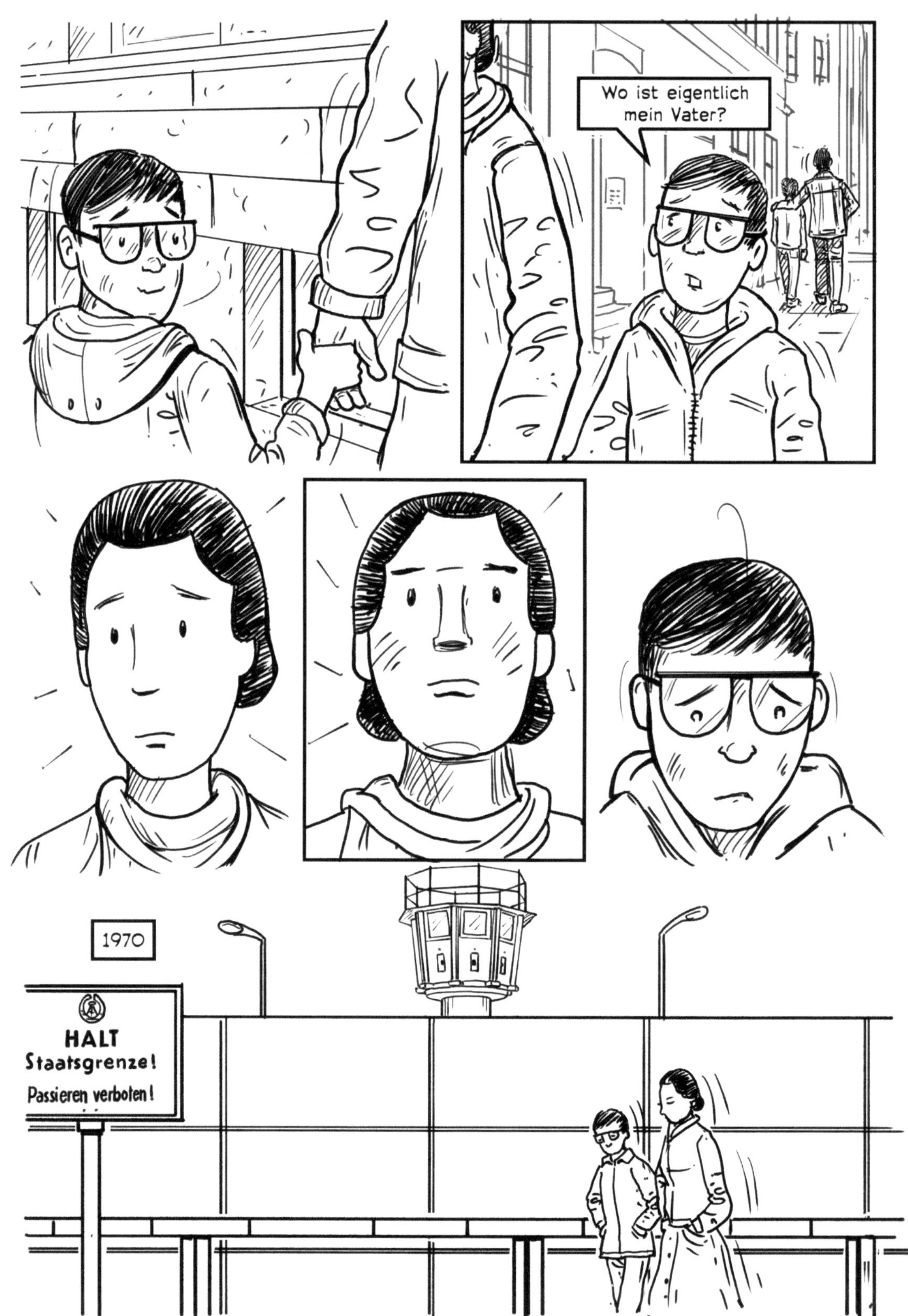

Wo ist eigentlich mein Vater?
1970
HALT
Staatsgrenze!
Passieren verboten!

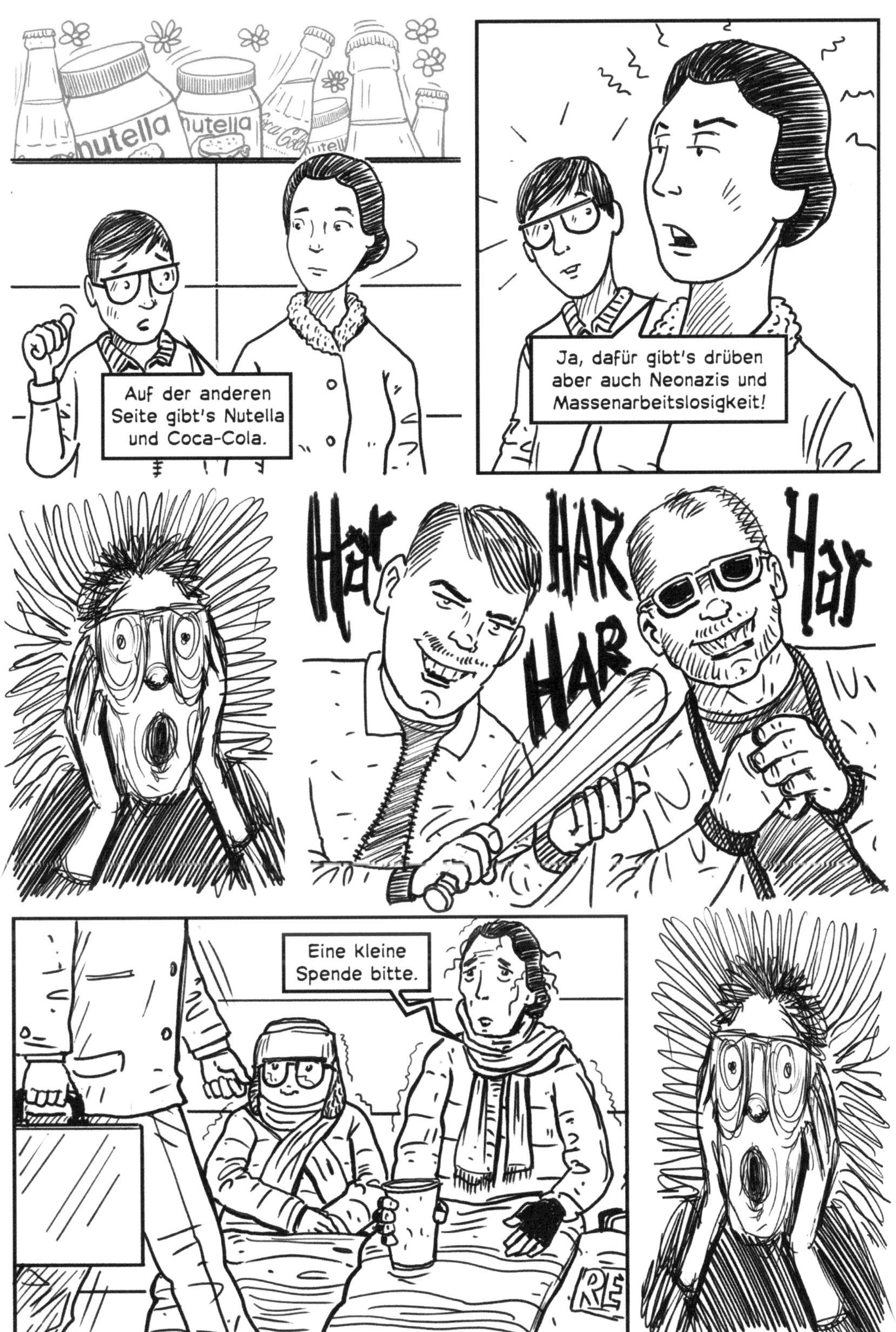
nutella
nutella
Auf der anderen Seite gibt's Nutella und Coca-Cola.
Ja, dafür gibt's drüben aber auch Neonazis und Massenarbeitslosigkeit!
Har
HAR
Har
HAR
Eine kleine Spende bitte.
RE

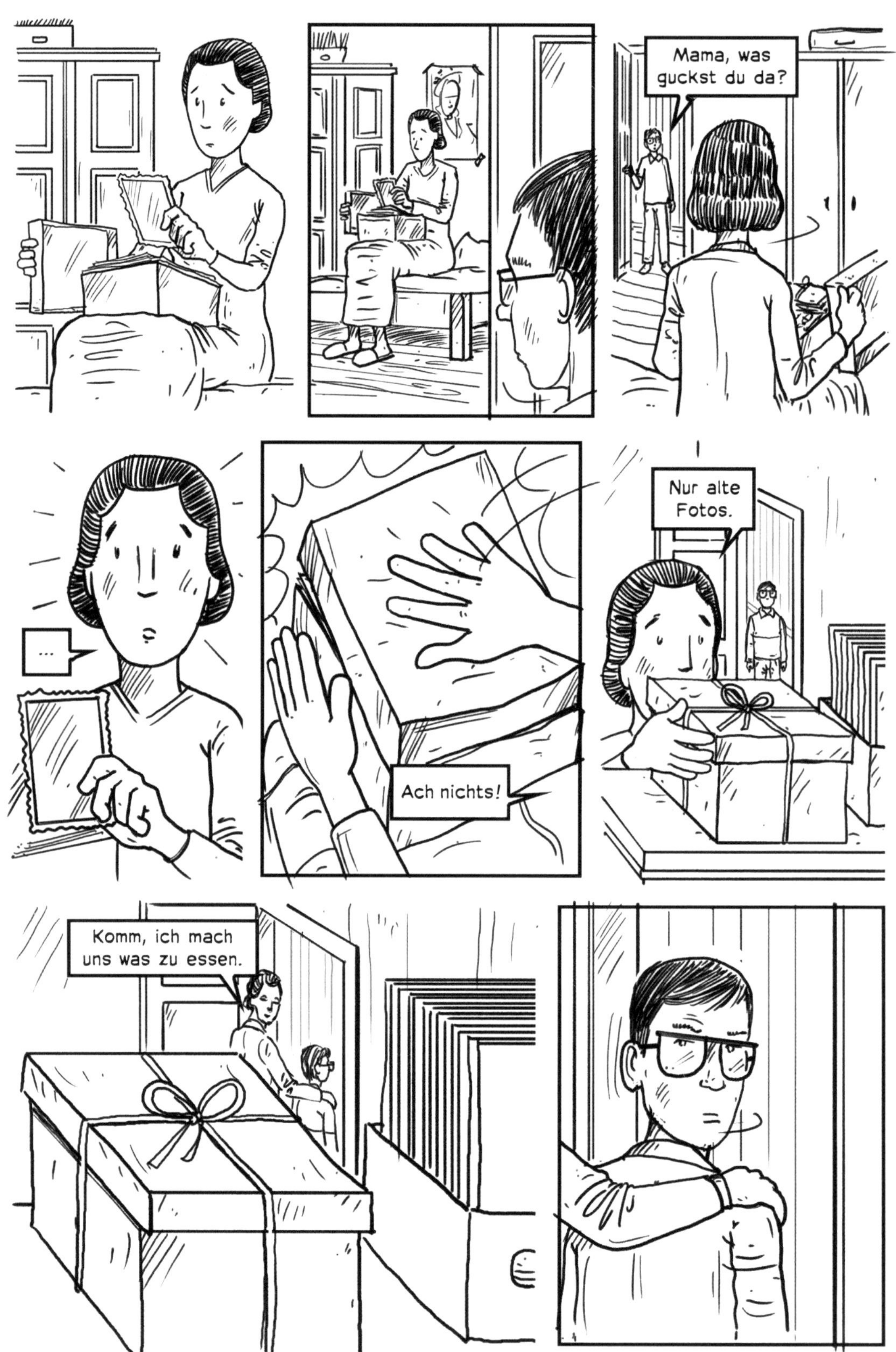
Mama, was guckst du da?
...
Ach nichts!
Nur alte Fotos.
Komm, ich mach uns was zu essen.

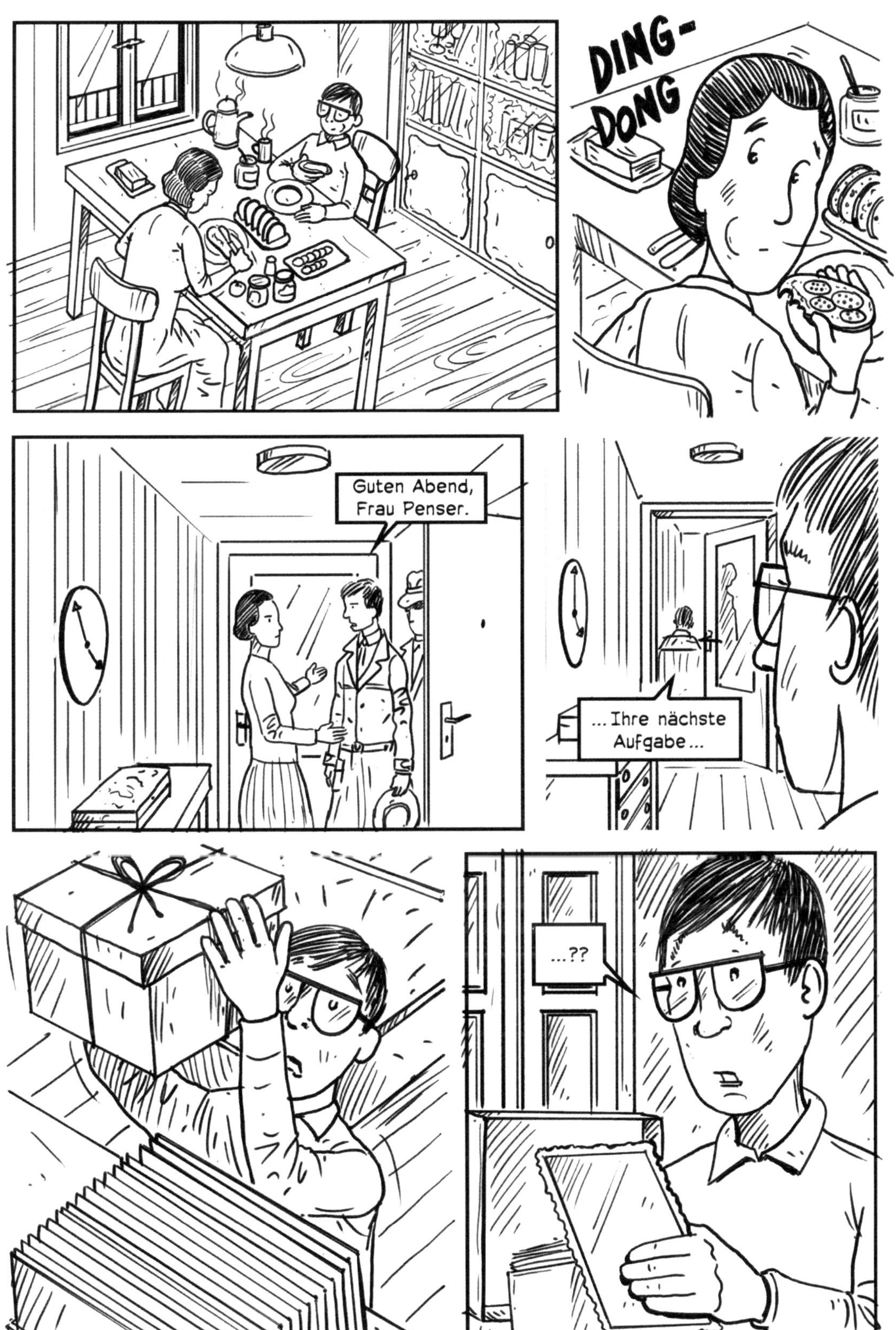
DING-
DONG
Guten Abend, Frau Penser.
... Ihre nächste Aufgabe ...
...??

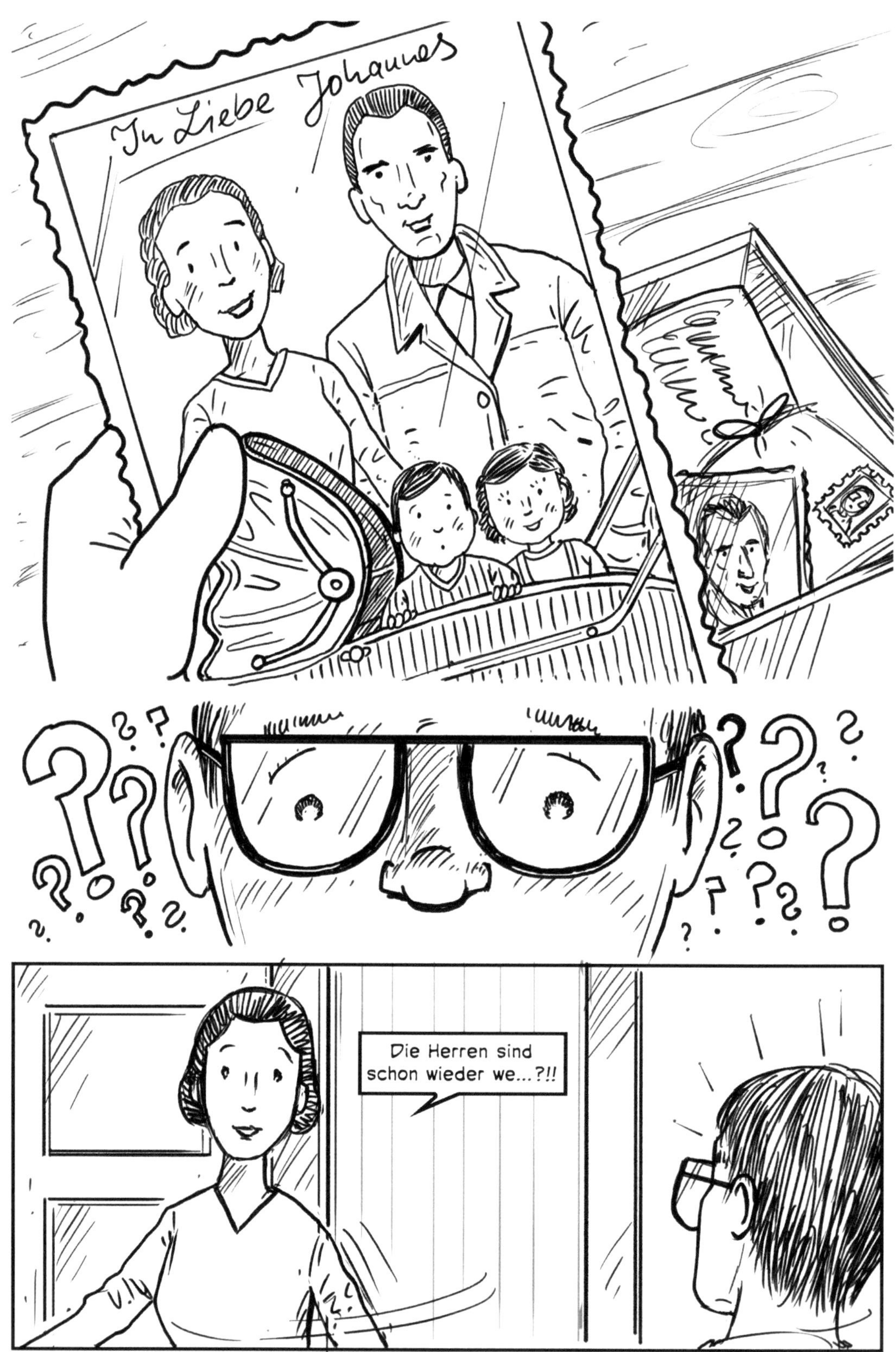
In Liebe Johannes
Die Herren sind schon wieder we...?!!

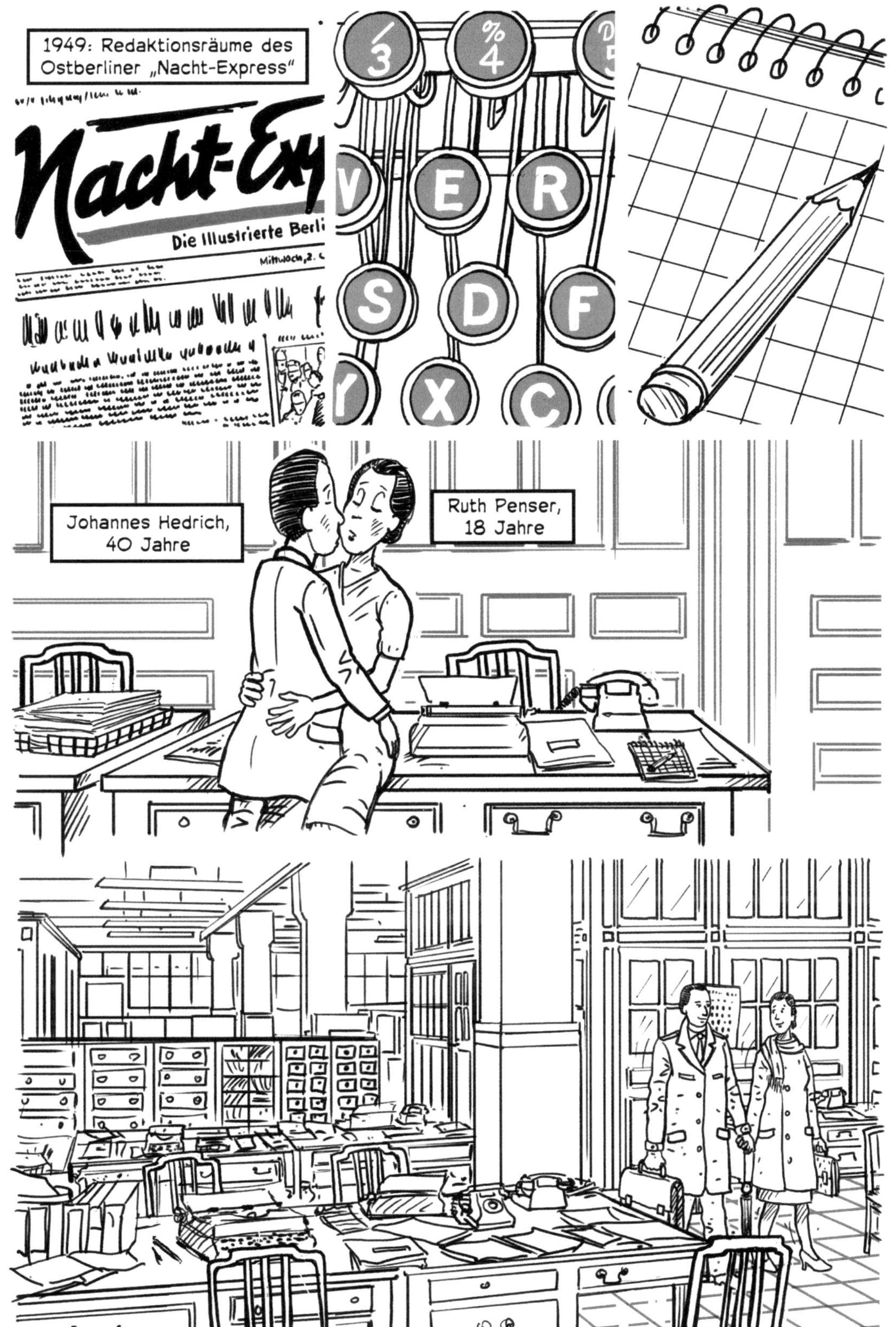
1949: Redaktionsräume des Ostberliner „Nacht-Express"
Nacht-Exp
Die Illustrierte Berli
Johannes Hedrich, 40 Jahre
Ruth Penser, 18 Jahre

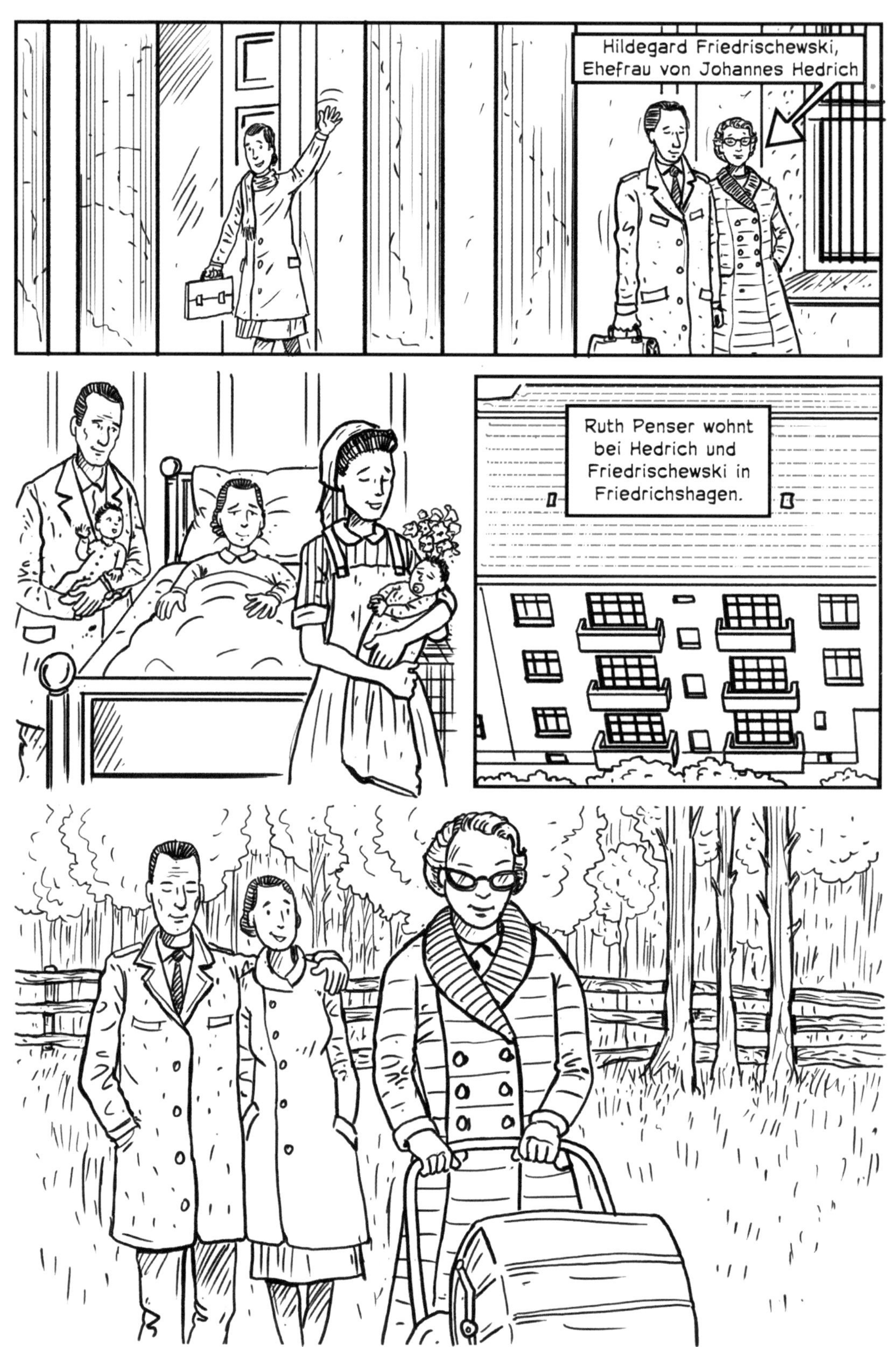
Hildegard Friedrischewski,
Ehefrau von Johannes Hedrich
Ruth Penser wohnt
bei Hedrich und
Friedrischewski in
Friedrichshagen.

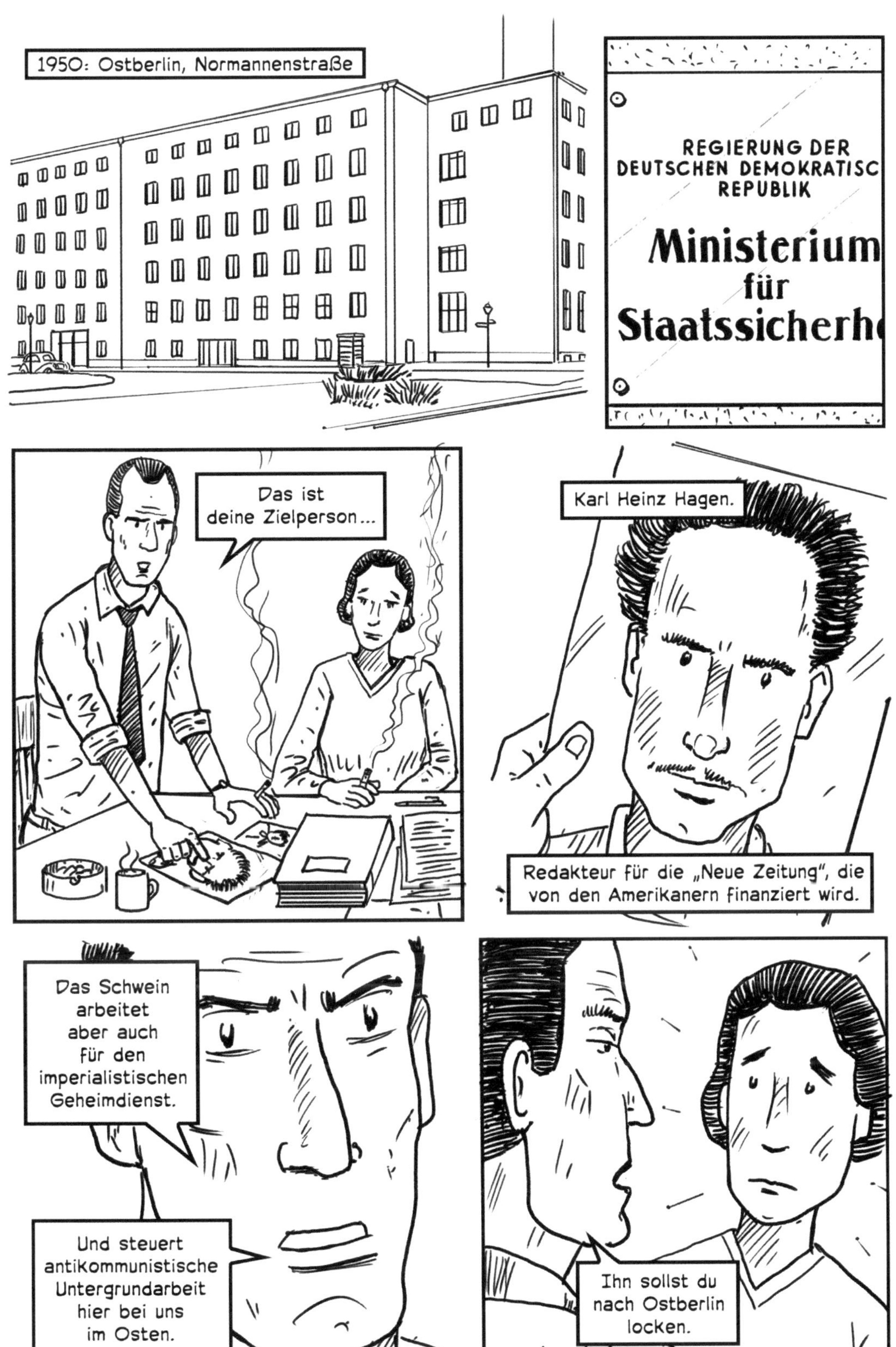
1950: Ostberlin, Normannenstraße
REGIERUNG DER
DEUTSCHEN DEMOKRATISC
REPUBLIK
Ministerium
für
Staatssicherh
Das ist
deine Zielperson...
Karl Heinz Hagen.
Redakteur für die „Neue Zeitung", die
von den Amerikanern finanziert wird.
Das Schwein
arbeitet
aber auch
für den
imperialistischen
Geheimdienst.
Und steuert
antikommunistische
Untergrundarbeit
hier bei uns
im Osten.
Ihn sollst du
nach Ostberlin
locken.

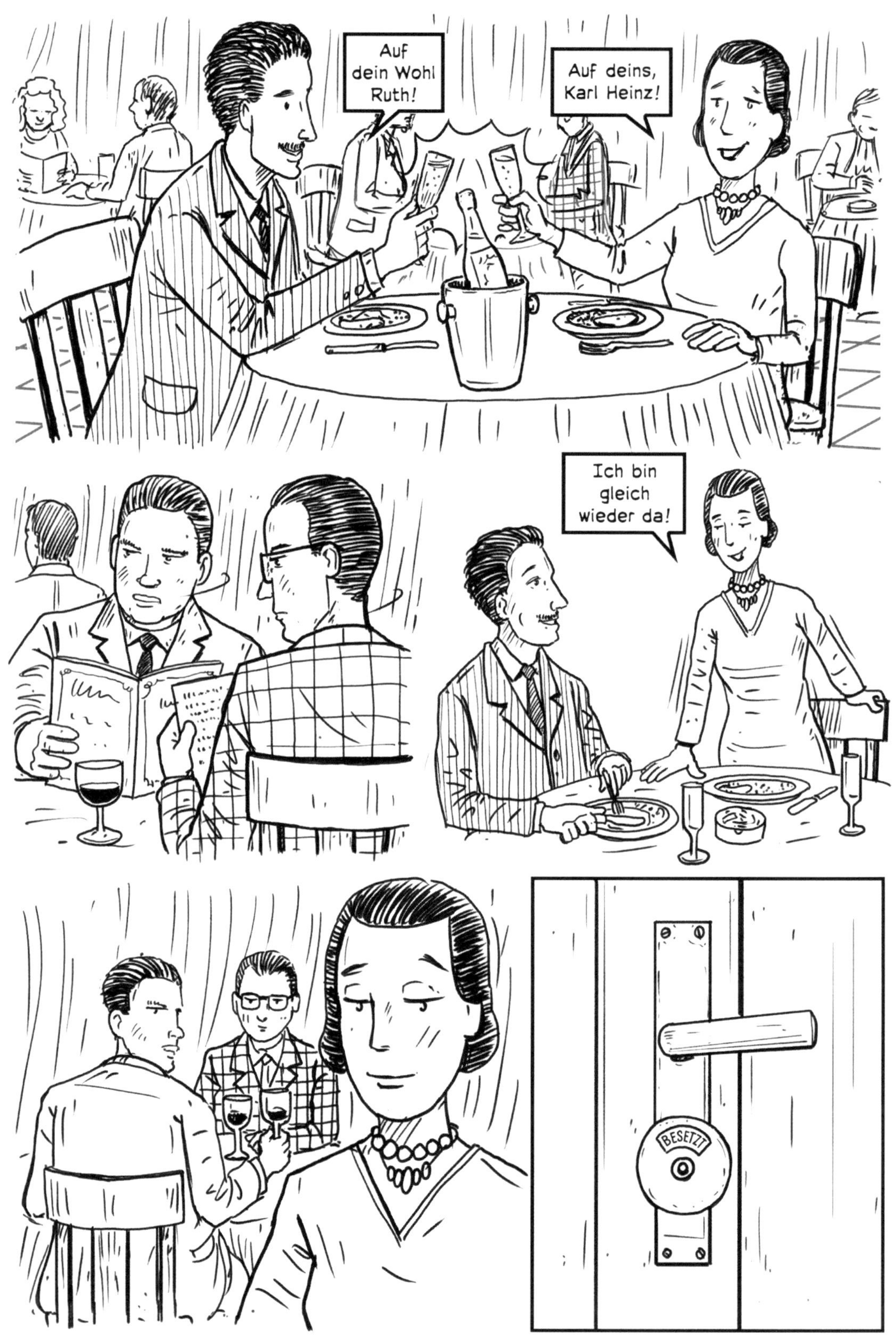
Auf dein Wohl Ruth!
Auf deins, Karl Heinz!
Ich bin gleich wieder da!
BESETZT

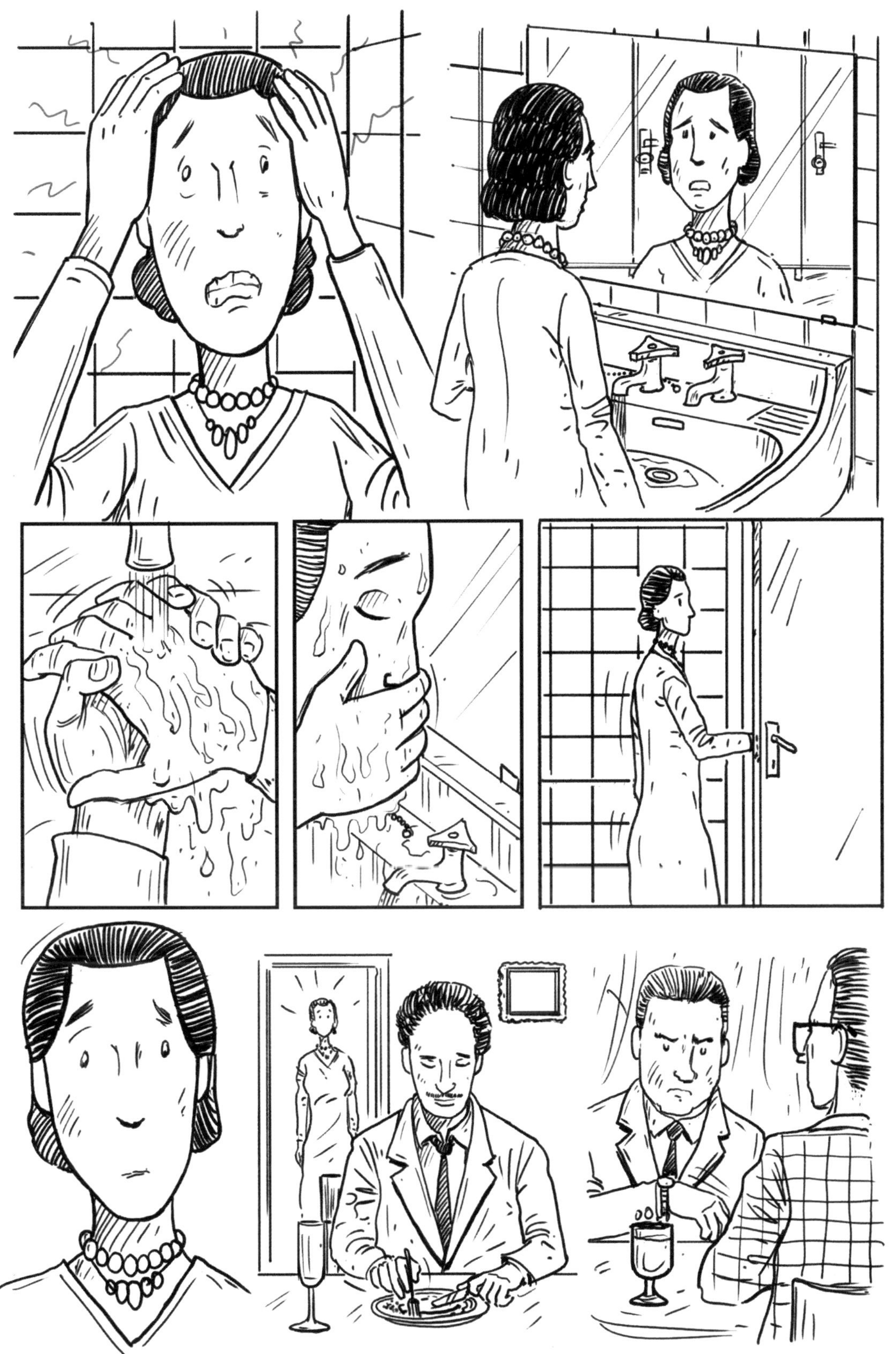

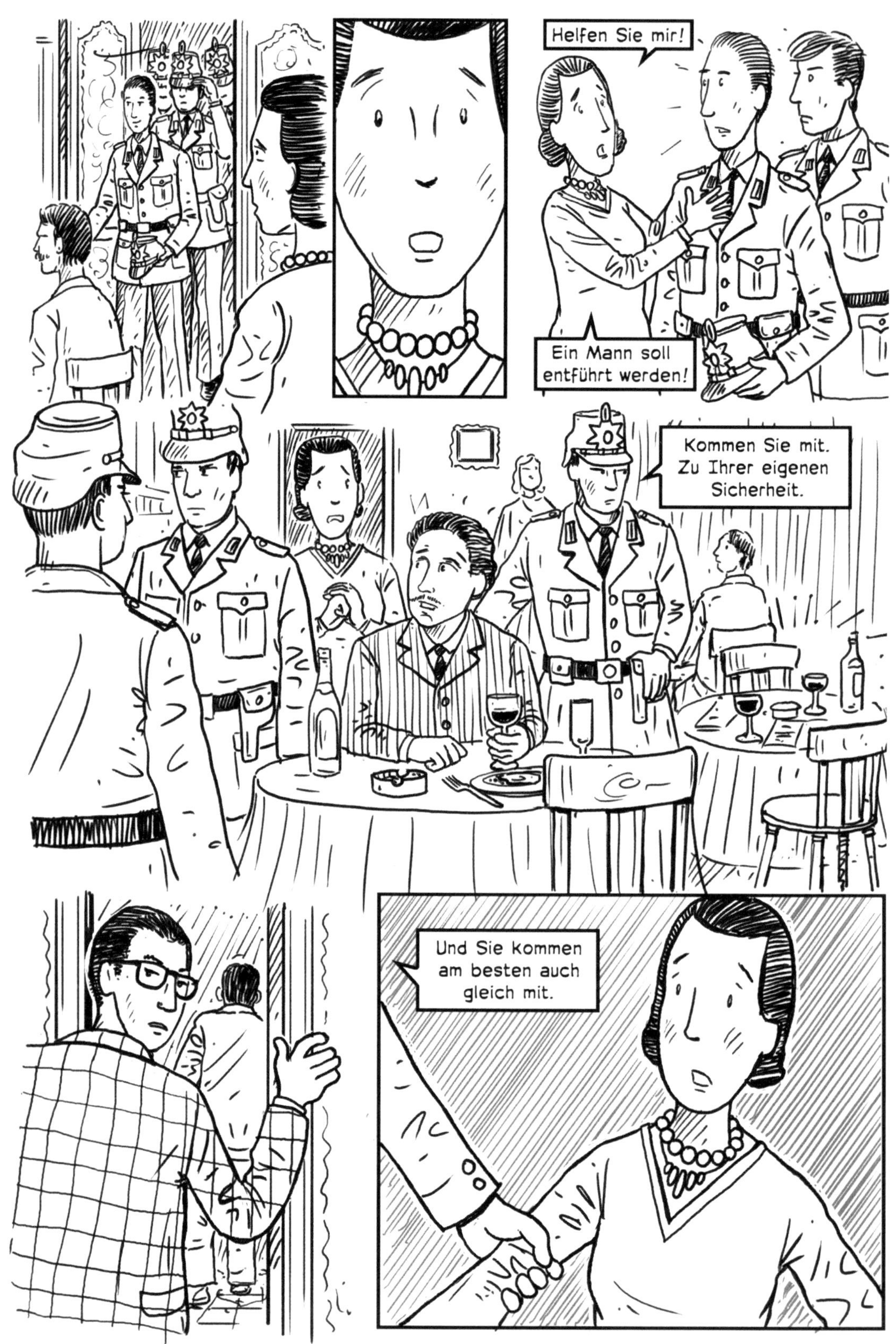
Helfen Sie mir!
Ein Mann soll entführt werden!
Kommen Sie mit. Zu Ihrer eigenen Sicherheit.
Und Sie kommen am besten auch gleich mit.

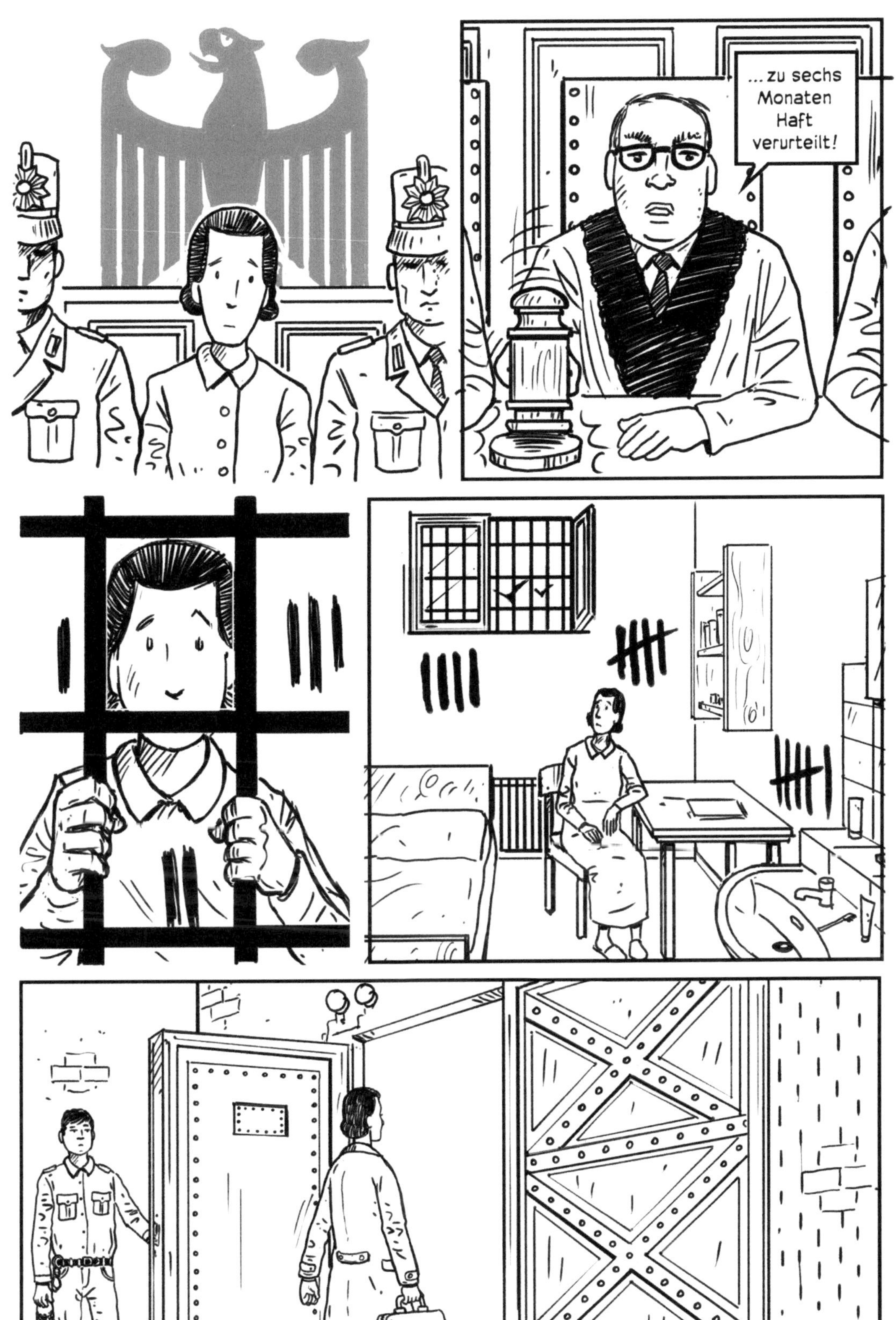
...zu sechs
Monaten
Haft
verurteilt!

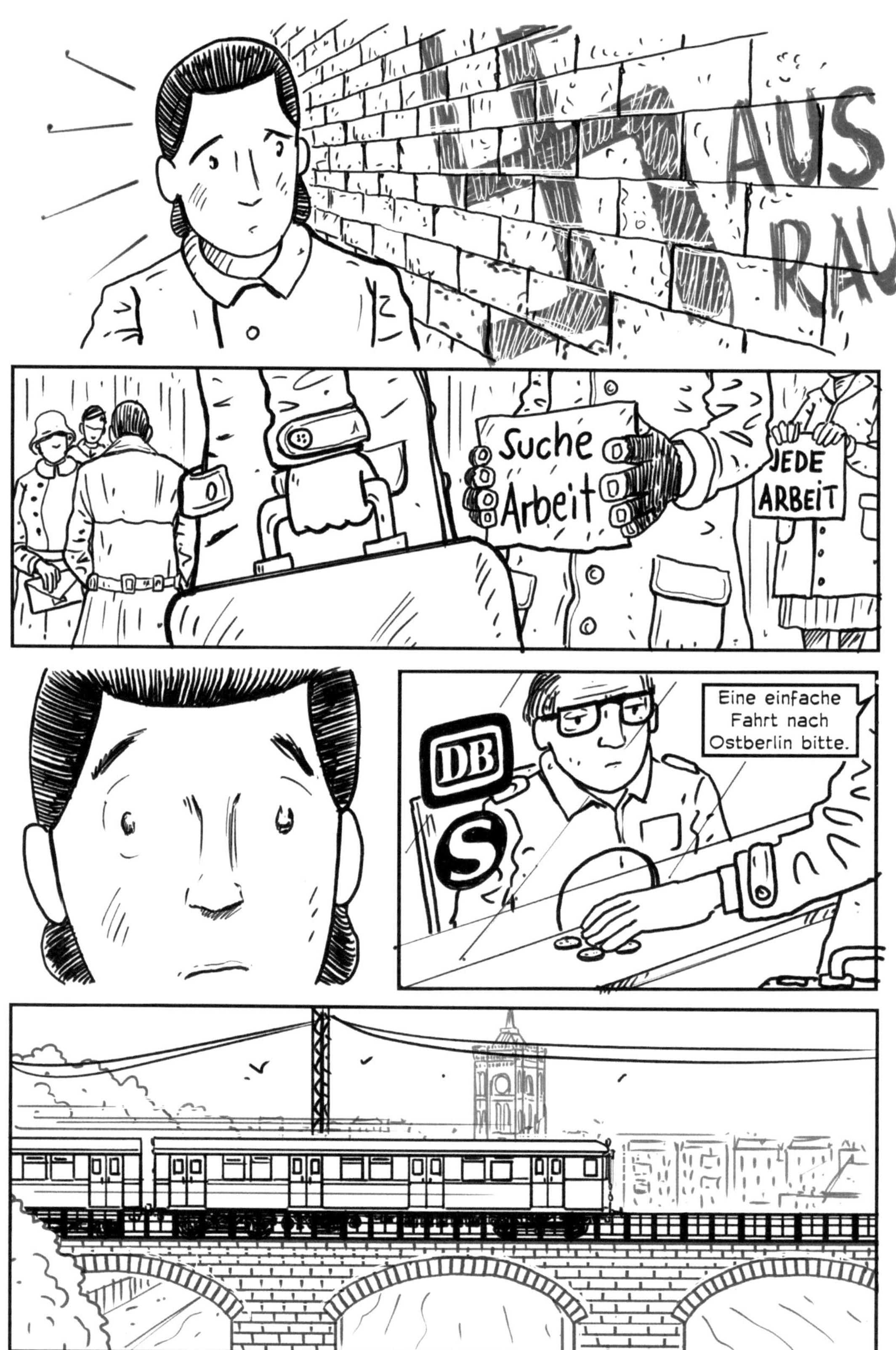
AUS
RAU
Suche Arbeit
JEDE ARBEIT
DB
S
Eine einfache Fahrt nach Ostberlin bitte.

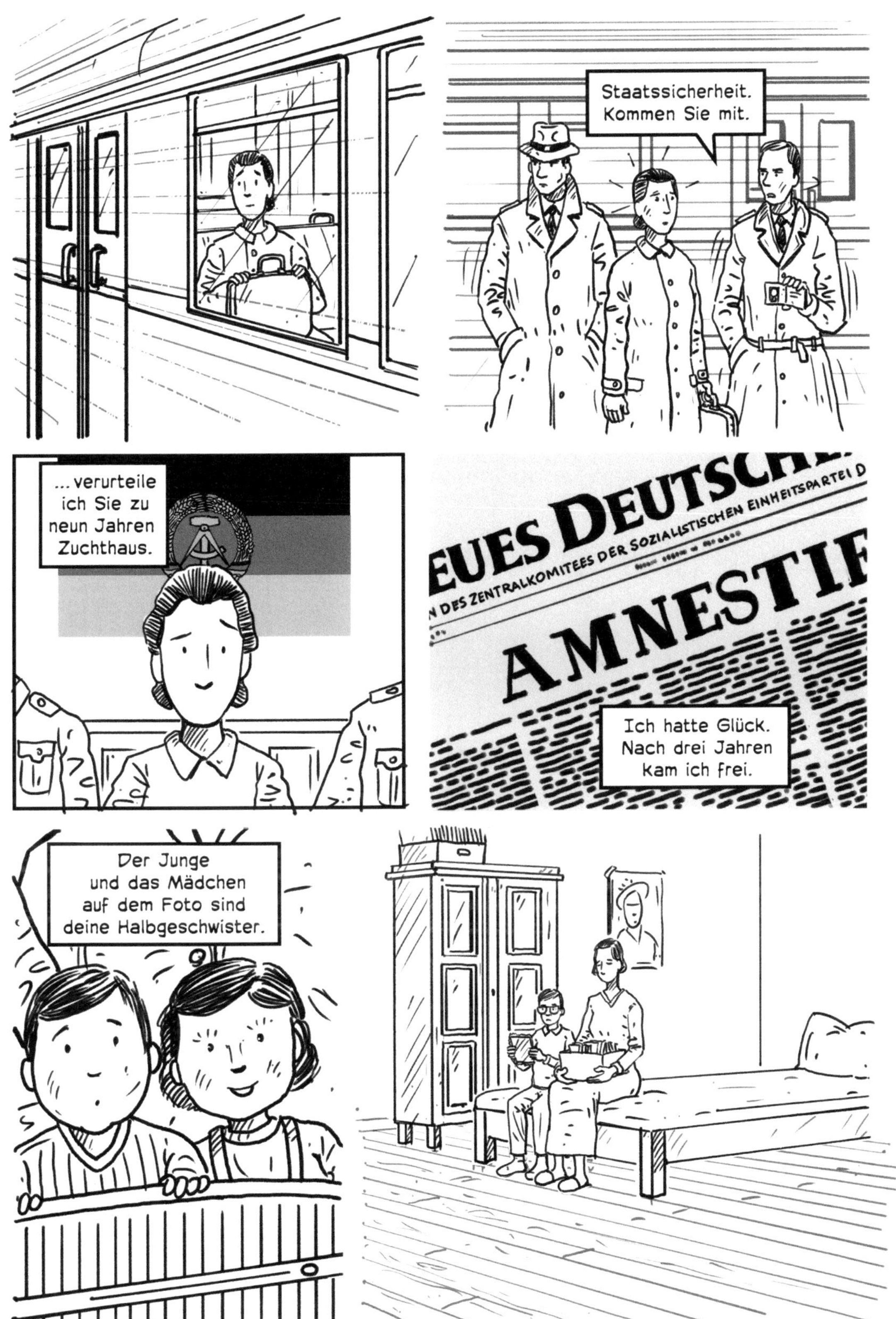
Staatssicherheit. Kommen Sie mit.
...verurteile ich Sie zu neun Jahren Zuchthaus.
EUES DEUTSCH
N DES ZENTRALKOMITEES DER SOZIALISTISCHEN EINHEITSPARTEI D
AMNESTIE
Ich hatte Glück. Nach drei Jahren kam ich frei.
Der Junge und das Mädchen auf dem Foto sind deine Halbgeschwister.

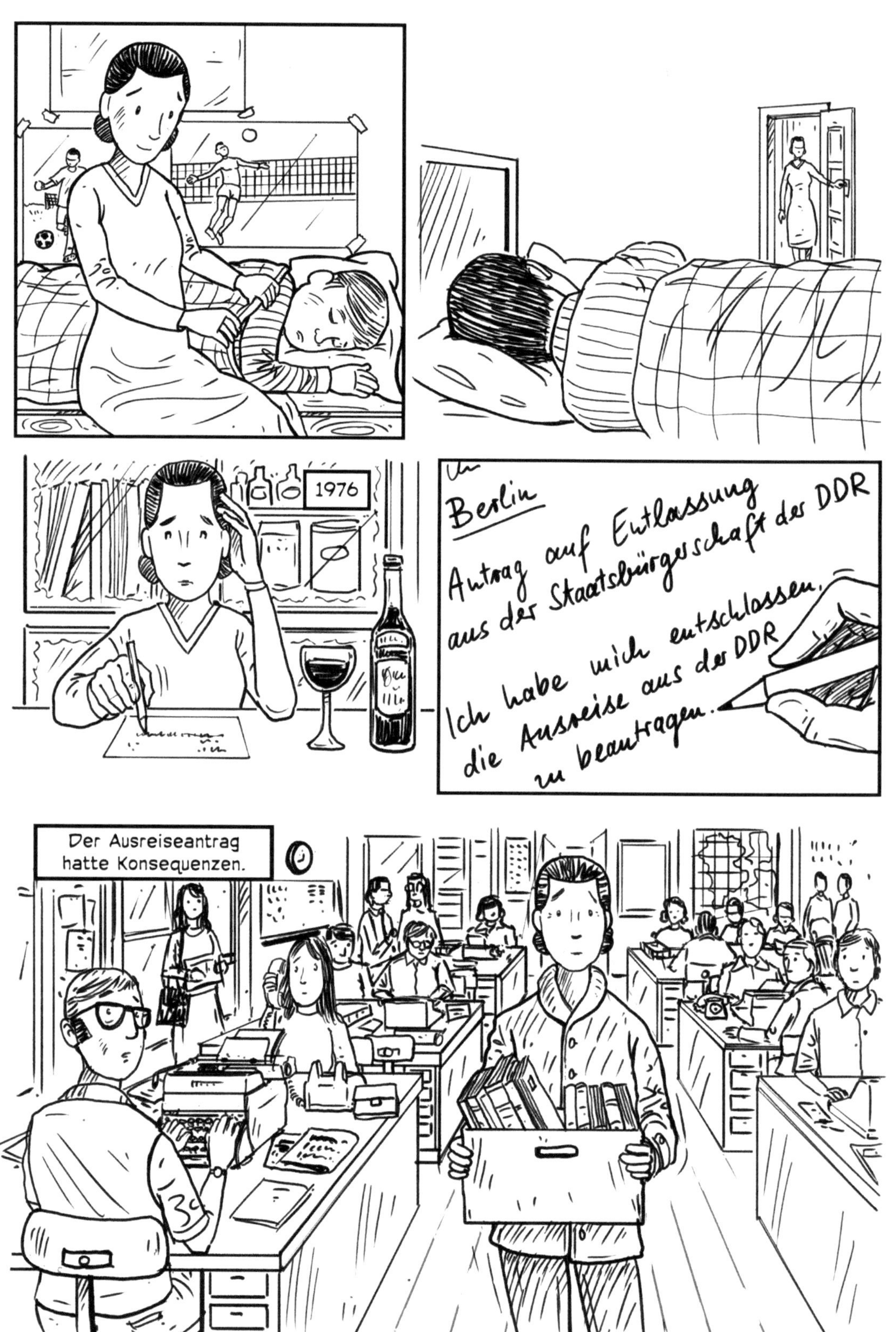
1976
Berlin
Antrag auf Entlassung aus der Staatsbürgerschaft der DDR
Ich habe mich entschlossen, die Ausreise aus der DDR zu beantragen.
Der Ausreiseantrag hatte Konsequenzen.

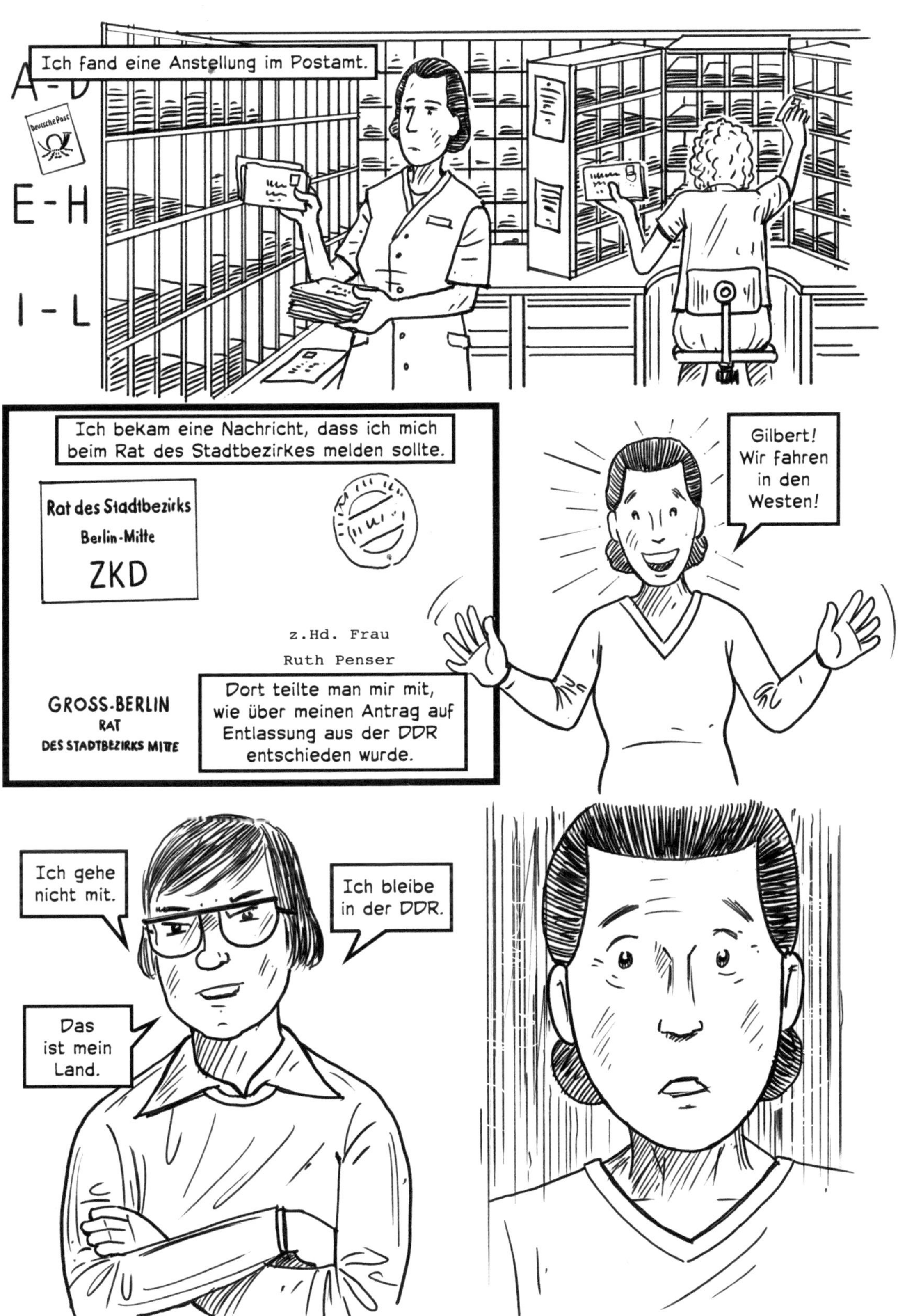
Ich fand eine Anstellung im Postamt.
A-D
Deutsche Post
E-H
I-L
Ich bekam eine Nachricht, dass ich mich beim Rat des Stadtbezirkes melden sollte.
Rat des Stadtbezirks
Berlin-Mitte
ZKD
z.Hd. Frau
Ruth Penser
GROSS-BERLIN
RAT
DES STADTBEZIRKS MITTE
Dort teilte man mir mit, wie über meinen Antrag auf Entlassung aus der DDR entschieden wurde.
Gilbert! Wir fahren in den Westen!
Ich gehe nicht mit.
Ich bleibe in der DDR.
Das ist mein Land.

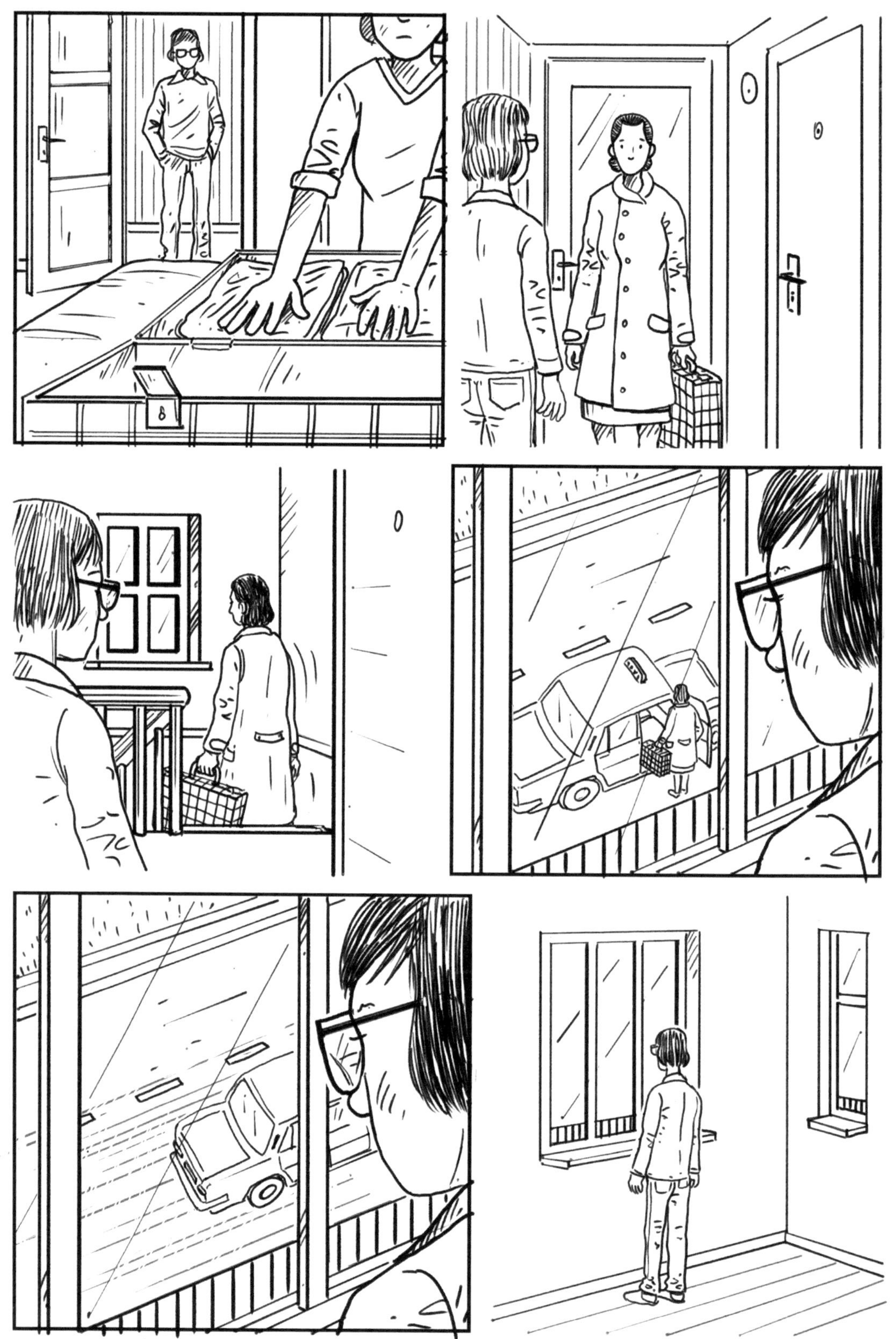

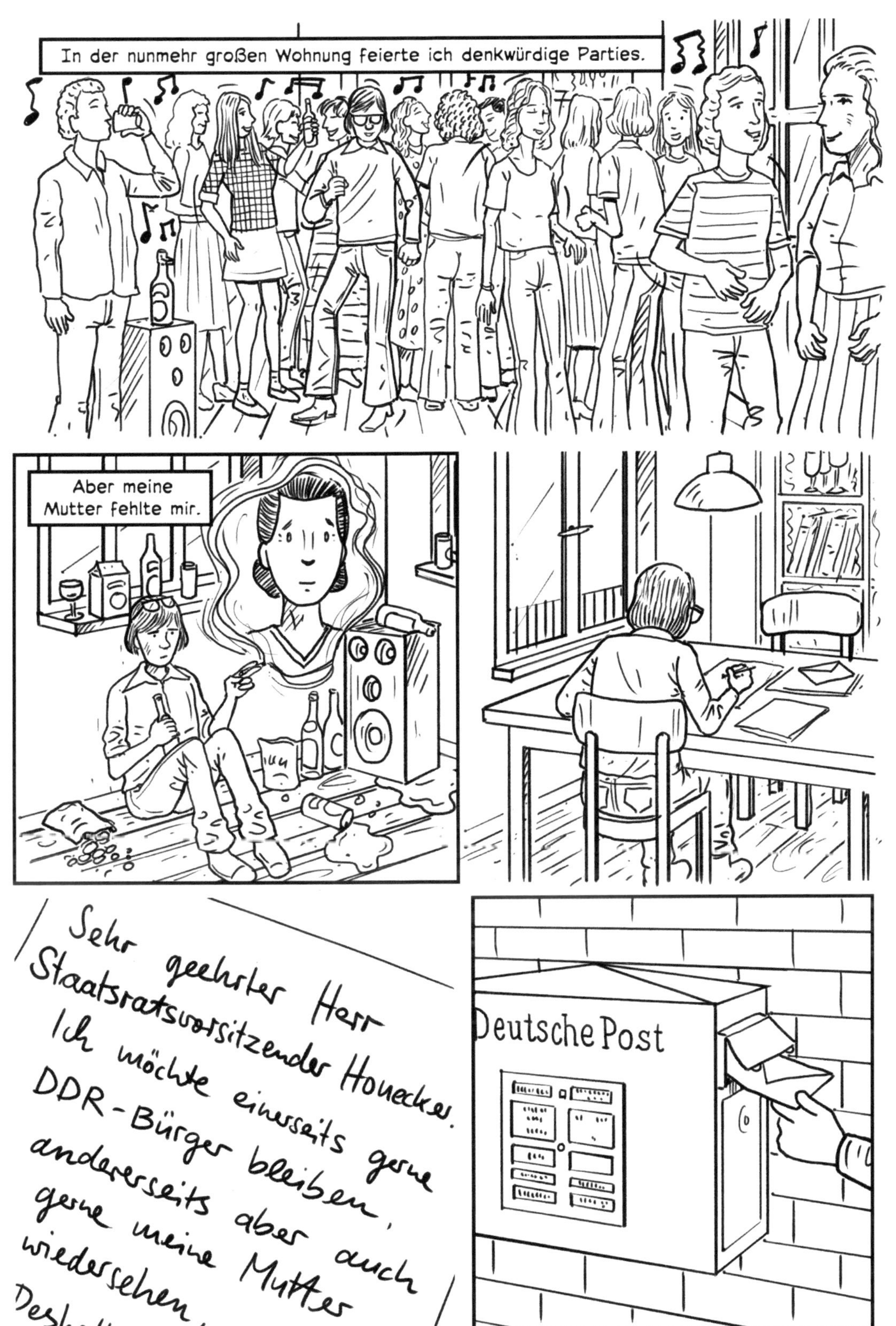
In der nunmehr großen Wohnung feierte ich denkwürdige Parties.
Aber meine Mutter fehlte mir.
Sehr geehrter Herr Staatsratsvorsitzender Honecker.
Ich möchte einerseits gerne DDR-Bürger bleiben, andererseits aber auch gerne meine Mutter wiedersehen.
Deutsche Post

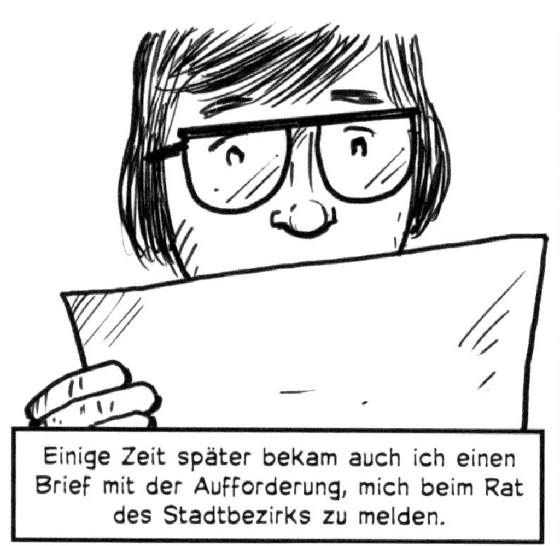
Einige Zeit später bekam auch ich einen Brief mit der Aufforderung, mich beim Rat des Stadtbezirks zu melden.

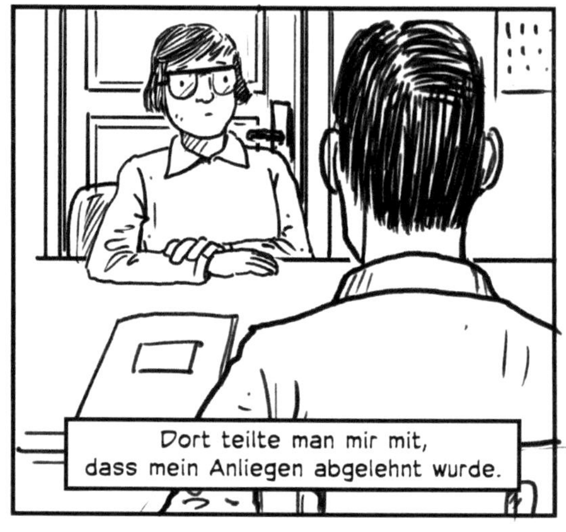
Dort teilte man mir mit, dass mein Anliegen abgelehnt wurde.

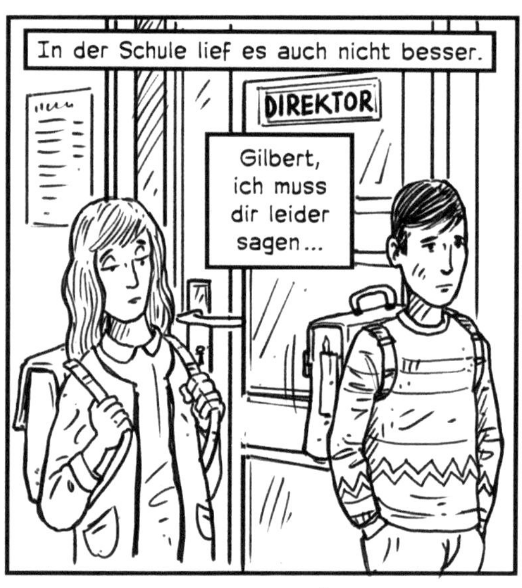
In der Schule lief es auch nicht besser.
DIREKTOR
Gilbert, ich muss dir leider sagen…

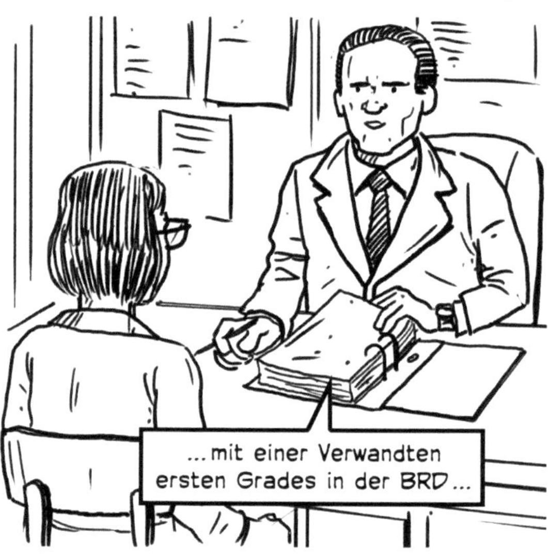
…mit einer Verwandten ersten Grades in der BRD…

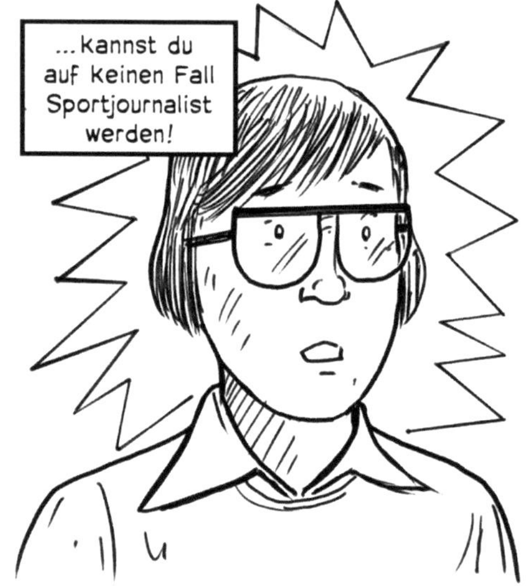
…kannst du auf keinen Fall Sportjournalist werden!

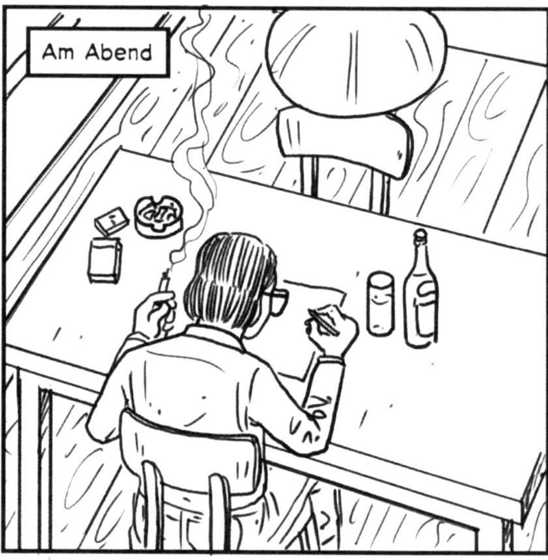
Am Abend

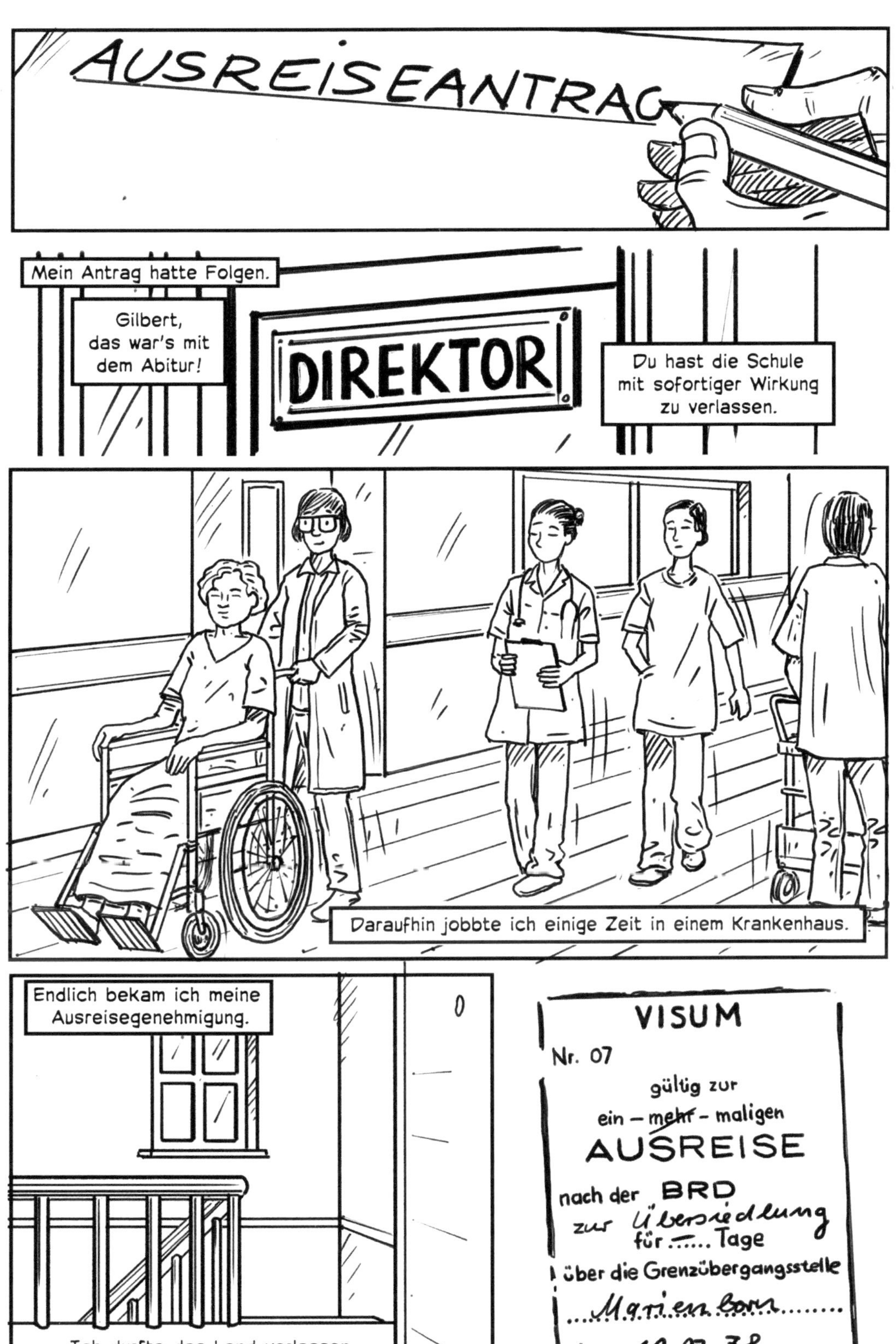
AUSREISEANTRAG
Mein Antrag hatte Folgen.
Gilbert, das war's mit dem Abitur!
DIREKTOR
Du hast die Schule mit sofortiger Wirkung zu verlassen.
Daraufhin jobbte ich einige Zeit in einem Krankenhaus.
Endlich bekam ich meine Ausreisegenehmigung.
Ich durfte das Land verlassen.
VISUM
Nr. 07
gültig zur
ein – mehr – maligen
AUSREISE
nach der BRD
zur Übersiedlung
für ..... Tage
über die Grenzübergangsstelle
Marienborn
bis 10. 07. 78

Name	Rufname	Geburtsdatum Geburtsort	Zur Zeit ausgeübte Tätigkeit	Staats-bürger-schaft	Serienzeichen und Nummer des Personalausweises	Stock-werk (links, rechts, mitte)
Bluhm	Beate	10.02.1947 Ebersbach	Näherin	DDR	XV0814680	II v
Bluhm	René	15.01.68 Berlin	kind	DDR		

Ich wohne mit meiner Mutter, meinem kleinen Bruder und meiner Oma in einer 140 qm Wohnung. Die Miete kostet 90 Mark.

Durch die Rente meiner Oma und durch die Arbeit meiner Mutter als Näherin können wir uns die Wohnung leisten.

TIXTIMA

RRRRRRRRRR

Meine Mutter arbeitet für den VEB Mantel-Moden (Herrenmoden).

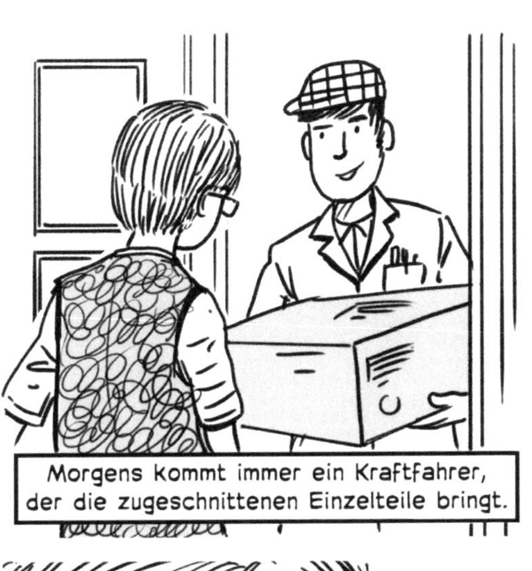
Morgens kommt immer ein Kraftfahrer,
der die zugeschnittenen Einzelteile bringt.

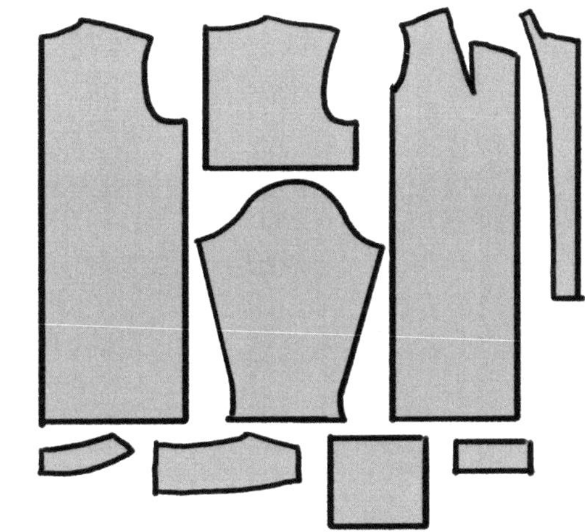

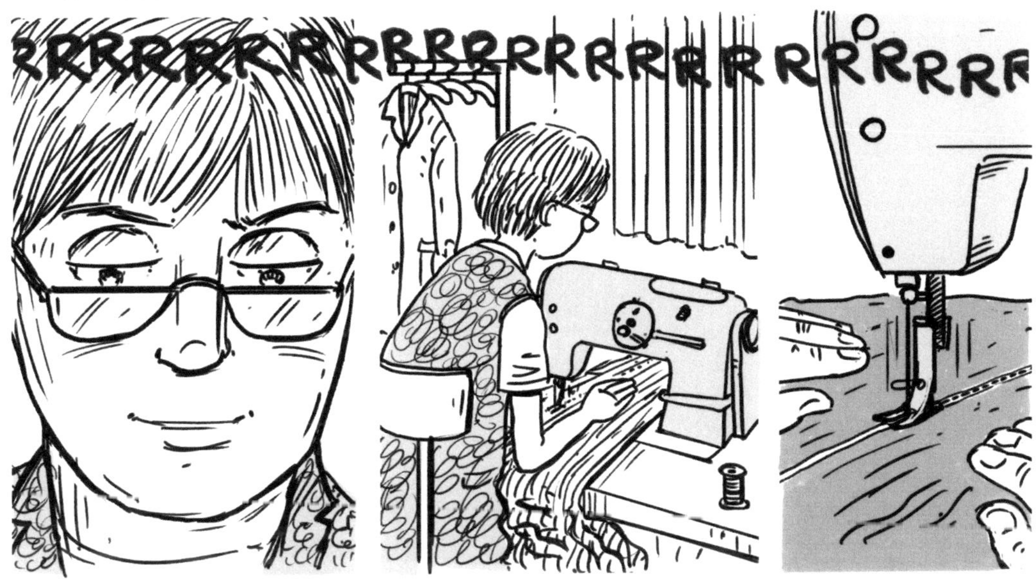
RRRRRRRRRRRRRRRRRRRRRR

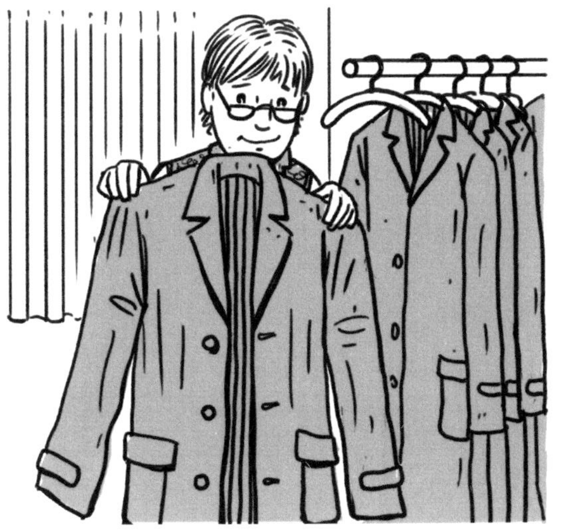

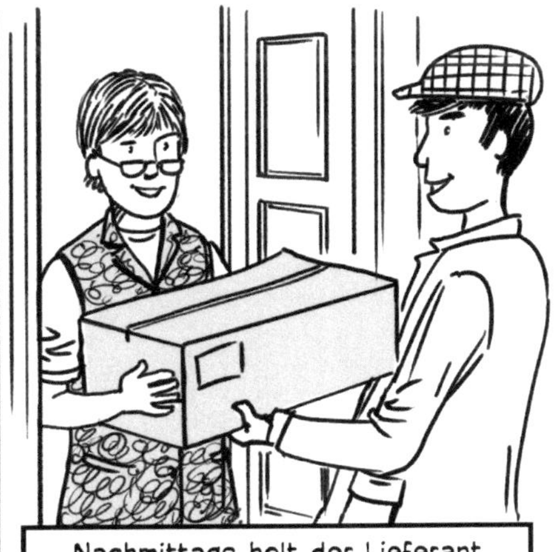
Nachmittags holt der Lieferant
die fertigen Mäntel dann wieder ab.

Als Junge wollte ich unbedingt Elektriker werden.

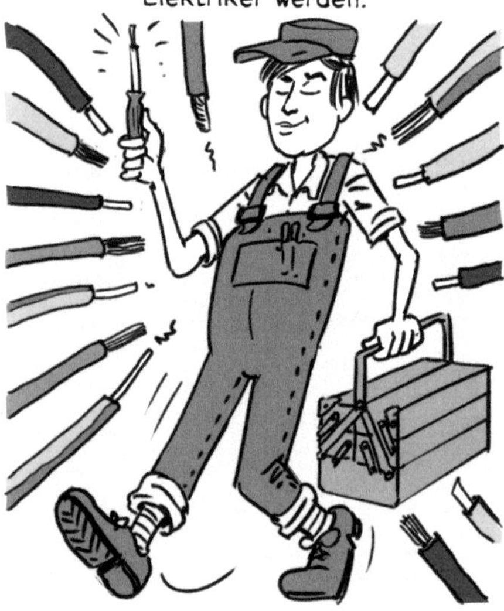

So wie alle Jungs hier im Osten.

Ich bekam aber keine Lehrstelle als Elektriker. Stattdessen wurde ich Fachverkäufer für Radio- und Fernsehgeräte.

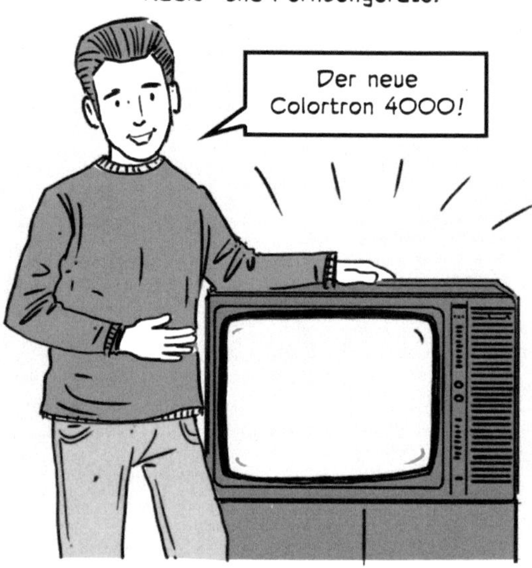

Nach der Lehre arbeitete ich als Verkäufer bei RFT am Alexanderplatz.

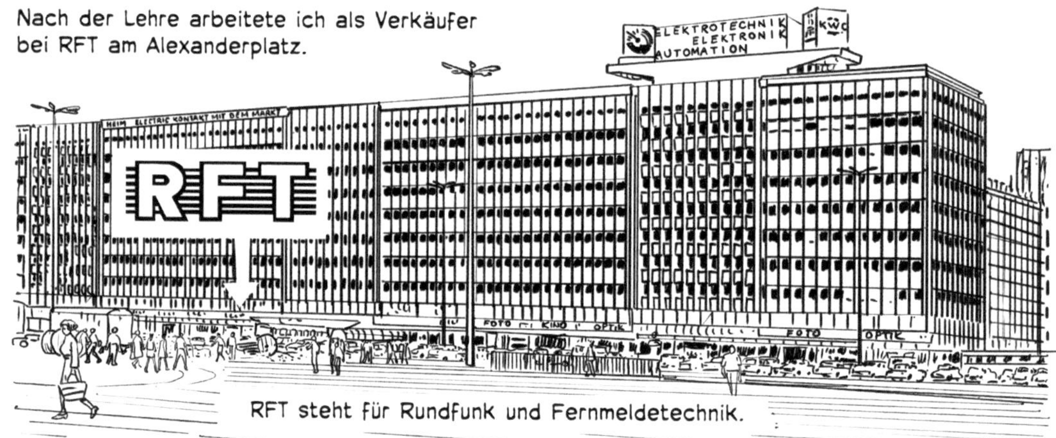

RFT steht für Rundfunk und Fernmeldetechnik.

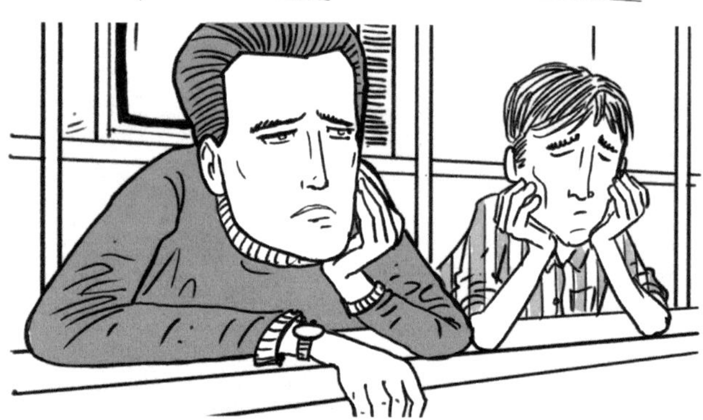

An manchen Tagen haben wir uns stundenlang hinter dem Ladentisch gelangweilt.

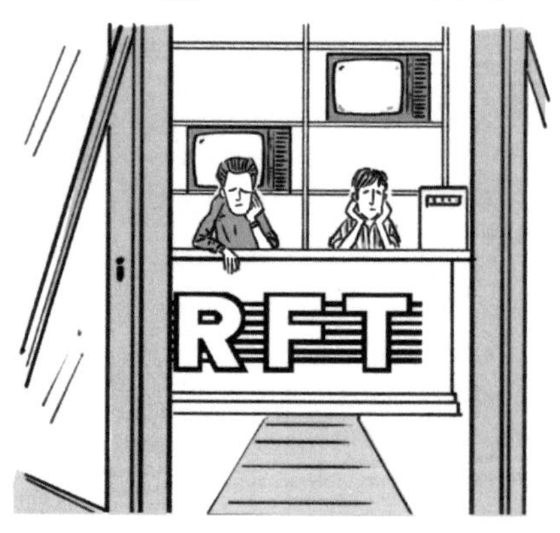

Es kam keine Kundschaft.

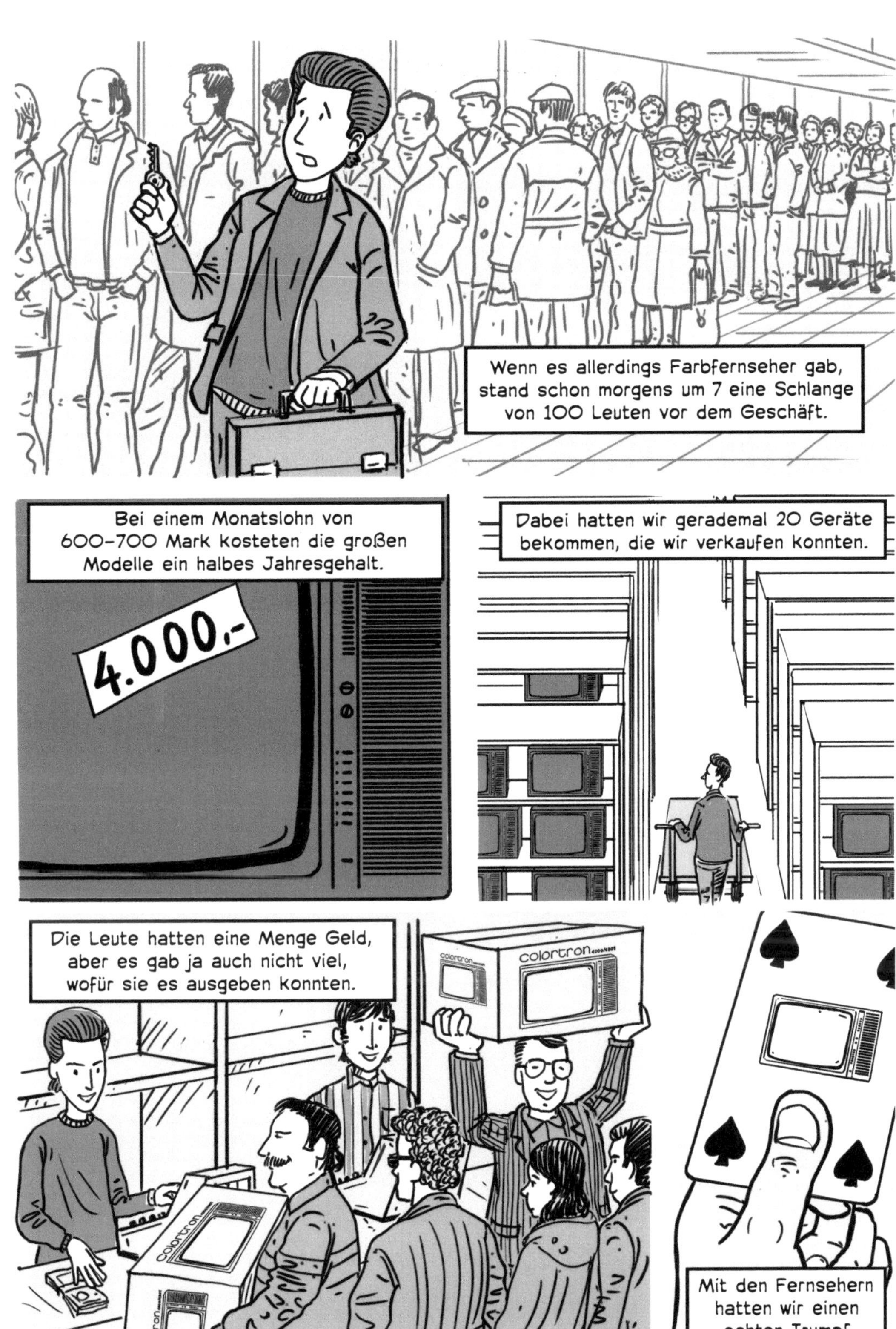
Wenn es allerdings Farbfernseher gab, stand schon morgens um 7 eine Schlange von 100 Leuten vor dem Geschäft.
Bei einem Monatslohn von 600–700 Mark kosteten die großen Modelle ein halbes Jahresgehalt.
4.000,-
Dabei hatten wir gerademal 20 Geräte bekommen, die wir verkaufen konnten.
Die Leute hatten eine Menge Geld, aber es gab ja auch nicht viel, wofür sie es ausgeben konnten.
colortron
colortron
colortron
Mit den Fernsehern hatten wir einen echten Trumpf in der Hand.

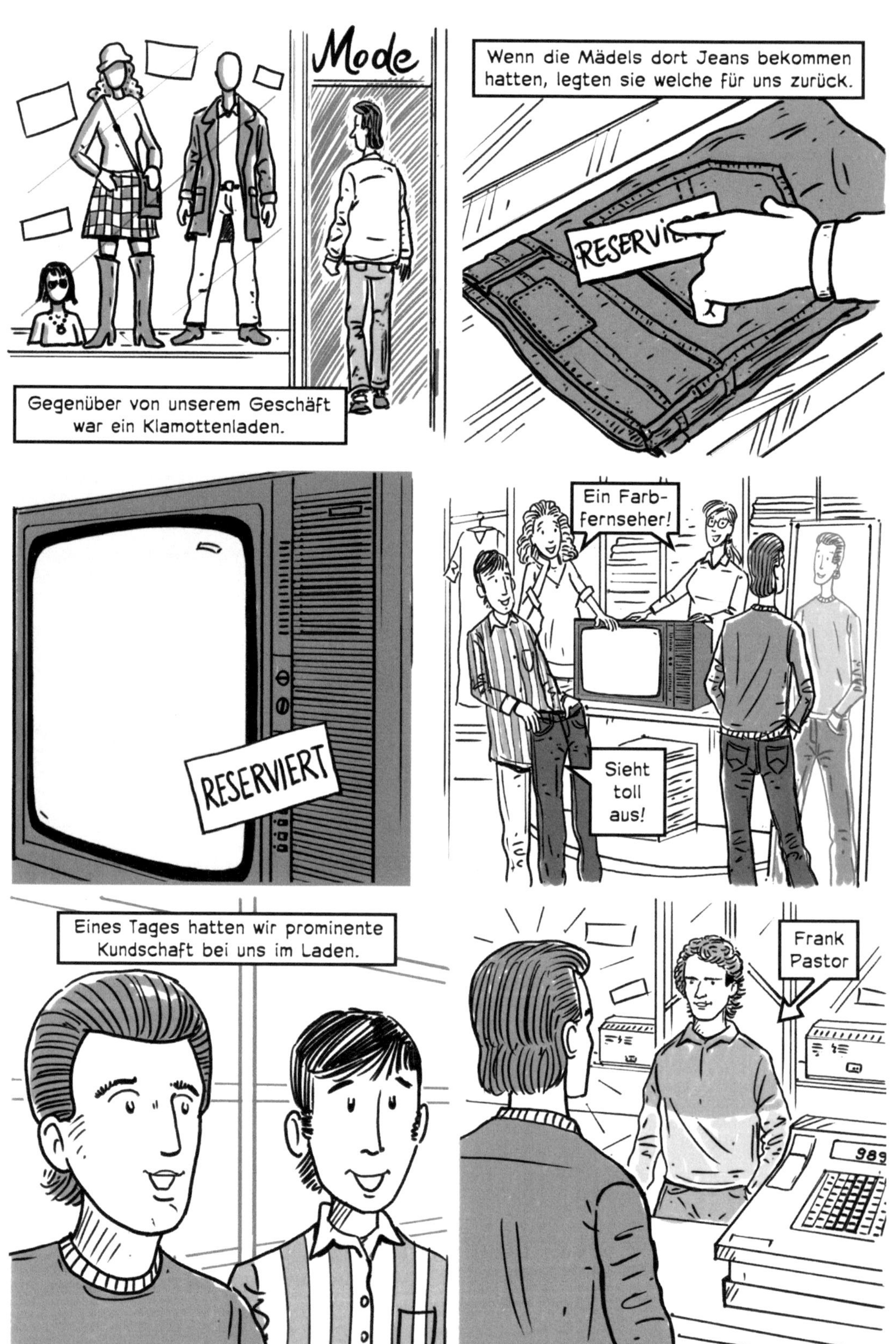
Mode
Gegenüber von unserem Geschäft war ein Klamottenladen.
Wenn die Mädels dort Jeans bekommen hatten, legten sie welche für uns zurück.
RESERVIERT
Ein Farbfernseher!
Sieht toll aus!
Eines Tages hatten wir prominente Kundschaft bei uns im Laden.
Frank Pastor

Frank Pastor
war in den 80er Jahren einer der besten Fußballer der DDR.

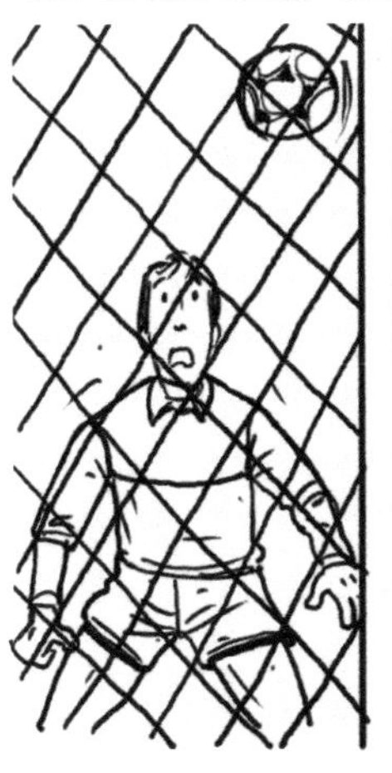

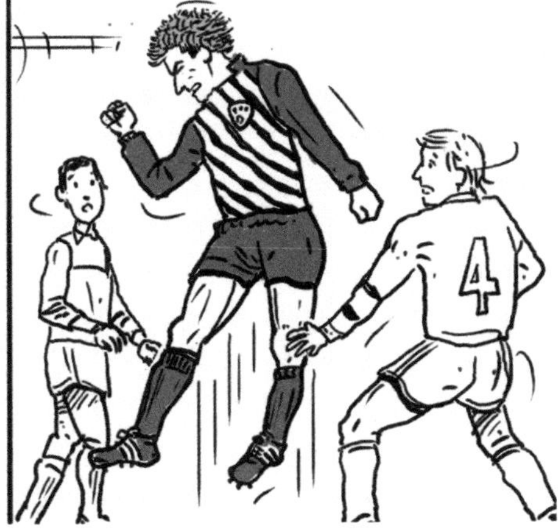

Stürmer beim BFC Dynamo.

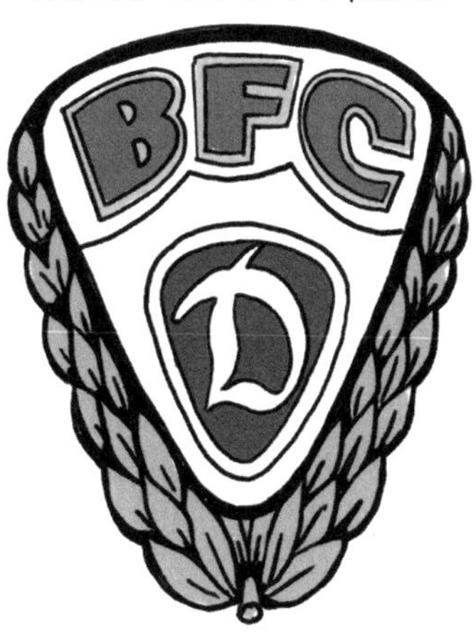

Der Verein war allgemein als „Stasiclub" und „Schiebermeister" verschrien, weil die Schiris die Regeln oft zugunsten des BFC auslegten.

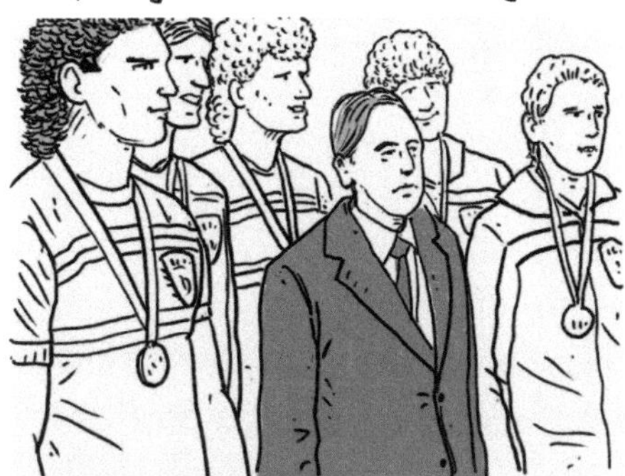

Erich Mielke, der Chef der Staatssicherheit, war Vereinsvorsitzender.

Trotzdem fand ich, dass dort tolle Spieler waren.

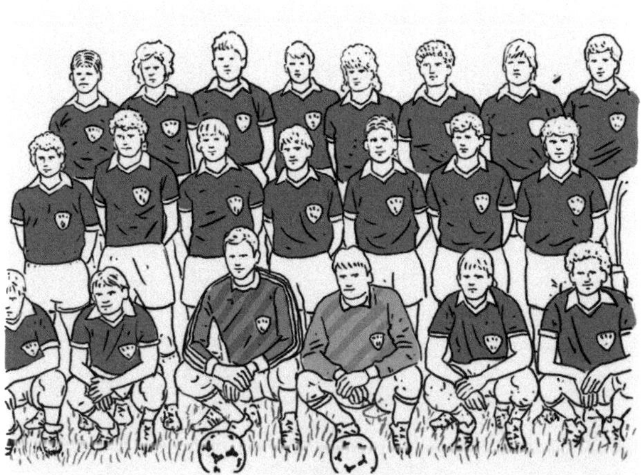

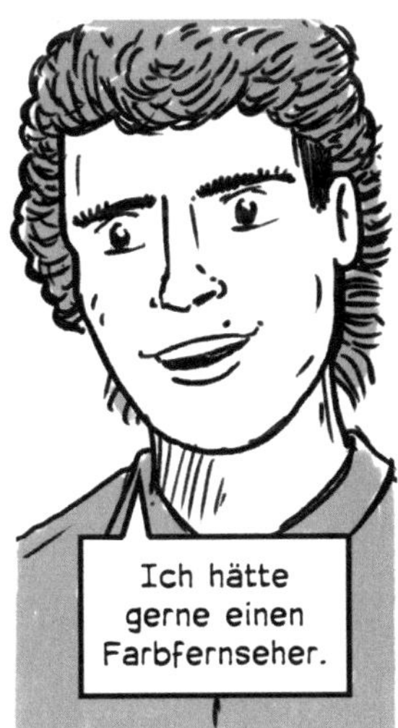

„Zufällig" hatten wir noch ein Gerät auf Lager.

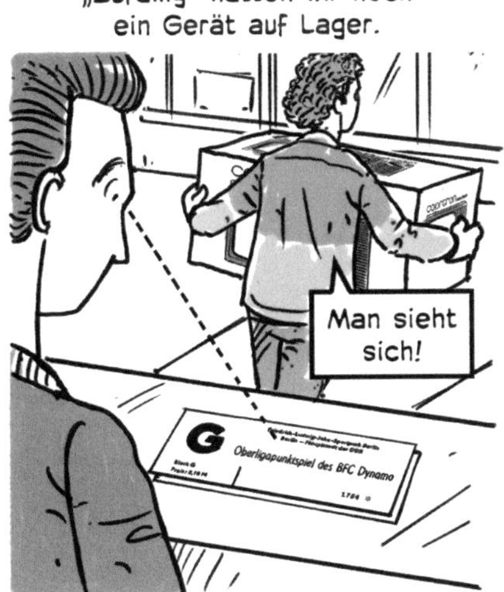

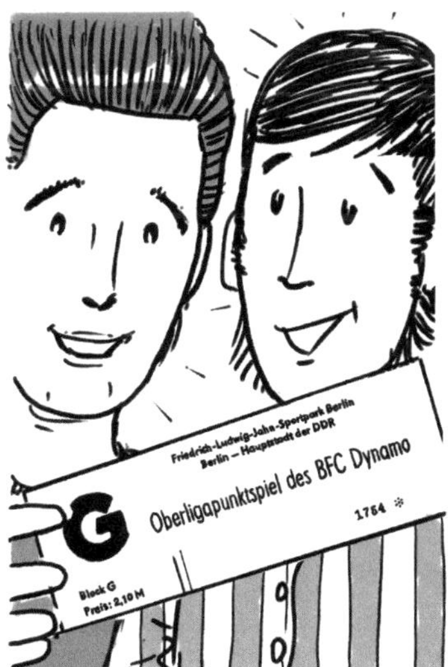

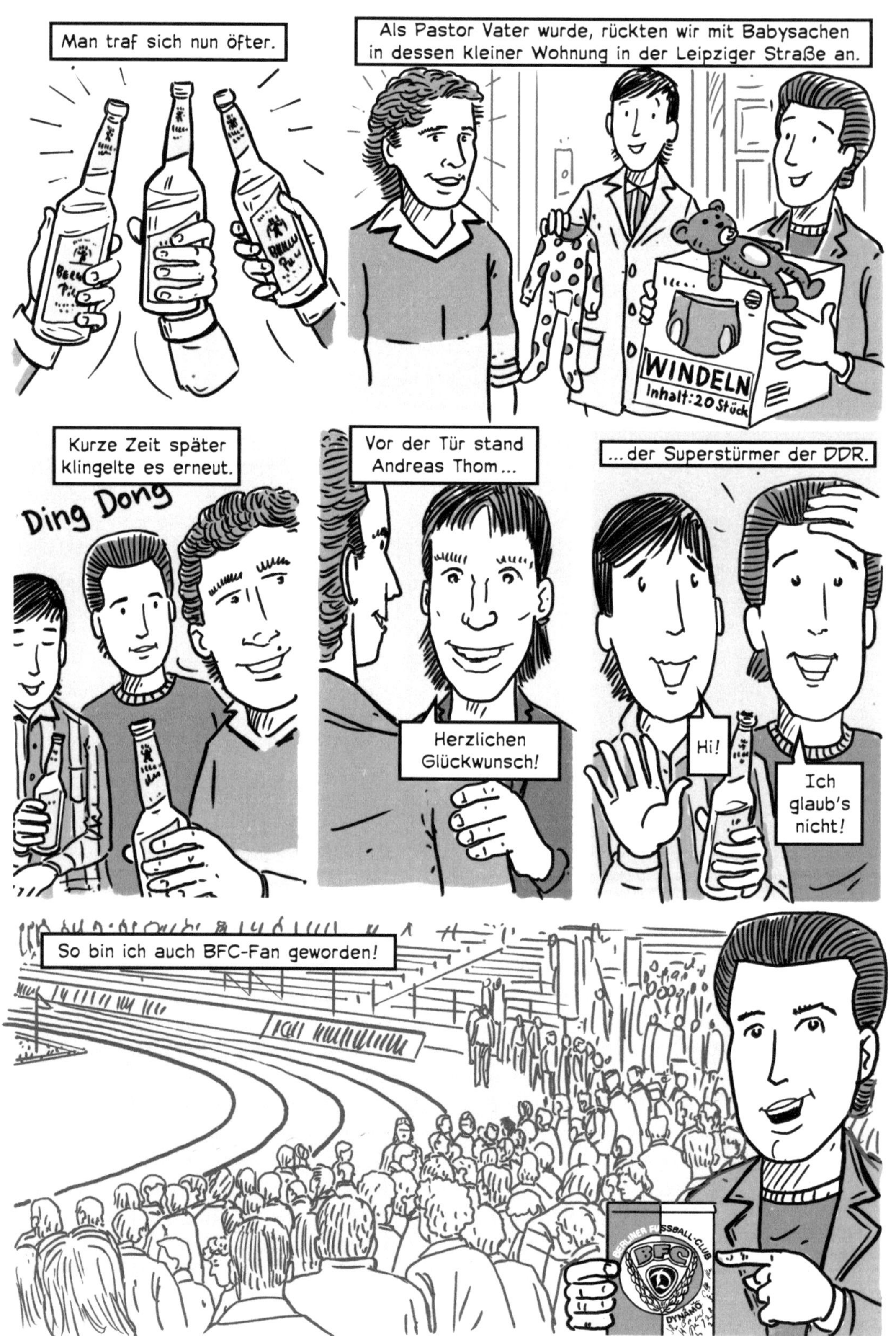
Man traf sich nun öfter.
Als Pastor Vater wurde, rückten wir mit Babysachen in dessen kleiner Wohnung in der Leipziger Straße an.
WINDELN
Inhalt: 20 Stück
Kurze Zeit später klingelte es erneut.
Ding Dong
Vor der Tür stand Andreas Thom...
Herzlichen Glückwunsch!
...der Superstürmer der DDR.
Hi!
Ich glaub's nicht!
So bin ich auch BFC-Fan geworden!
BERLINER FUSSBALL-CLUB
BFC
DYNAMO

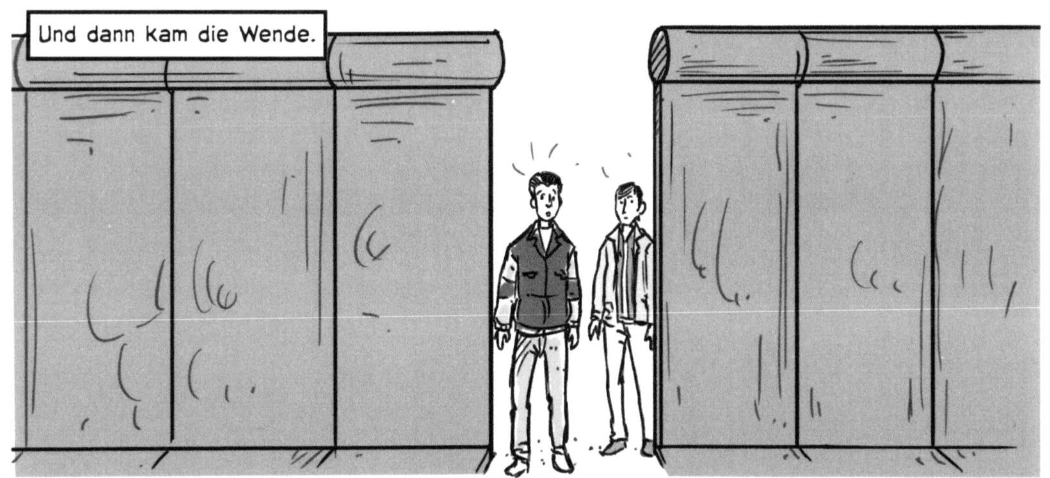
Und dann kam die Wende.

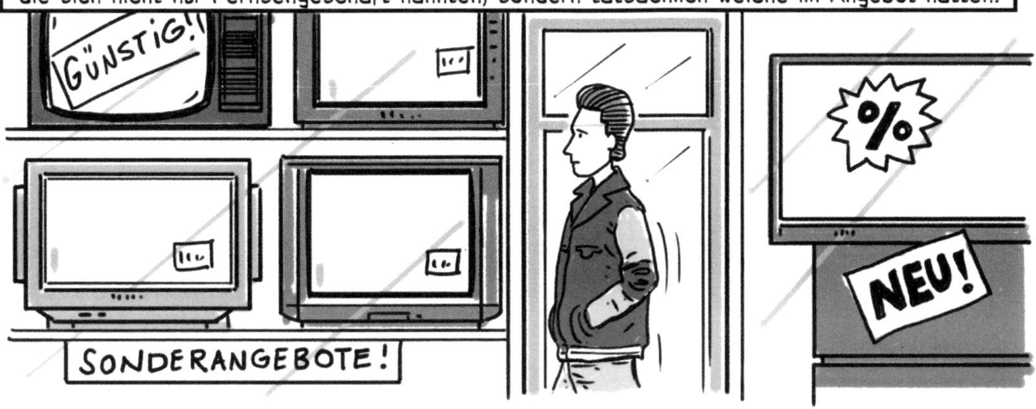
Meinen Verkäuferjob war ich kurz nach der Wende los. Plötzlich machten überall Läden auf, die sich nicht nur Fernsehgeschäft nannten, sondern tatsächlich welche im Angebot hatten.
GÜNSTIG!
%
NEU!
SONDERANGEBOTE!

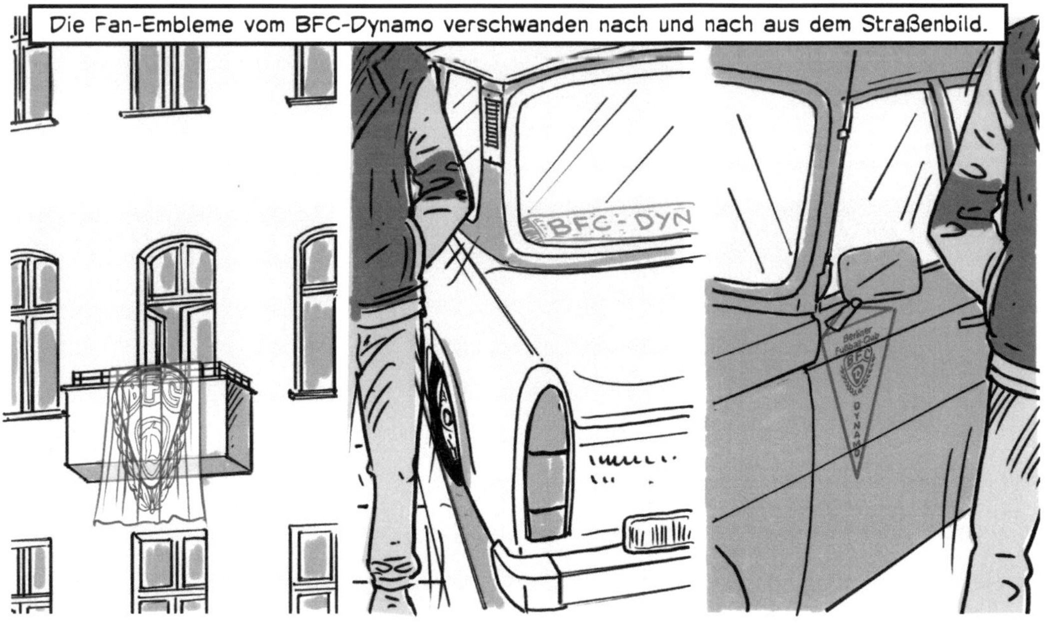
Die Fan-Embleme vom BFC-Dynamo verschwanden nach und nach aus dem Straßenbild.
BFC-DYN

Stattdessen tauchten immer mehr die Farben von den Heimatclubs der Zugezogenen auf.

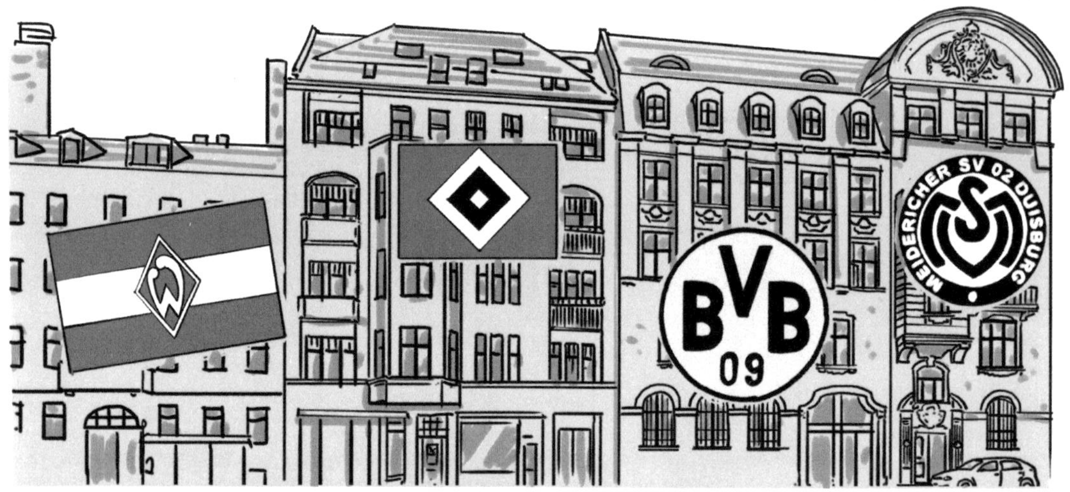

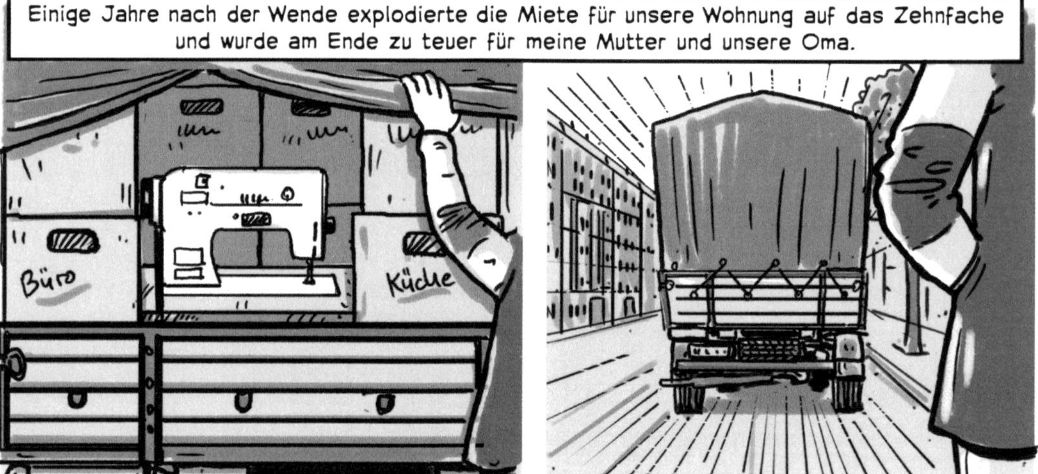

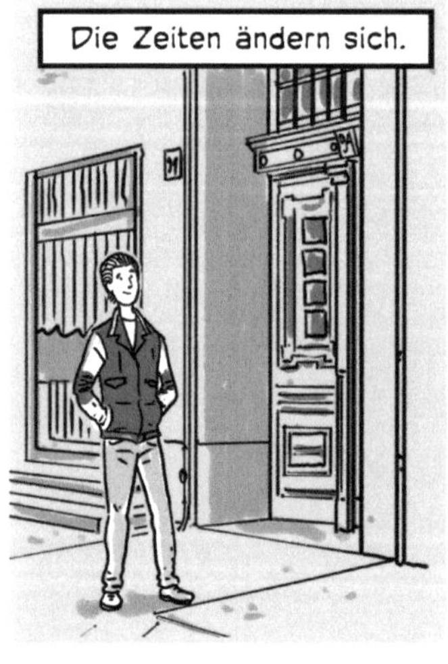

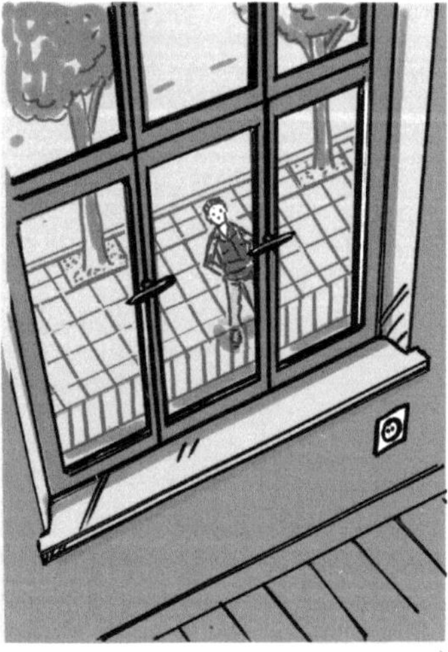

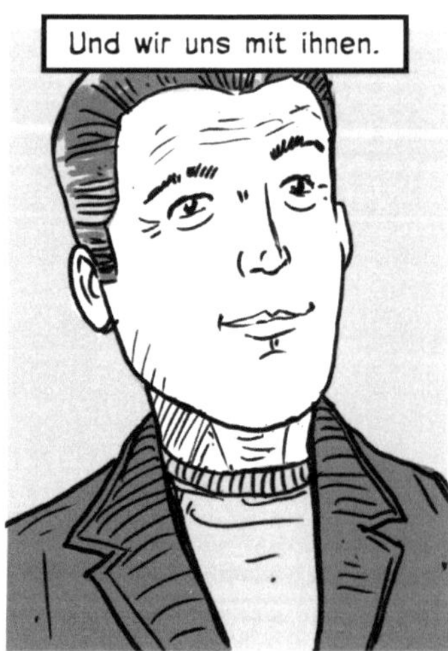

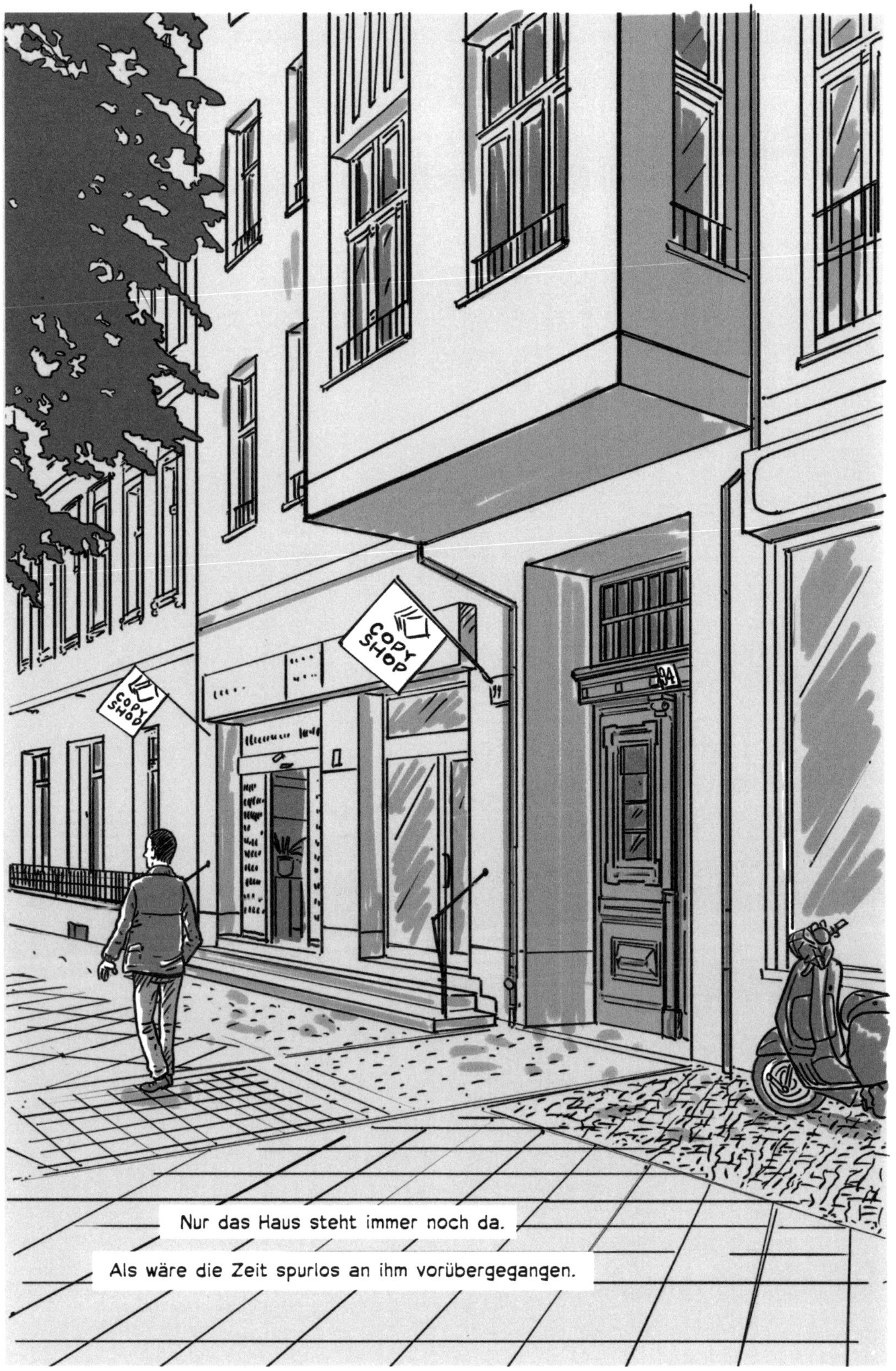
COPY SHOP
COPY SHOP
Nur das Haus steht immer noch da.
Als wäre die Zeit spurlos an ihm vorübergegangen.

Die Protagonist*innen

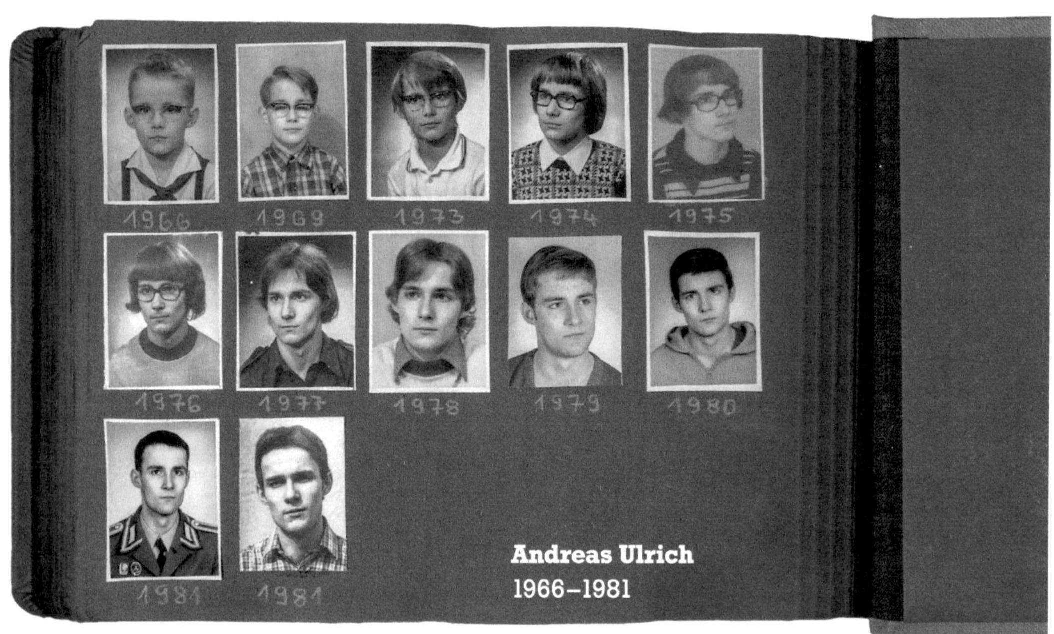

Andreas Ulrich
1966–1981

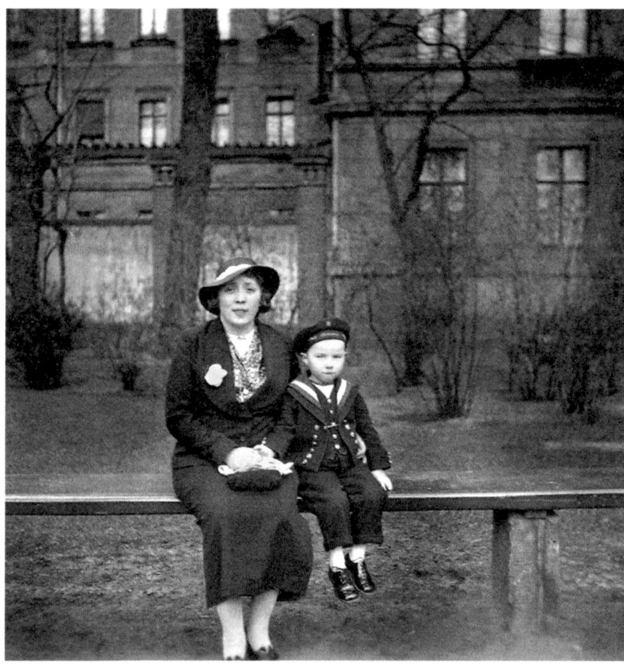

Alice Rönnekamp
mit Sohn Horst, 1934

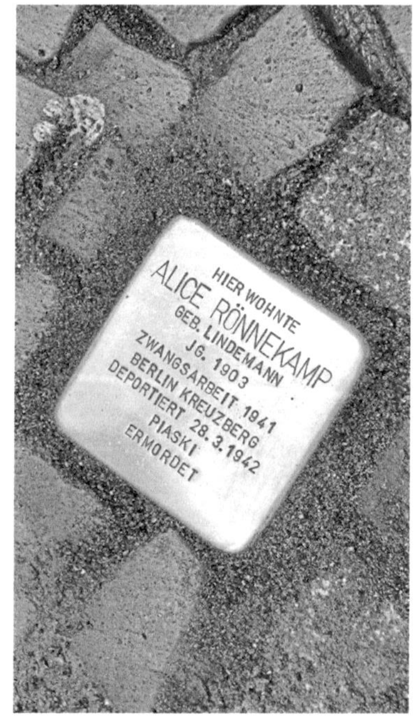

Stolperstein vor dem Haus
Torstraße 94, Dez. 2017

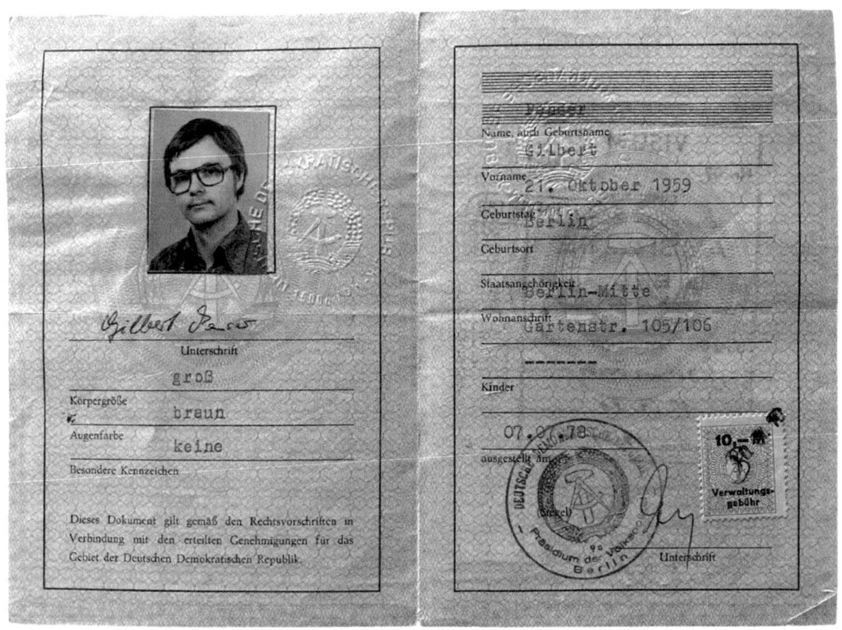

Unterschrift

groß

Körpergröße

braun

Augenfarbe

keine

Besondere Kennzeichen

Dieses Dokument gilt gemäß den Rechtsvorschriften in Verbindung mit den erteilten Genehmigungen für das Gebiet der Deutschen Demokratischen Republik.

Name, auch Geburtsname

Gilbert

Vorname

21. Oktober 1959

Geburtstag

Berlin

Geburtsort

Staatsangehörigkeit

Berlin-Mitte

Wohnanschrift

Gartenstr. 105/106

Kinder

ausgestellt am

(Siegel)

Unterschrift

Gilbert Penser
Ausreise-Visum, 1978

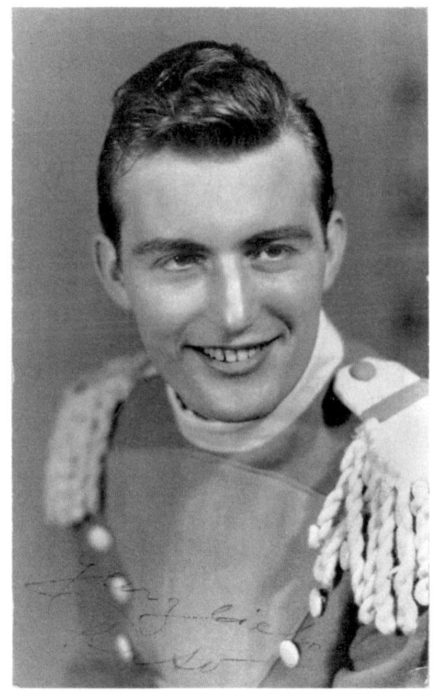

Peter Merten
Autogrammkarte, 1960er-Jahre

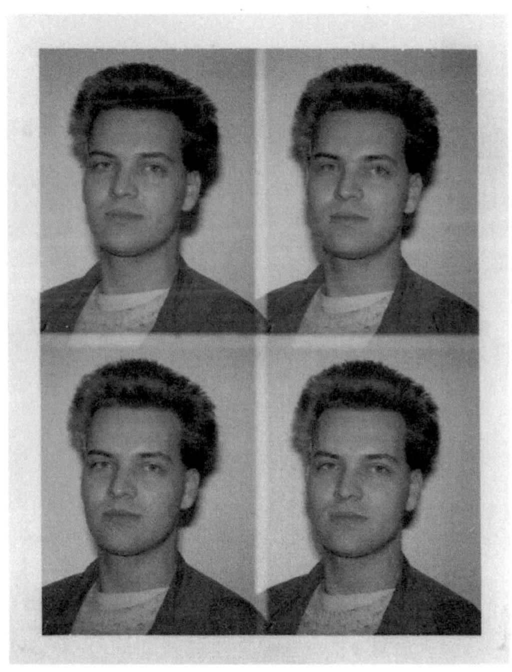

René Bluhm
Passfotos, Ende 1980er-Jahre

Quellen- und Literaturverzeichnis

Ulrich, Andreas
Torstraße 94: Berliner Orte
BeBra-Verlag, Berlin 2015

Merten, Peter
Vagabundenlied: Autobiographie
Medu-Verlag, 2007

Histoclips
Olympische Sommerspiele 1968 in Mexico-City
https://www.youtube.com/watch?v=4WYwqAMZVBU

Danke!

Besonderer Dank
an Andreas Ulrich für sein Vertrauen und die Zeit, die er sich für unsere vielen Fragen genommen hat. Er hat das Buch überhaupt erst möglich gemacht.

Unseren Zeitzeugen:
Gilbert Penser
René Bluhm

Unserem Förderer:
Bundesstiftung zur Aufarbeitung der SED-Diktatur

Unserem Verlag:
Metropol-Verlag, Friedrich Veitl

Unserem Berater:
Sebastian Stude

Unserem Grafiker:
Andreas Rupprecht

Ferner unserer freundlichen Unterstützerin vom Postshop, Jana Bieselt, und Danke für die große Geduld vor allem unseres Kindes, unserer Familien und Freunde.

Die Autoren

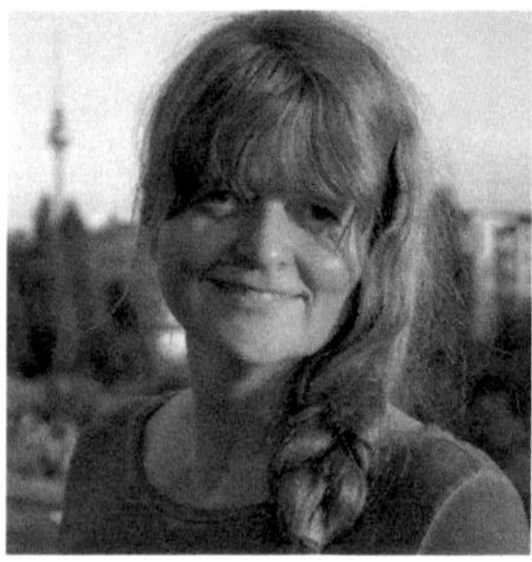

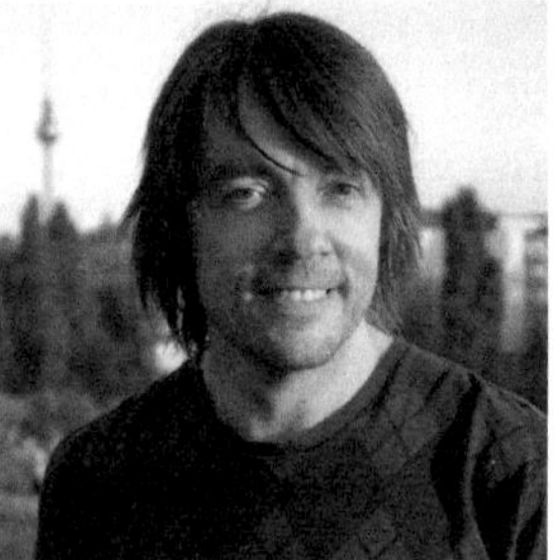

Susanne Buddenberg und **Thomas Henseler** studierten Design an der Fachhochschule Aachen sowie Film an der Hochschule für Film und Fernsehen (heute Filmuniversität) „Konrad Wolf" in Potsdam-Babelsberg. Nach dem Studium gründeten sie die Zoom und Tinte Buddenberg und Henseler GbR und spezialisierten sich auf sequenzielle Illustration. Beide unterrichten und geben Workshops in der politischen und kulturellen Bildung. Zum Schwerpunkt DDR-Geschichte haben sie bereits sechs Comics veröffentlicht:

Grenzfall
avant-verlag, Berlin 2011

Berlin – Geteilte Stadt
avant-verlag, Berlin 2012 (deutsch und englisch)

Tunnel 57 – Eine Fluchtgeschichte als Comic
Ch. Links Verlag, Berlin 2013 (deutsch und englisch)

DDR-Geschichte zum Einkleben – Die Teilung Berlins in 8 Stationen
Berlin Story Verlag, Berlin 2015

Meine freie deutsche Jugend – Eine fast normale Kindheit in der DDR
Ch. Links Verlag, Berlin 2020

Grenzlinien – Auswege aus der DDR
(zusammen mit Birgit Weyhe und Ulla Loge)
Stiftung Gedenkstätte Lindenstraße, Potsdam 2021

Alle Bücher gefördert mit Mitteln der Bundesstiftung zur Aufarbeitung der SED-Diktatur, außer dem Band „Grenzlinien", dieser wurde gefördert durch die Brandenburgische Landeszentrale für politische Bildung.

DDR-Geschichte im Comic

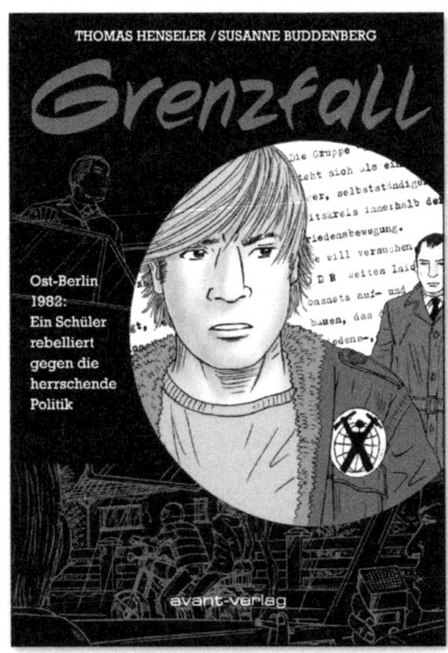

„Packend geschildert und professionell gezeichnet."
Der Tagesspiegel

„Unterhaltsam und lehrreich."
DDR-Museum

„Lehrern, die Comics bekanntlich oft kritisch gegenüberstehen, sei dringend angeraten, sich das Buch einmal anzusehen."
Berliner Zeitung

„Auch für Erwachsene machen die Zeichnungen und Dialoge den Alltag einer Meinungsdiktatur plastisch – und was es hieß, dagegen aufzubegehren."
Deutschlandradio

www.avant-verlag.de
ISBN 978-3-939080-48-0
104 Seiten, Broschur
14,95 Euro

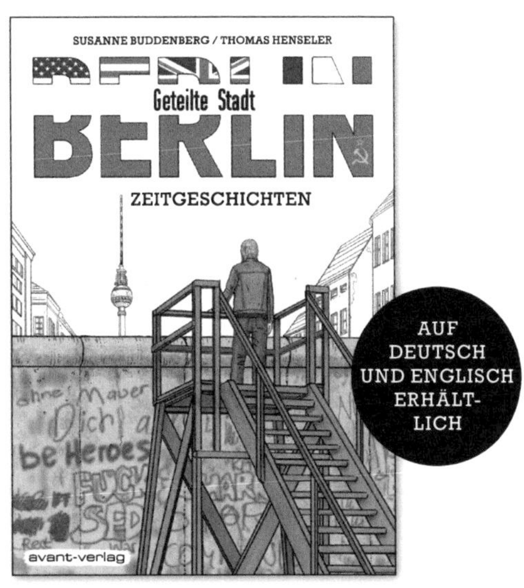

„Ein Comic klärt auf."
taz

„Bemerkenswertes Doku-Buch."
WELT am SONNTAG

„Dieser Comic ist gezeichnete Hauptstadt-Geschichte!"
BILD

„Hier wird – höchst beeindruckend, spannend, detailgenau – Geschichte mit Sachkenntnis und mit wahrhaftig anmutendem Gefühl vermittelt."
Deutschlandfunk

„Hier lernen unsere Kinder, die schmerzliche Teilung Berlins zu verstehen."
Berliner Kurier

www.avant-verlag.de
ISBN 978-3-939080-70-1
100 Seiten, Broschur
14,95 Euro

DDR-Geschichte im Comic

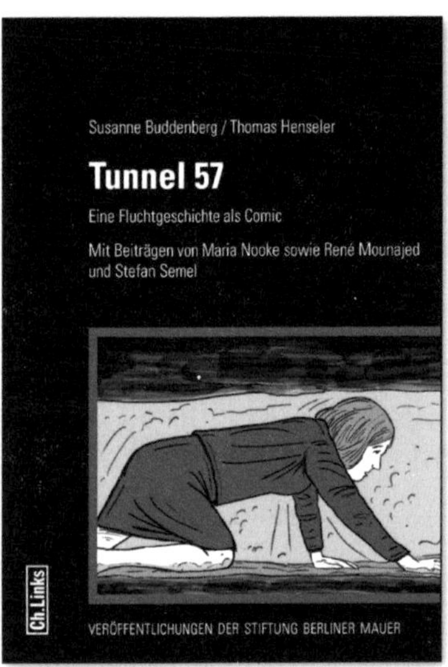

Anhand von Zeitzeugeninterviews, Originalfotos und Dokumenten haben die Comic-Autoren die Ereignisse um den legendären Fluchttunnel unter der Bernauer Straße im Jahr 1964 detailgetreu rekonstruiert und graphisch umgesetzt.

„Susanne Buddenberg und Thomas Henseler haben ein ungewöhnliches Projekt auf die Beine gestellt: eine Kombination aus Comic und DDR-Zeitgeschichte."
Die Welt

www.christoph-links-verlag.de
ISBN 978-3-86153-918-6
32 Seiten, Broschur
5,00 Euro

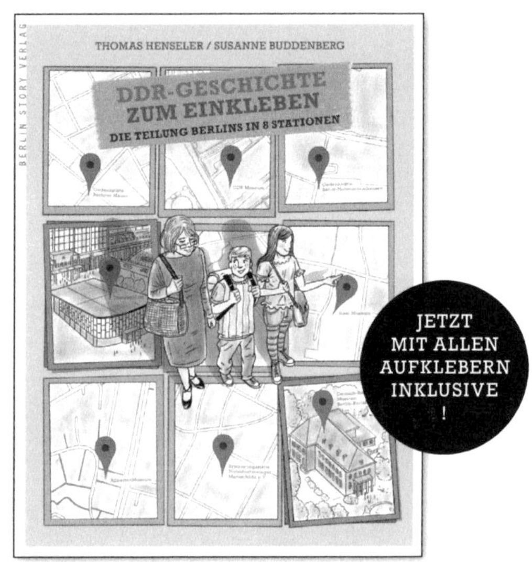

Als lebensnahe Bildergeschichte erzählen Susanne Buddenberg und Thomas Henseler in ihrem Comic-Sticker-Sammelalbum die Geschichte der DDR und des geteilten Berlins in acht Stationen.
Marie, die Oma von Lilli und Jakob, wächst zum Ende des Zweiten Weltkrieges in Berlin auf. Sie erlebt die Besetzung der Stadt und dann in den folgenden Jahren die Luftbrücke, den Mauerbau, den Alltag in der geteilten Stadt und auch die Überwachung durch die Stasi.

„Das Buch ist klar strukturiert, angemessen vereinfacht und durch die Verknüpfung von individuellen Schicksalen und großer Politik auch unterhaltsam."
Der Tagesspiegel

„... zwei Designer machen die deutsche Teilung zum Sammelobjekt. Jetzt gibt's die DDR zum Kleben!"
Berliner Kurier

Erhältlich bei den Autoren unter
thomas.henseler@zoomundtinte.de
80 Seiten, Broschur
16,95 Euro

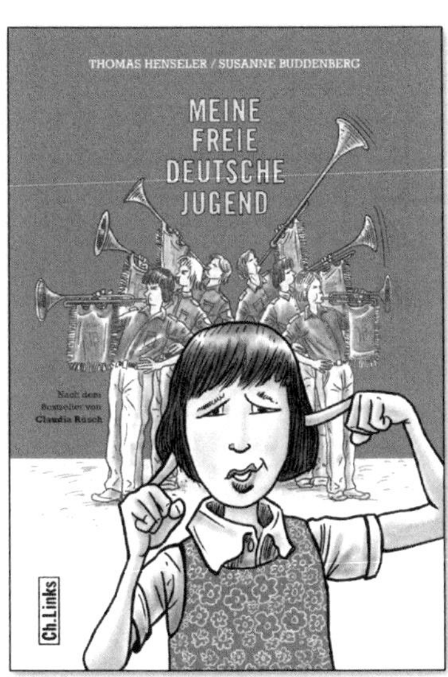

Claudia (*1971) wächst in der DDR-Bürgerrechtsbewegung auf. Zu den engsten Freunden ihrer Mutter gehören bekannte Regimekritiker. Die Familie lebt unter ständigen Repressalien und Überwachung durch die Stasi. Claudia erfährt, was es heißt, einem exklusiven Club anzugehören, obwohl sie manchmal gern wie alle anderen wäre. Sie erlebt Ausgrenzung und Eingesperrtsein, aber auch Freundschaft, Solidarität und wie ein kandierter Apfel beinahe eine Verhaftung nach sich gezogen hätte. Es geht um die erste Liebe, mutige Aktionen, heilige Strickjacken und das Erwachsenwerden im Schatten der Mauer. Eine fast normale, glückliche Kindheit – unter nicht ganz glücklich zu nennenden Umständen.

„Eine brillante, unbedingt zu empfehlende Graphic Novel."
Sven Krantz-Knutzen, comix-online.com

www.christoph-links-verlag.de
ISBN 978-3-96289-083-4
144 Seiten, Hardcover
18,00 Euro

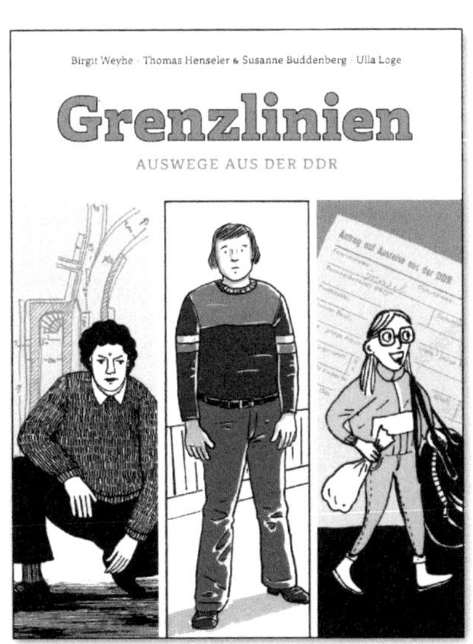

13. August 1961, früher Sonntagmorgen. An der Grenze erlöschen die Lichter. Kampfgruppen und Polizei riegeln West-Berlin ab. Personenkontrollen, Wegsperren, Stacheldraht, später eine Betonmauer festigen die deutsche Teilung.
Die Grenzschließung nach West-Berlin ist eine Zäsur. Sie wird zum Symbol für die Trennung von Menschen, die Zerstörung historischer Strukturen, die Stabilisierung der SED-Diktatur sowie Unterdrückung und erzwungenes Arrangement in der DDR.
Das Buch zeichnet drei wahre Geschichten aus drei Jahrzehnten auf. Sie erzählen von Auswegen aus der DDR – und weshalb Menschen, die solche Wege beschritten, in die Untersuchungshaft der Staatssicherheit in Potsdam kamen.

www.gedenkstaette-lindenstrasse.de
ISBN 978-3-00-069299-4
76 Seiten, Broschur

Die Buchvorlage

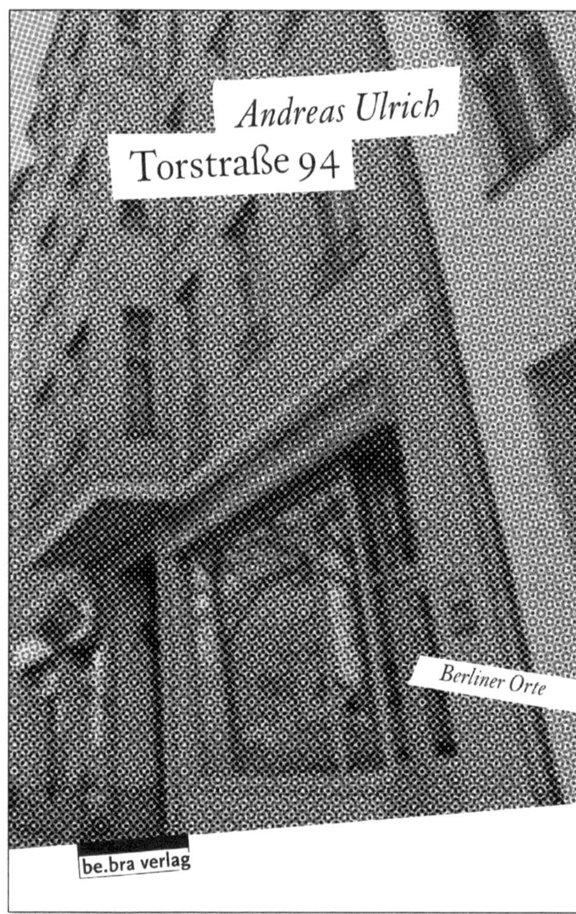

Andreas Ulrich
Torstraße 94

ISBN 978-3-89809-184-8
144 Seiten, Broschur
12,00 Euro

Die Torstraße verbindet die Friedrichstraße im Westen mit der Prenzlauer Allee im Osten. Wie in kaum einer anderen Straße ist hier noch die brüchige Geschichte Berlins greifbar.
Am Beispiel des Hauses Nr. 94 geht Andreas Ulrich den Spuren der Vergangenheit nach: Ob Agentin oder Konditor, ob Bankräuber oder Näherin, ob Super-Model oder Parteisekretär – das Haus und seine Bewohner haben viel erlebt: Dramatisches und Komisches, Absurdes und Unglaubliches.

„Eine Straße, in der das alte und das neue Berlin noch gleichzeitig existieren."
Deutschlandfunk